Der Schock des Neuen

Franz Liebl

DER SCHOCK DES NEUEN

Entstehung und Management von Issues und Trends

Gerling Akademie Verlag

Die Deutsche Bibliothek – CIP Einheitsaufnahme

Liebl, Franz:
Der Schock des Neuen : Entstehung und Management von Issues und Trends / Franz Liebl. – München : Gerling-Akad.-Verl., 2000
ISBN 3-932425-29-4

Umschlaggestaltung: Claus Seitz, München
Titelabbildung: Mariko Mori: »Miko no Inori«, 1996
mit freundlicher Genehmigung von Deitch Projects, New York
Satz: Fotosatz Reinhard Amann, Aichstetten
Druck und Bindung: Friedrich Pustet GmbH, Regensburg
ISBN 3-932425-29-4

www.gerling-academy-press.com

INHALT

VORWORT

Szene 1: Der Kampf um den Trend scheint vorüber. Endlich. Denn es wird Zeit, mit einem anderen Blick als bisher auf das Neue, das in der Gesellschaft entsteht, zu sehen: auf die Herausbildung neuer gesellschaftlicher Praxen, auf die Herausbildung neuer gesellschaftlicher Konfliktlinien. Am Ende der trendgebeutelten 90er Jahre war restlos klar geworden, daß weder die Trendforscher noch die massiv polemisierenden Anti-Trendforscher die Unternehmen wirklich vorangebracht hatten, um mit der Ambivalenz eines immer turbulenter werdenden Umfelds umzugehen. Niklas Luhmann stellte zu Recht fest, daß der Wert von Prognosen nur noch in der Geschwindigkeit liege, mit der sie revidiert würden.

Szene 2: »Wir trauen keinem Politiker. Sie haben in der Vergangenheit viel zu viel Schaden angerichtet, um für etwas gut zu sein.« Ein Zitat aus dem Buch *Generation X*. Wer nun an Douglas Couplands berühmten Zeitgeistroman von 1991 denkt,[1] liegt jedoch falsch. Charles Hamblett und Jane Deverson haben bereits im Jahr 1964 eine Jugendstudie mit diesem Titel veröffentlicht.[2] Offenbar ist also alles schon einmal dagewesen – auch eine politikverdrossene Generation X.

Wohin geht nun der Trend? Zum Neuen, zum Erstmaligen? Oder zum Revival, zur Wiederkehr des Immergleichen? Die Szenarien scheinen einander zu widersprechen, treffen jedoch gleichermaßen zu. Widersprüche zuhauf also. Doch weisen die vor allem auf eines hin: auf veraltete Annahmen bzw. auf veraltete Sichtweisen. Und eine davon heißt, daß der Trend irgendwo hingehen müßte. Neue Konzepte und neues Denken sind also gefordert, wenn turbulente Umfelder immer größere Herausforderungen in Form von unvorhersehbaren Trends und Issues darstellen.

Diese neuen Ansätze zeigen: Trends als Herausbildung von kollektiven Verhaltensweisen und Issues als Herausbildung gesellschaftlicher Konfliktlinien haben eine Menge gemeinsam. Sie kursieren als Themen, ja sie *sind* Themen. Und als Themen besitzen sie gewisse Eigengesetzlichkeiten – beispielsweise in ihrer inhaltlichen Struktur oder in ihrer öffentlichen Verbreitung. Wer diese Eigengesetzlichkeiten kennt, kann sich besser Vorstellungen über mögliche Entwicklungen machen, die ansonsten ungedacht und ausgeblendet blieben. Damit erkennt er die Möglichkeitsräume, in denen Zukunft gestaltet werden kann. Wer dagegen nur fragt »Wohin geht *der* Trend?«, hat bereits unfreiwillig vorprogrammiert, daß die Zukunft ganz anders als erwartet ausfällt. Das vermeintlich Undenkbare, d.h. die böse Überraschung durch unerwartete Chancen oder Gefahren, wird zur Regel. Zukunft wird damit unvermeidlich, wird erlitten.

Es ist Ziel dieses Buches, die Anatomie von Themen genau zu durchleuchten und deren wesentliche Bewegungsmomente herauszuarbeiten. Darauf aufbauend soll die Konzeption eines umfassenden Themenmanagements, das sowohl Issue-Management als auch Trend-Management umfaßt, vorgestellt werden. Es lohnt nämlich, die beiden Parallel-Universen – hier das Issue-Management der Public Relations, dort das Trend-Management von Marketing und Strategie – auf eine gemeinsame Basis zu stellen und kurzzuschließen. Sowohl konzeptionell als auch organisatorisch. Denn gesellschaftliche Veränderungen besitzen immer eine doppelte Querschnittsfunktion: Erstens betreffen sie mehrere Funktionen im Unternehmen gleichzeitig, und zweitens geht es vorrangig um die vernachlässigte Schnittstelle von Unternehmens*politik* und Unternehmens*strategie*. Unternehmen müssen in der Lage sein, die relevanten Themen frühzeitig zu erkennen und aktiv mitzugestalten; Themenführerschaft wird demnach zu einer zentralen Voraussetzung für Zukunftsfähigkeit. Mit anderen Worten, nur wenn Unternehmenspolitik und Unternehmensstrategie gemeinsam in der Lage sind, den Kunden, Investoren und übrigen Stakeholdern »gute Themen« bzw. eine »gute Story« zu liefern, sind die notwendigen Voraussetzungen für nachhaltigen Erfolg geschaffen. Die Fähigkeit zur erzählerischen Aufladung und zur kreativen Thematisierung wird so für Unternehmen zu einer Kernkompetenz, die Wettbewerbsvorteile generiert.

Als paradigmatisch für die kreative Kraft der Themen bei der Entstehung und Durchsetzung des Neuen – neuer Werte, neuer Trends, neuer Lebensstile, neuer Konfliktlinien ... – darf sicherlich die auf dem Titelfoto abgebildete Künstlerin Mariko Mori gelten. Claire Jacquet schreibt über sie: »Die Künstlerin versöhnt die unterschiedlichsten Bezüge (Werbung, Mode, Manga-Literatur, Science-Fiction, Comics, Videospiele, ...), um eine virtuelle Welt zu schaffen, in der der Mensch alles von sich aus kreiert. ... Indem sie neue Universalwerte begründet und sich von allen etablierten moralischen, religiösen und philosophischen Prinzipien befreit, zelebriert Mariko Mori, in einem bonbonfarbenen Mystizismus, das posthumane Zeitalter.«[3]

München, im Juni 2000 Franz Liebl

1 IN DER MATRIX DES NEUEN

Daß gesellschaftlicher Wandel gravierende Auswirkungen auf die Entwicklung von Unternehmen und sogar ganzen Branchen besitzt, ist keine Neuheit. Seit den 60er Jahren werden mit Regelmäßigkeit tiefgreifende gesellschaftliche Umbrüche diagnostiziert und im Bestsellerformat auf den Markt gebracht. Die Beispiele sind Legion: »Postindustrielle Gesellschaft« (Daniel Bell), »Gesellschaft des Spektakels« (Guy Debord), »Risikogesellschaft« (Ulrich Beck), »kindliche Gesellschaft« (Robert Bly), »Bewegungsgesellschaft« (Friedhelm Neidhardt/Dieter Rucht), »Erlebnisgesellschaft« (Gerhard Schulze), »Sinngesellschaft« (Norbert Bolz), »Multioptionsgesellschaft« (Peter Gross), »Informationsgesellschaft« und »Wissensgesellschaft« (Daniel Bell) sowie »Raving Society« (Jürgen Laarmann) – sie verkörpern nur eine kleine Auswahl dessen, wie Soziologen, Philosophen oder Kulturwissenschaftler fundamentale Wandelerscheinungen akzentuieren und thematisieren.

Unklar bleibt dabei häufig, was Unternehmer und Manager aus diesen Diagnosen für ihr Handeln ableiten können. Umso schwerer wiegt, daß im Lauf der Zeit die Wichtigkeit solcher Entwicklungen gegenüber rein ökonomischen und technologischen Fragestellungen beträchtlich gestiegen ist. Dabei konnte Nolan schon 1985 eine alarmierende Verschiebung der Proportionen konstatieren: »... vor ungefähr einem Jahrzehnt waren kaum 5% des Investitionsbudgets hochsensitiv gegenüber Issues aus dem sozio-kulturellen Bereich; heute liegt diese Größe eher bei 50%.«[1] Seit dieser Zeit haben zahlreiche Schlüsselereignisse, darunter nicht nur spektakuläre Boykottaktionen, seiner Feststellung Nachdruck verliehen und die Unberechenbarkeit des sozio-kulturellen Bereiches dokumentiert.

»All That Is Solid Melts Into Air«: Symptome turbulenter Zeiten

Die Aussage, daß sich alles Festetablierte verflüssigt und quasi in Wohlgefallen auflöst, hat bereits Karl Marx im *Kommunistischen Manifest* formuliert. So gesehen ist die Diagnose, daß wir in turbulenten Zeiten leben, weder neu noch aufregend. Bemerkenswert sind jedoch die Zuschreibungen, welchen Gesetzmäßigkeiten die Veränderungen gehorchen und welches ihre wesentlichen Treiber sind. Als zentrales Deutungsmuster für die Veränderungen des sozio-ökonomischen Umfeldes hat sich seit den 60er Jahren die Metapher des »Wertwandels« etabliert. Die Wertwandelforschung, die ursprünglich angetreten war mit dem Anspruch, die »Wissenschaft vom Menschen« zu sein, begreift Werte als universelle Treiber menschlichen Verhaltens. Wer den Wertwandel frühzeitig erkenne, so die Idee, werde das zukünftige Verhalten von Mitarbeitern, Kunden und externen Gruppen besser prognostizieren und sich frühzeitig darauf einrichten können. Doch just diese Auffassung erwies sich als allzu oberflächlich. Denn trotz einer ungeheuren Vielzahl von empirischen Studien konnte die Wertwandelforschung letztlich nur »Unübersichtlichkeit« und »unklare Befunde«[2] vorweisen. Insbesondere verflüchtigte sich der Zusammenhang zwischen dem, was die Forscher als »Werte« bezeichneten, und dem tatsächlichen Verhalten im Laufe der Zeit immer mehr. Der vorwiegend wertkonservativ geprägten Wertwandelforschung blieb nur noch, in dieser Abkoppelung einen »Wertverlust« zu sehen. Etwas wertneutraler formuliert: Was sich als Veränderungen in den »Werten« äußert, muß sich nicht in jedem Fall in einer Änderung des Verhaltens niederschlagen; und es gibt umgekehrt zahlreiche Fälle, wo Verhaltensänderungen zu beobachten waren, ohne daß sich etwa das Wertgefüge verändert hätte.[3] Damit geht einher, daß sich beispielsweise politische Haltungen nicht mehr eindeutig zuordnen lassen, daß sich also das althergebrachte Links–rechts-Gefüge zunehmend auflöst. Es macht Platz einer modischen »Issue-Orientierung«, die andere Konfliktlinien als den Gegensatz von Kapital und Arbeit in den Mittelpunkt der Betrachtung stellt: z.B. das Verhältnis Mensch–Natur, Geschlechterdifferenzen oder Ethnizität. Auch wenn diese Konfliktlinien schon vorher existierten, so handelt es sich doch um eine neue Qualität, da solche Erscheinungen nunmehr massenhaft auftreten und damit zum Normalfall werden.

Die Zunahme der Umfeldturbulenz über die Jahrzehnte hinweg wird gemeinhin auf zwei Faktoren zurückgeführt: Komplexität und Dynamik. Steigende Komplexität des Umfelds bedeutet, daß immer mehr Facetten bzw. Umfeldbereiche relevant werden; erhöhte Dynamik äußert sich als Geschwindigkeit der Veränderung. Oft vergessen wird jedoch eine wesentliche Komponente mit vornehmlich qualitativem Charakter: die Vertrautheit der Ereignisse. Bei höheren Turbulenzgraden sinkt diese nämlich; Entwicklungen werden nicht nur diskontinuierlich, sondern das Management sieht sich auch mit völlig neuartigen Sachverhalten konfrontiert. Welche Schlußfolgerungen sich hieraus für die Prognostizierbarkeit der Zukunft ergeben, faßt Abbildung 1-1 im Überblick zusammen.

Turbulenzniveau	1	2	3	4	5
Komplexität	National Ökonomisch	+	Regional Technologisch	+	Global Sozio-Politisch Sozio-Kulturell
Geschwindigkeit der Veränderung	Langsamer als Reaktion	Vergleichbar mit Reaktion	Schneller als Reaktion		Viel schneller als Reaktion
Vertrautheit der Ereignisse	Vertraut	Extrapolierbar		Diskontinuierlich Vertraut	Diskontinuierlich Neuartig
Erkennbarkeit der Zukunft	Wieder-kehrend	Prognostizier-bar	Vorhersagbar	Teilweise vorhersagbar	Unvor-hersagbar Überraschungen

Abb. 1-1: Typologie der Turbulenzgrade *(aus: Ansoff / Sullivan 1993)*

Überraschungen sind daher an der Tagesordnung. Darunter fällt nicht nur der gelungene, von breiten Bevölkerungsteilen getragene Boykott anläßlich der geplanten Versenkung der Ölbohrplattform Brent Spar. Probleme und Ereignisse, die quasi über Nacht gesellschaftsweite Aufmerksamkeit erlangen, können dazu führen, daß urplötzlich Lawinen von Schadensersatzansprüchen über Unternehmen hereinbrechen, wie es sich beispielsweise im Nachgang des Massakers von Littleton (USA) andeutet. Die amerikanische Gesetzgebung, die in bezug auf Produkthaftung sehr weit geht, leistet dem enormen Vorschub. Gerichte haben immer wieder über eine mögliche Haftung für Gewalt-Videos, bizarre Computerspiele oder »satanische« Rockmusik zu befinden. Schon in den letzten Jahren tauchte immer häufiger die Forderung auf, Produzenten von gewalt-affinen Entertainment-Produkten – wie z.B. Oliver Stones Film *Natural Born Killers* oder bestimmte Spielarten von Pop-Musik wie »Death Metal« oder »Gangsta Rap« – zu Schadensersatz bei Nachahmungstaten heranzuziehen.[4] Die *Frankfurter Allgemeine Zeitung* berichtet in der Ausgabe vom 6. Juli 1999: »Auf den Film ›Natural Born Killers‹ von Oliver Stone berief sich gleich ein Dutzend Nachahmungstäter ganz ausdrücklich. Stone, der stets dagegenhielt, sein in manchen Ländern verbotener Film verherrliche die Gewalt nicht, sondern prangere sie im Gegenteil an, steht deshalb sogar vor Gericht. 1995 hatten zwei Jugendliche bei einem Raubüberfall auf die Verkäuferin Patsy Ann Byers geschossen, nachdem sie LSD-Tabletten geschluckt und wieder und wieder ›Natural Born Killers‹ gesehen hatten. Die Frau, die nach dem Überfall gelähmt blieb, starb vor zwei Jahren an Krebs. Ihre Angehörigen behaupten nun, Stones Film habe die Täter mörderisch inspiriert und klagten deshalb gegen den Regisseur und den Unterhaltungsriesen Time Warner auf zwanzig Millionen Dollar Schadensersatz (F.A.Z. vom 3. August 1996).

Durchaus überraschend wies der Supreme Court, das oberste Gericht der Vereinigten Staaten, im Frühjahr einen Antrag Stones ab, das Verfahren einzustellen.«[5]

Schon Produkte, die nur entfernte Assoziationen zulassen, können ebenfalls betroffen sein. So drohte das Massaker von Littleton zeitweilig auch einen eher gewaltarmen Science-Fiction-Film wie *The Matrix*, der wenige Tage vor der Tat angelaufen war, in Mitleidenschaft ziehen. Denn der Film war nicht nur extrem erfolgreich und stand allein schon deswegen im Rampenlicht, sondern er zeigte den Hauptdarsteller auf dem Plakat ebenfalls mit einem dunklen Mantel, in dem sich eine Waffe verstecken läßt.[6]

Ein weiteres Beispiel: Im Juli 1999 wurde, von einem Gericht in Miami, zum ersten Mal eine Sammelklage von gesundheitlich geschädigten Rauchern gegen Tabakkonzerne positiv beschieden. Die Geschworenen haben nun über die Summe der Entschädigung zu entscheiden. Von den Klägern wurden insgesamt 200 Milliarden Dollar eingefordert. Analysten zufolge ist mit einer »neuen Prozeßlawine, einem nachhaltigen Imageschaden für die Industrie«[7] und höheren Preisen zu rechnen; seit November 1998 hat, so meldete die *Frankfurter Allgemeine Zeitung* vom 10. April 2000, der Standard & Poor's-Index der Tabakwerte rund 60% eingebüßt. Das bedeutet: Nicht bloß die Tatsache, daß Schadensersatzklage erhoben wird, kann Folge der Aufmerksamkeit und Mobilisierung sein, die ein solcher Fall in der Bevölkerung oder bei staatlichen Stellen hervorruft; auch die Höhe potentieller Schäden ist maßgeblich davon abhängig. Während Versicherer bisher aus Schadensereignissen empirische Verteilungen von Schadenshöhen ermitteln konnten, kommen nunmehr zunehmend »Phantomrisiken« ins Spiel, also Schadensereignisse, die potentiell Schaden stiften können.[8] Als unwägbar gelten insbesondere neue und gesellschaftlich umstrittene Technologien wie Gentechnik oder Mobilfunk. Hier fehlen nicht nur eingetretene Schadensfälle als empirische Datengrundlage; unklar ist auch, wie die mögliche Reaktion der Bevölkerung bzw. der Konsumenten auf solche Ereignisse ausfallen wird. Ein »emotionales Risiko«, das sich in der Figur des »unkontrollierbaren Konsumenten«[9], der vermeintlich unberechenbar agiert, spiegelt. Eine Vorstellung über die Entwicklungsmöglichkeiten der öffentlichen Meinung – insbesondere in bezug auf kritische Themen bzw. unerwünschte oder unvorhergesehene Ereignisse – tut also Not.

Die These vom »unkontrollierbaren Konsumenten« schreibt den Kunden nicht nur eine kurzfristige Issue-Orientierung zu, sondern ganz allgemein ein immer weniger berechenbares Verhalten. Hierunter fällt auch eine geringer werdende Markentreue, und zwar trotz beachtlicher

Werte in bezug auf die Produktzufriedenheit.[10] Zwischen 65% und 85% der abtrünnigen Kunden behaupten von sich, sie seien mit ihrem bisherigen Lieferanten »zufrieden« oder gar »sehr zufrieden« gewesen. Und im Automobilbereich liegt zwar die Zufriedenheitsrate bei 85% bis 95%, aber nur durchschnittlich 40% bleiben ihrer Marke beim nächsten Mal treu.[11] »Multioptionale Konsumenten«, »gespaltenes Käuferverhalten«, »Pluralisierung« oder gar »(Hyper-)Fragmentierung der Märkte« lauten gängige Diagnosen in bezug auf den Konsumgüterbereich. Der »Porschefahrer, der bei Aldi kauft« ist zu einem vielstrapazierten Beispiel geworden. Die Schnäppchenjagd wird zum Sport für die Gruppe der »Besserverdienenden«, die auch grotesk weite Strecken in Kauf nehmen, um am Liter Benzin einen Pfennig zu sparen oder um ihre Designer-Kleidung in Factory Outlets auf der grünen Wiese zu erwerben statt in den innerstädtischen Edelboutiquen. Umgekehrt setzen Kinder und Jugendliche unterer Schichten ihre Eltern zunehmend unter »Markenstreß«[12], indem sie ihnen hochpreisige Turnschuhe oder Sportjacken bestimmter Hersteller abnötigen. Die »Style Wars«[13] auf den Schulhöfen sind in vollem Gange. Sie toben ebenso in den Musik-Clubs der Metropolen, wo nach strengen, aber kaum beschreibbaren Regeln Designer-Mode mit Second-Hand-Ware sowie H&M-Teile mit Accessoires von Prada oder Gucci kombiniert werden.[14] Mit anderen Worten, es wird immer schwieriger, stringente Konsummuster bei den Verbrauchern zu erkennen. Die Gesellschaft löst sich im Zuge der Individualisierung auf in ein Heer von durchschnittlichen Abweichlern – was »Zielgruppen« im Sinne statistisch ermittelter Kundenprofile überkommen erscheinen läßt.[15] Es überrascht daher nicht, wenn die Verbraucheranalyse 1999 feststellt, daß die herkömmliche Marktforschung eklatante Schwächen in der Zielgruppendefinition aufweise.[16] Das heißt, die in der Marktforschung traditionell genutzten Segmentierungsvariablen wie Alter, Geschlecht und Haushaltsgröße taugen immer weniger als Kriterium zur Beschreibung von Zielgruppen[17]: Während eine verlängerte Adoleszenz dazu führt, daß mit zunehmendem Alter die Konsumption von Produkten aus der Jugendkultur kaum nachläßt, schmücken sich andererseits Jugendliche immer früher mit den Insignien erfolgreicher Erwachsener.[18] Was sich dennoch feststellen läßt, sind gewisse Regelmäßigkeiten, mit denen Neues aufgegriffen wird und – zumindest für kurze Zeit – ein einigendes Moment für bestimmte Kreise darstellt: sogenannte Trends. Diese betreffen Musik- und Kleidungsstile ebenso wie die Ausübung von Sportarten, die Wahl der Autofarbe, die Nutzung von Medien oder die Orientierung in bezug auf bestimmte gesellschaftliche Themen. Dabei wird mit besonderer Schärfe deutlich, daß Veränderungen in der Alltagskultur sich nicht mehr durch die Veränderung von tiefer gründenden »Werten« abbilden, geschweige denn prognostizieren lassen.

So liegt es nahe, daß in dieser Situation das Management in den Marketingabteilungen von Konsumgüterherstellern und Finanzdienstleistern hofft, durch frühzeitiges Erkennen von wichtigen Trends im sozio-kulturellen Umfeld Orientierung zurückzugewinnen und die aus diesen Entwicklungen resultierenden Konsum- und Verhaltenstrends zu nutzen.[19] Das heißt, zu wissen, was »angesagt« sein wird, gilt als Gebot der Stunde: Mit der Aura des Trendsetters den eigenen Produkten und Marken Aktualität zu verleihen, ist nunmehr vorrangiges Ziel – und zwar nicht nur in Jugendmärkten und im Bereich schnelldrehender bzw. modischer Konsumgüter.

Offenbar weisen die Orientierungen hin zu Trends und Issues ein hohes Maß an Konvergenz bzw. Entsprechung auf. Public Relations, Marketing und die strategische Planung sind folglich in ähnlicher Weise gefordert, wenn es darum geht, die sich in Trends und Issues ausdrückenden Unwägbarkeiten des sozio-kulturellen Umfelds zu bewältigen und in diesen Turbulenzen Wettbewerbsvorteile zu erzielen und zu verteidigen.

In einer vom CompetenceCenter Strategie&Marketing (Universität Witten/Herdecke) und der Beratungsgesellschaft Market Lab AG (Berlin)

	Häufigkeit		
Indikator	hoch (>75%)	mittel (50–75%)	niedrig (<50%)
wettbewerbs-bezogen	Strategieänderungen der Wettb. (94,5%) Innovationsverhalten der Wettb. (83,5%)	steigende Homogenität der Produkte (67%) **Aufkommen von Substitutionsprodukten (59,6%)**	Marketingbudget der Wettbew. (42,2%) F&E-Budget der Wettbew. (22%)
umwelt-bezogen	Marktentwicklung (91,7%) politisch-rechtliche Entwicklungen (84,4%)	**Entstehung neuer Technologien (72,5%)** ökologische Entwicklung (67%) demographische Entwicklung (56,9%)	**sozio-kulturelle Entwicklung (46,8%)** **Verhalten der Trendführer (45,9%)** **Patentanmeldungen (28%)**
unternehmens- und geschäfts-bezogen	Kundenzufriedenheit (90,8%)	Abweichung von Planzahlen (79,8%) sinkender Gewinn/Umsatz (76,1%) **Potentiale der Mitarbeiter (70,6%)** **Unternehmenskultur (66,1%)** **Kundenanregungen (65,1%)**	Phase des Produkt-Lebenszyklus (41,3%) **Nachfolgedefizite im Produktprogramm (35,8%)** Mitarbeiterfluktuation (25,7%)

Abb. 1-2: Häufigkeit der erhobenen bzw. überwachten Indikatoren *(aus: Janson / Liebl 2000)*

durchgeführten empirischen Studie[20] hielten daher über 98% der befragten Top-Manager die Beobachtung und Analyse des Unternehmensumfelds für »wichtig« oder sogar »sehr wichtig«. Nur knapp 20% der befragten Unternehmen verfügten jedoch über ein systematisches und organisatorisch an zentraler Stelle etabliertes System des Trend- und Issue-Management. Ein weiteres wichtiges Ergebnis der Studie, in der die 500 größten deutschen Unternehmen befragt wurden, zeigt Abbildung 1-2 im Überblick. Dort ist dargestellt, wieviel Prozent der Unternehmen einen bestimmten Indikator erheben bzw. überwachen. Dabei zeigt sich deutlich, daß die am stärksten zukunftsorientierten Indikatoren (in der Abbildung fett gedruckt) eher geringe Verbreitung genießen. Unter den am häufigsten genutzten Indikatoren befindet sich dagegen kein einziger mit ausgesprochener Früherkennungsqualität.

Issue-Management und Strategisches Management

Was wir heute als Issue-Management bezeichnen, ist über rund drei Jahrzehnte hinweg entstanden und bezieht seine Ursprünge aus zwei recht unterschiedlichen Traditionen:

- Issue-Management im Bereich der Public Relations betont die Wichtigkeit der von einem Unternehmen betroffenen Personengruppen, Interessengruppen und Organisationen (»stakeholder«). Die Aufgabe besteht nach dieser Sichtweise vorwiegend darin, ein Mißverhältnis zwischen den Aktionen eines Unternehmens und den Erwartungen der Betroffenen zu erkennen. Dialog mit den Stakeholdern und soziale Verantwortung von Unternehmen einerseits sowie Kommunikationsstrategien und Lobbyismus andererseits sind zentrale Fragestellungen, die in diesem Zusammenhang aufgegriffen werden.
- Issue-Management als Bestandteil des strategischen Managements stellt die strategischen Konsequenzen, die von einem Issue ausgehen, in den Mittelpunkt des Interesses. Als Issue zählt dabei alles, was als Entwicklung im Umfeld einen signifikanten Einfluß auf den zukünftigen Erfolg ausübt[21] – sowohl positiv als auch negativ. Als zentrales Problem wird angesehen, die für ein Unternehmen strategisch relevanten Umfeldentwicklungen auszufiltern, denn aus Kapazitätsgründen vermag ein Unternehmen sich nur mit einer relativ begrenzten Zahl von Issues gleichzeitig auseinanderzusetzen.[22] Themen, die in diesem strategischen Zusammenhang zur Debatte stehen, sind z.B. Früherkennung von »Schwachen Signalen«[23], Antizipation und Be-

wältigung von Diskontinuitäten, Zukunftsforschung und Competitive Intelligence.

Zu diesen in Wissenschaft und Praxis gut etablierten Traditionen hat sich eine dritte, noch relativ junge Richtung gesellt, die erst in den 90er Jahren eine eigenständige Position entwickeln konnte: die Trendforschung bzw. das Trend-Management. Daß sie erst relativ spät aufkam, kann auf eine Reihe von Gründen zurückgeführt werden. Nach der anfänglichen Euphorie über zukunftsorientierte Managementkonzepte, die von Ideen wie »Strategische Frühaufklärung« und »Schwache Signale« geprägt war, hatte seit Mitte der 80er Jahre eine Weiterentwicklung der ursprünglichen Ansätze kaum stattgefunden. Die Vermutung liegt nahe, daß die geheimdienstlich-militärische Metaphorik den Blick von den wesentlichen Fragestellungen eher abgelenkt hat. Daß die Erwartung spektakulärer Enthüllungen erst heftig genährt und schließlich enttäuscht wurde, hat sich auf die weitere Forschung regelrecht lähmend ausgewirkt und grundlegende Innovationen verhindert. Mittlerweile dürfte klar geworden sein, daß sich die Suche nach dem Trend nicht im Spionagemilieu oder in futuristisch anmutenden Gefilden abspielt, sondern in den vermeintlich trivialen Niederungen des Alltagslebens und der Populärkultur; letztendlich liegt dort der Keim für die vielbeschworene Turbulenz des Umfelds.

Im Gegensatz zur strategischen Frühaufklärung hat die strategische Planung seit dieser Zeit einen beträchtlichen Wandel durchgemacht. Während die 80er Jahre vor allem vom markt-basierten Positionierungsdenken Porters[24] geprägt waren, der in klar umrissenen Branchen die Erzielung von Wettbewerbsvorteilen mittels Kostenführerschaft, Differenzierung und Fokussierung propagierte, betonten die frühen 90er Jahre eine nach innen gerichtete Sichtweise. Es galt von da an, die Kernkompetenzen zu identifizieren und zu nutzen, die für den langfristigen Entwicklungspfad eines Unternehmens als entscheidend angesehen wurden. Vor allem denjenigen Unternehmen wurde Erfolg prophezeit, denen es gelänge, ihre Kompetenzen in geeigneter Weise weiterzuentwickeln und schneller zu lernen als der Wettbewerb. Stillschweigend wurde unterstellt, daß durch Wissensmanagement und organisationales Lernen strategische Überlegungen überflüssig werden. Die späten 90er Jahre haben hier jedoch für Ernüchterung gesorgt. »Strategy is back« – mit Slogans dieses Typs überschrieben angelsächsische Wirtschaftsmagazine wie *Strategy and Leadership*[25] und *Business Week*[26] ihre Titelgeschichten zur Renaissance strategischen Denkens in Unternehmen. Darüber hinaus wird immer deutlicher, daß die markt-basierte

Sicht Porters und die kompetenz-orientierte Sichtweise Hamels zwei Seiten derselben Medaille darstellen. Sowohl Hamel[27] als auch Porter[28] betonen nunmehr deren Komplementarität.

Ein grundsätzlicher Wandel zeichnet sich darüber hinaus in der Zielsetzung des strategischen Managements ab. Diese Neuorientierung geht über bloße Kompetenzentwicklung und (statische) Positionierungsüberlegungen hinaus. Wettbewerbsvorteile, so die These, lassen sich nur noch erzielen und zukünftig sichern, wenn es gelingt, in turbulenten Umfeldern neue Märkte zu generieren, neue Spielregeln im Wettbewerb zu etablieren und neue Geschäftsmodelle, die Wert schaffen, zu entwickeln.

Erhöhte Turbulenz bedeutet dabei, daß sich die Horizonte verläßlicher Prognosen im Zeitablauf radikal verkürzt haben – mit gravierenden Konsequenzen für das in der Früherkennung einstmals beschworene »proaktive« Handeln. Die Logik proaktiven Handelns lautete »predict and prepare«, d. h. prognostiziere das Umfeld und optimiere Entscheidungen mit Blick auf dieses Zukunftsbild. Wo sich aber das Umfeld als prinzipiell unvorhersagbar präsentiert, ist diese Management-Logik außer Kraft gesetzt.[29] Nunmehr gilt es, vor allem die Gegenwart und ihre sozio-kulturellen Überformungen besser zu verstehen – als Ausgangspunkt für eine *gestaltbare Zukunft*. Der Gedanke des bewußten Kreierens steht also auch hinter der Forderung, das »predict and prepare« des proaktiven Handelns durch ein »interaktives« Management abzulösen, in dem das Unternehmen in enger Vernetzung mit dem Umfeld Trends und Issues mitgestaltet. Das spiegelt sich auch wider in der »Aggressivität«, mit der Umfeldturbulenz umzugehen (Abb. 1-3).

Ansoff und Sullivan[30] sehen das generative Moment des »Schöpferischen Gestalters« als Schlüsselfaktor – und damit die Kreation von Neuem als die einzig angemessene Art, in hochgradig turbulenten Umfeldern zu agieren (Abb. 1-4). Trend- und Issue-Management auf Basis von sogenannten »Schwachen Signalen«, die bereits frühzeitig auf gravierende Veränderungen hindeuten, stellen für sie einen unabdingbaren Bestandteil dar.

Hieraus erklärt sich auch, warum schnelles Handeln allein keine zielführende Form ist, auf die neuen Verhältnisse zu antworten. Denn unter Bedingungen turbulenter Umfelder sind es häufig gerade die schnellen Festschreibungen, die sich im nachhinein als übereilt und womöglich irreversibel erweisen. Insbesondere in der Markenführung wird häufig vergeblich versucht, über das Einbeziehen von jugendkulturellen Motiven einem Produkt oder einer Marke ein junges oder popkulturelles Image zu verleihen – mit der Gefahr, das Markenbild der Konsumenten nachhaltig zu zerrütten oder die Marke der Lächerlichkeit preiszugeben.

Niveau	1	2	3	4	5
Umfeld-Turbulenz	REPETITIV Keine Veränderung	EXPANSIV Langsame, inkrementale Veränderung	VERÄNDERLICH Schnelle, inkrementale Veränderung	DISKONTINUIER-LICH Diskontinuierliche, vorhersagbare Veränderung	ÜBERRASCHEND Diskontinuierliche, unvorhersagbare Veränderung
Aggressivität	STABIL Stabil, basierend auf Bekanntem	REAKTIV Inkrementale Veränderung, basierend auf Erfahrung	ANTIZIPATIV Inkrementale Veränderung, basierend auf Extrapolation	UNTER-NEHMERISCH Diskontinuierliche Strategien, basierend auf erkennbaren Gelegenheiten	KREATIV Diskontinuierliche neuartige Strategien, basierend auf Kreativität
Grad der Veränderung	Null	Inkremental	Inkremental	Diskontinuierlich Vertraut	Diskontinuierlich Neuartig
Datenbasis	Historisch Vorgängiges	Historische Erfahrung	Extrapolation	Zukünftige Gelegenheiten	Kreativität
Antwortverhalten des Managements	SUCHT STABILITÄT Lehnt Veränderung ab	EFFIZIENZ-GETRIEBEN Paßt sich an Veränderung an	MARKT-GETRIEBEN Sucht bekannte Veränderung	UMWELT-GETRIEBEN Sucht verwandte Veränderung	UMWELT-KREIEREND Sucht neuartige Veränderung

Abb. 1-3: Implikationen der Umfeldturbulenz *(aus: Ansoff/Sullivan 1993)*

Die Risiken sind ebenso vielfältig wie schwerwiegend: Erstens wird eine düpierte Stammklientel nur unter größten Schwierigkeiten wiederzugewinnen sein. Zweitens gehört es zu den schwierigsten Übungen, gerade aufkommende Strömungen und Stile frei von Klischees und Peinlichkeiten im Werbeauftritt darzustellen. Und drittens wird oft vergessen, daß eine Zielgruppe nicht immer mit ihrer je eigenen Lebenswelt, und sei sie auch noch so »trendy«, konfrontiert werden möchte. Schnellschüsse wie Trendsocken, Trendbanken und trendige Bausparverträge waren daher wenig erfolgreich; die erhofften »economies of speed« haben sich nicht realisiert.[31] Gerade in vermeintlichen Trendbereichen sind es nicht immer die Schnellen, die die Langsamen fressen. Vielmehr hat der Geschwindigkeitswettbewerb mittlerweile, so Michael Porter, ähnlich ruinöse Dimensionen angenommen wie vormals der Preiswettbewerb.[32] Denn je schneller alle auf den gleichen Trendzug aufspringen wollen, desto gravierender die Un-unterscheidbarkeit im Wettbewerb.

Von Anfang an hatte daher Ansoff dafür plädiert, strategische Planung nicht einfach durch ein auf kurzfristige Änderungen schnell reagieren-

Niveau	1	2	3	4	5
Schlüsseltyp des Managers	Der Gute Hirte	Der Controller	Der Manager der Expansion	Der Entrepreneur	Der Schöpferische Gestalter
Kultur	Streben nach Stabilität	Streben nach Effizienz	Streben nach Wachstum	Suche nach Chancen	Kreieren von Chancen
Belohnung für	Langlebigkeit	Kosten-Minimierung	Profitabilität	Zukünftiges Gewinn-Potential	Kreativität
Problemlösung	Kontrolle der Veränderung	Diagnostisch	Optimierung	Finden von Chancen	Kreieren von Chancen
Zentrales Management-System	• Policies • Verfahren	• Finanzielle Kontrolle • Budgetierung	• Extrapolative Strategische Planung	• Unternehmerische Strategische Planung • Issue Management auf Basis starker Signale	• Unternehmerische Strategische Planung • Issue Management auf Basis schwacher Signale • Überraschungsmanagement
Zentrale Datenbasis	Vorgängiges	Frühere Performance	Extrapolation der früheren Performance	Vision von der Zukunft	Schwache Signale

Abb. 1-4: Turbulenzniveaus und Managementstile *(aus: Ansoff/Sullivan 1993)*

des, adaptives Management-System zu ersetzen.[33] Statt des berüchtigten »Durchwurstelns« muß es vielmehr darum gehen, im Unternehmen ein zweigleisiges strategisches Management folgenden Zuschnitts zu etablieren:

- Weiterhin soll die strategische Planung dafür zuständig sein, die Unterscheidungskraft im Wettbewerb sicherzustellen,[34] die Kompetenzen des Unternehmens weiterzuentwickeln[35] sowie die Unternehmenstätigkeit durch neue Geschäftsfelder und Geschäftsmodelle zu ergänzen.
- Daneben soll ein Issue-Management neu aufkommende Trends und Issues frühzeitig erkennen und rechtzeitig adäquate Maßnahmen zu ihrer Nutzung oder Abwehr einleiten. Mit diesem Instrument soll die strategische Planung entlastet werden von der Bewältigung plötzlich auftauchender Irritationen, denen durch Änderung der Planungen womöglich gar nicht beizukommen ist; überdies würde durch einen abrupten Kurswechsel das strategische Gleichgewicht des Unternehmens womöglich empfindlich gestört werden.

Daß beide Ebenen des strategischen Managements nach einer ganz unterschiedlichen Logik operieren, wird nicht zuletzt anhand der Art und Weise deutlich, wie beide mit Informationen umgehen. Für die strategische Planung existiert ein klar definierter Bedarf an qualitativen und quantitativen Informationen, ohne die ein Plan nicht lückenlos zu erstellen ist. Dagegen zielt das Issue-Management darauf ab, was aus den vorhandenen – gleichwohl lückenhaften, mehrdeutigen und oft schwer interpretierbaren – Informationen über das Umfeld abgeleitet werden kann. Hieraus erklärt sich, wieso für diese Art von Information, die einen hohen Grad an Erstmaligkeit aufweist, die Metapher »Schwache Signale« verwendet wird.

2 ANATOMIE VON ISSUES

Issue: Was besagt ein Name?

Im angelsächsischen Sprachgebrauch bezeichnet der Begriff »issue« allgemein ein öffentliches Anliegen oder Problem bzw. eine politische oder soziale (Streit-)Frage.[1] Im Deutschen existiert streng genommen kein Ausdruck, der sich vollständig mit diesem Bedeutungsspektrum deckt. Am nächsten kommt ihm noch der Begriff »Thema« (siehe z.B. »Tagesthemen«). Der konfliktäre Charakter eines Themas kann dabei auf verschiedene Weise zum Ausdruck kommen:

- Es herrschen unterschiedliche Vorstellungen über die Lösung eines allgemein anerkannten Problems.
- In bezug auf einen bestimmten Sachverhalt klaffen die Wertvorstellungen der Kontrahenten auseinander.
- Es gibt zwar Konsens über das, was angestrebt werden sollte, jedoch bricht ein Verteilungskampf aus.

Ein Thema hat immer Bezug zu einem oder einer Gruppe von Ereignissen;[2] es umfaßt aber mehr als nur das Ereignis selbst und besitzt bestimmte Charakteristika. Erstens gehören zu einem Issue auch die damit zusammenhängenden Vorgänge, z.B. Interpretationen oder Berichte in den Medien.[3] Issues zeichnen sich zweitens durch eine gewisse Tragweite für die Gesellschaft aus. Nur wenn das Problem eines Einzelnen über seine Privatsphäre hinaus Folgen hat, kann es zum Issue werden.[4] Und drittens können Issues nicht von ihrer kulturellen Natur getrennt werden; sie verkörpern nicht einfach Ereignisse im luftleeren Raum, sondern sind im allgemeinen verknüpft mit speziellen sozialen Umgangsformen und Praktiken, sowie speziellen Lebensstilen.

Die »Karriere eines Themas«[5] wird seit Downs[6] idealtypisch als Lebenszyklus dargestellt (Abb. 2-1). Singuläre Ereignisse, die zunächst nicht viel Aufmerksamkeit auf sich gezogen hatten, werden zum ersten Mal in einen Zusammenhang gebracht und in den Medien thematisiert. Hieraus resultiert ein Verbreitungseffekt, der sich dann beschleunigt, wenn z.B. prominente Fürsprecher den Entwicklungsprozeß forcieren. Ist genügend Druck auf seiten der Öffentlichkeit mobilisiert, sehen sich staatliche Organe veranlaßt, sich ebenfalls dieses Problems anzunehmen.[7] Damit ist das unmittelbare Ziel erreicht; der Aufmerksamkeitswert des Issue hat seinen Höhepunkt überschritten. Nach und nach erlahmt das Interesse von Medien und Publikum. Das Thema ist »gestorben«.

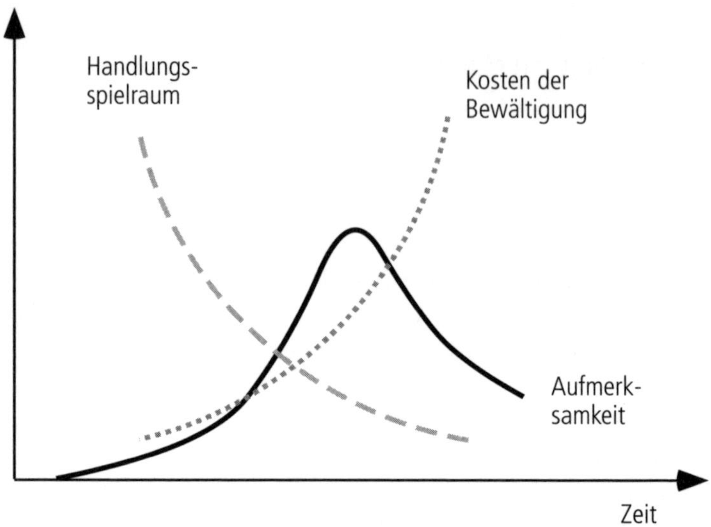

Abb. 2-1: Aufmerksamkeitswert eines Issue und die Konsequenzen für betroffene Unternehmen

Wie sich dieses Spannungsfeld für ein in den Konflikt verwickeltes Unternehmen darstellt, zeigt Abbildung 2-1 ebenfalls: Mit zunehmendem Voranschreiten des Issue in seinem Lebenszyklus wird der Handlungsspielraum, den das Unternehmen für eine Reaktion zur Verfügung hat, in zweifacher Hinsicht geringer. Zum einen steigt der Zeitdruck, um geeignete Kommunikationsinhalte an wichtige Adressaten zu vermitteln oder eine strategische Neuorientierung zu bewerkstelligen; zum anderen nimmt die Spannweite möglicher Aktionen, etwa um den Gesetzgebungsprozeß noch günstig zu beeinflussen, immer weiter ab. Dieser kontinuierlich abnehmende Handlungsspielraum läßt gleichzeitig die Kosten einer adäquaten Reaktion des Unternehmens immer weiter steigen.

Eine zentrale Rolle für die Karriere eines Themas spielen die möglichen Interpretationen, da von diesen Deutungen die Bewertung konkurrierender Lösungsmöglichkeiten kritisch abhängt. Ein Symptom wie Verkehrsstau kann unterschiedlich verstanden werden, z.B. als ein Defizit an Verkehrswegen, als Übermaß an existierendem Verkehr oder als unzureichende Steuerung der Verkehrsflüsse (z.B. in Ermangelung einer Straßenbenutzungsgebühr oder informationstechnologischer Einrichtungen). Je nach Definition ändert sich der Fokus der Betrachtung und damit die adäquate Therapie für die Symptome radikal. Und nicht selten kommt es vor, daß Akteure ihre (Problem-)Diagnose auf Basis der von ihnen favorisierten Lösung formulieren.

Die verschiedenen involvierten Akteure führen daher in der Frühphase eines Issue einen regelrechten Kampf um die Definitionsmacht – mit dem Ziel, Zustimmung zur je eigenen Interpretation und Lösungsalternative zu bekommen. Eine besondere Rolle für den Erfolg einer Interpretation kommt dem Vorhandensein eines zugkräftigen Etiketts zu, das dieses Deutungsmuster auf einen griffigen Nenner bringt. Wenn es gelingt, eine solche Etikettierung beim Publikum populär zu machen, hat das Thema seinen »Durchbruch« erreicht, so stellte Niklas Luhmann in bezug auf die Karriere eines Themas fest.[8] Wie stark solche Etiketten sein können, zeigen langlebige Thematisierungen wie z.B. »Waldsterben« oder »Reformstau«.

Ein Dilemma für Unternehmen, die von einem solchen Issue bzw. den anvisierten Maßnahmen betroffen sind, wird dabei offenbar. Bezieht man seine Position frühzeitig, wenn der Handlungsspielraum noch groß ist, existiert ein beträchtliches Risiko, sich irreversibel und dabei falsch festzulegen, denn die später gängige Interpretation ist zu diesem Zeitpunkt noch unklar. Wartet man andererseits, bis sich ein bestimmtes Deutungsmuster herauskristallisiert und durchgesetzt hat, ist es möglicherweise für eine adäquate Reaktion zu spät. Denn der Handlungsspielraum, so die Erfahrung, schrumpft im Laufe der Zeit beträchtlich; nur noch Crash-Programme, die hohe Kosten verursachen, bleiben als Ausweg.

Die Hoffnung, aufgrund der Quasi-Gesetzmäßigkeit des Lebenszyklus-Konzepts Prognosen über die weitere Verbreitung eines Issue anstellen zu können, trügt jedoch. Seit Luhmann und Downs wurde zwar eine Unzahl ähnlich gearteter Phasenschemata in die Diskussion gebracht; doch gemeinhin wird erst im nachhinein der Aufmerksamkeitsverlauf eines Issue als Lebenszyklus rationalisiert. Ex ante kommt es dagegen zu erheblichen Prognosefehlern, wenn Abweichungen vom »idealen« Verlauf eintreten:

Anomalie 1. Da es sich bei Issues in der Regel nur um vorläufig lösbare, nicht jedoch um endgültig beseitigbare Fragen bzw. Probleme handelt, muß damit gerechnet werden, daß ein Issue, das einmal »gestorben« ist, jederzeit wieder sein Revival erleben kann.[9] Dies passiert meist, wenn bekannte kritische Ereignisse wie Unfälle, Amokläufe, Umweltkatastrophen o.ä. erneut eintreten, aber in ihren Dimensionen größer als je zuvor ausfallen. Als weiterer Anlaß kann das Jubiläum eines aufsehenerregenden Ereignisses dienen. So wird immer wieder Mitte Juli – angesichts des Jahrestages des mysteriösen Absturzes einer TWA-Maschine nahe New York im Jahr 1996 – auf Sicherheitslücken bzw. -probleme bei Boeing-Flugzeugen hingewiesen. Und kurz vor dem Jahrestag des Absturzes eines Swissair-Jets vor Neufundland, welcher Anfang September 1998 passiert war, lenkten Boeing und die Fluggesellschaft in bezug auf die Schadensersatzforderungen ein.[10] Überhaupt läßt sich eine Tendenz feststellen, daß gezielt nach Jubiläen gefahndet wird, um Anlässe für Events jeglicher Art zu generieren. Issues werden damit im Kielwasser von Jubiläums-Events regelrecht ausgeschlachtet.

Anomalie 2. Ein Lebenszyklus braucht nicht alle Phasen zu durchlaufen. In sehr vielen Fällen nimmt die Existenz eines Themas ein vorzeitiges Ende. Dies mag viele Gründe haben, etwa mangelndes Interesse des Publikums, Verdrängung durch wichtiger erscheinende Issues oder äußere Repression. Dennoch kann auch ein solches Issue wieder aufleben und unter neuen Vorzeichen wesentlich größere Durchschlagskraft an den Tag legen. Beispielsweise kam in den 70er Jahren die Idee der Gruppenarbeit im Zuge der Diskussion um die Humanisierung des Arbeitslebens auf, konnte sich jedoch nicht auf breiter Basis durchsetzen. Ein wesentlich erfolgreicheres Wiederaufleben war dem Konzept dann Mitte der 90er Jahre beschieden, als es im Zuge des Business Re-engineering unter dem Vorzeichen der Effizienzsteigerung erneut propagiert wurde. Und auf Konsumgütermärkten feiert die in den 70er Jahren gescheiterte Quadrophonie als Surround-Sound im Heimkino eine erfolgreiche Wiedergeburt.

Weder im ersten noch im zweiten Fall muß es sich bei einem Revival um ein inhaltlich vollkommen identisches Thema handeln. Denn meist ist gerade eine veränderte Akzentsetzung der Grund, wieso ein Issue ein weiteres Mal aufs Tapet kommt. Eine andere Möglichkeit besteht darin, daß die vormals ergriffenen Maßnahmen zu unerwarteten Nebeneffekten geführt haben, welche nun ihrerseits ein Recycling des Themas einleiten.[11] Beispielsweise haben die Aufkleber »Parental Advisory – Explicit Lyrics« auf amerikanischen Tonträger-Erzeugnissen, die Eltern auf explizit sexuelle und gewalttätige Songtexte hinweisen sollen, den Charakter eines verkaufsfördernden Gütesiegels angenommen. Als Konsequenz daraus wird von verschiedenen Seiten unter dem Vorzeichen des Jugendschutzes mit Regelmäßigkeit nach drastischen Zensurmaßnahmen gegen »verkommene Filme, verkommene Rap-Musik, verkommene Videospiele« (Henry J. Hyde, republikanischer Abgeordneter) gerufen. Jedes auch nur locker damit in Zusammenhang stehende Ereignis, wie z. B. das Massaker von Littleton, wird daher als Anlaß für die Erneuerung der Forderungen aufgegriffen.

Solche Sachverhalte sind dafür verantwortlich, daß der idealtypische Issue-Lebenszyklus eher die Ausnahme als den Regelfall darstellt. Interessant sind also viel eher die Abweichungen als die Idealvorstellung. Deren überspitzte Interpretation als »was ansteigt, muß auch wieder fallen« zeigt den nahezu trivialen Aussagegehalt. Daher müssen im Rahmen des Issue-Management vor allem die Mechanismen und Einflußfaktoren, die hinter diesen Abweichungen stehen, untersucht werden. Nur dann wird man einem Thema gerecht, das sich – angesichts von abwechselnder Mobilisierung, Demobilisierung und inhaltlichen Akzentverschiebungen – insgesamt als bewegliches Ziel erweist. Statt einer Lebenszykluskurve wäre daher die Metapher der Spirale, die simultane Variationen in allen ihren Dimensionen ausdrückt, zutreffender (Abb. 2-2).

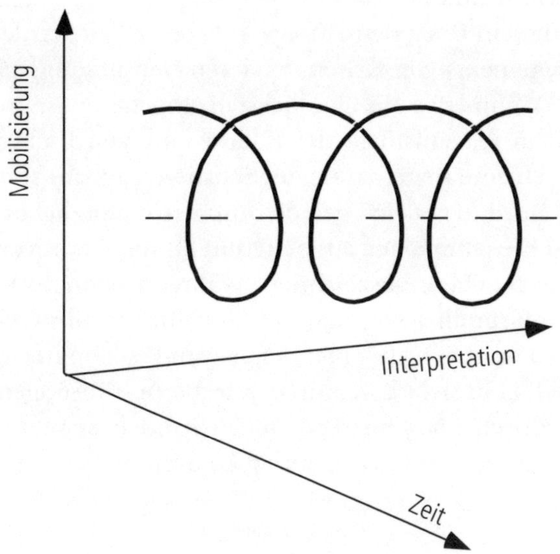

Abb. 2-2: Issue-Spirale *(aus: Liebl 1996a)*

Auch wenn der idealtypische Issue-Lebenszyklus für die Entwicklungsprognose eines Issue nicht tauglich ist, so lohnt es dennoch, ihn genauer zu betrachten. Denn aus ihm lassen sich immerhin die für die einzelnen Entwicklungsstadien wichtigen Fragestellungen ableiten. In der Frühphase geht es offensichtlich vor allem darum, die Formierung von inhaltlich noch unzusammenhängend erscheinenden Phänomenen zu erkennen, die zu einem späteren Zeitpunkt zu einem komplexeren Gebilde zusammengefaßt und etikettiert werden. Daran schließt sich eine mehr oder weniger lange Phase der Mobilisierung an, in der unterschiedliche Akteure zunächst um die Deutungsmacht ringen. Dies passiert mit dem Ziel, in der Folge nicht mehr nur die Zustimmung der Öffentlichkeit zu mobilisieren, sondern auch Ressourcen, die in organisierter Form für eine weitere Verbreitung des Issue und die Durchsetzung der vertretenen Interessen sorgen. Dabei interessiert, ob das Issue letzten Endes zum Gegenstand von politischen bzw. hoheitlichen Entscheidungen wird. Anhand dieses Entwicklungsrahmens sollen im folgenden die interessierenden Fragestellungen herausgearbeitet werden.

Das Diktum »An issue ignored is a crisis invited«, das Henry Kissinger zugeschrieben wird, weist zu Recht darauf hin, daß die willentliche oder unwillentliche Nichtbeachtung eines brisanten Themas den Keim der Krise in sich trägt. Damit ist die Motivation des Issue Management, nämlich der Versuch einer Prävention von Krisen durch ein hinreichend ausgeprägtes Sensorium und ein umsichtiges Vorgehen, als Programm formuliert. Was in diesem Buch demzufolge *nicht* behandelt werden soll, sind Fragen des Managements von Krisen, da deren Bewältigung eigenen Gesetzen gehorcht. Wenn etwa ein Unglücksfall eingetreten ist, so wie es für die Deutsche Bahn AG anläßlich der Katastrophe von Eschede der Fall war, kann nur noch eine Begrenzung des Schadens Aufgabe sein. Gleiches gilt für einen Skandal, da er sich gerade durch sein plötzliches Entdecktwerden, also sein Hereinbrechen aus heiterem Himmel *ohne* vorab existierende »Schwache Signale«, auszeichnet. Während beim Issue-Management eine aktive Grundhaltung und ein Gestaltungswille vorliegt, kann bei solchen Krisen nur noch aus einer defensiven Position heraus re-agiert werden. In vielerlei Hinsicht lassen sich zwar die Ausführungen in diesem Buch auch auf Krisen übertragen; dennoch handelt es sich dann nicht mehr um Issue-Management im eigentlichen Sinn.

Issues und ihre Stakeholder

Wie man sehen kann, sind in die Prozesse der Issue-Entwicklung eine Reihe von unterschiedlichen Beteiligten involviert, die ihre je spezifischen Interessen ins Spiel bringen. Seit den 60er Jahren hat sich daher eine Strömung in der Managementlehre herauskristallisiert, die sich mit diesem Spannungsfeld beschäftigt. Sie hebt darauf ab, daß eine Reihe von Individuen bzw. Gruppen existieren, die ein Unternehmen in deren Interessen tangiert bzw. die selbst das Unternehmen in seinen Interessen berühren: das sogenannte Stakeholder-Management. Der Name »Stakeholder« will ganz bewußt eine Alternative zu einer ausschließlich auf die »Stockholder« bzw. »Shareholder« fixierten Unternehmenspolitik, die der Grundidee zufolge zu kurz greift, ausdrücken. Denn auch Stakeholder verfügen mitunter über Sanktionsmöglichkeiten, die den Shareholder Value beträchtlich zu beeinflussen vermögen. Als mehr oder weniger ungelenke Übersetzungen von »Stakeholder« hat sich im Deutschen die Bezeichnung »Anspruchsgruppe« eingebürgert. Die dabei auf dem Spiele stehenden »stakes« sind vielfältiger und oft außerökonomischer Natur und reichen von Finanzmitteln im Falle von Kreditgebern über einen belästigungsfreien Arbeitsplatz für Mitarbeiter bis hin zum körperlichen Wohlbefinden im Falle von Anrainern. Stakeholder-Management und Issue-Management stellen demnach keine konkurrierenden Versuche dar, das Umfeld des Unternehmens zu berücksichtigen, sondern legen zwei komplementäre Sichtweisen auf ein und dieselbe Fragestellung. Denn häufig sind es Issues, die eine Personengruppe zum Stakeholder machen. Und zweitens geben Issues Anlaß für Stakeholder, Koalitionen einzugehen.

Diese Betrachtung wurde von Mitroff noch einmal radikalisiert.[12] Seiner Auffassung nach sind Organisationen nichts anderes als Beziehungen mit Stakeholder-Gruppen. Mit anderen Worten, die Organisation stellt nur mehr eine Schnittstelle dar, um die Interessen der Stakeholder untereinander zu koordinieren. Anders als in der konventionellen Betrachtungsweise wird hier also nicht mehr zwischen unternehmensinternen und -externen Gruppen unterschieden. Daß heute diese Differenz von »innen« und »außen« auch in praktischer Hinsicht zunehmend bedeutungslos wird, zeigen insbesondere die verschiedenen Formen »virtueller« Unternehmensnetzwerke oder die zunehmende Einbindung von Kunden in Prozesse von Forschung und Entwicklung oder Produktion.

Alle in Abbildung 2-3 aufgeführten Akteure – Gruppen oder Individuen – sind daher gleichermaßen als Stakeholder aufzufassen. Was die Abbildung nicht zeigen will, ist die umfassende Darstellung aller zwischen den aufgeführten Parteien existierenden Beziehungen. Die Beziehungen sind realiter nicht ausschließlich direkt und bilateral, sondern es handelt sich um ein hochgradig vermaschtes Beziehungsgeflecht, bei dem eine Vielzahl mittelbarer Zusammenhänge sowie Koalitionen auftreten. Indem es nunmehr ganz allgemein um Interaktion geht, braucht nicht mehr wie bei der transaktionsorientierten Betrachtung des Input/Output-Modells ein Gütertausch vorzuliegen.[13] Und ebensowenig muß gelten, daß die Unternehmung notwendigerweise den »Mittelpunkt« eines solchen Netzwerks darstellt.[14]

War Stakeholder-Management von seiner Grundanlage her ein analy-

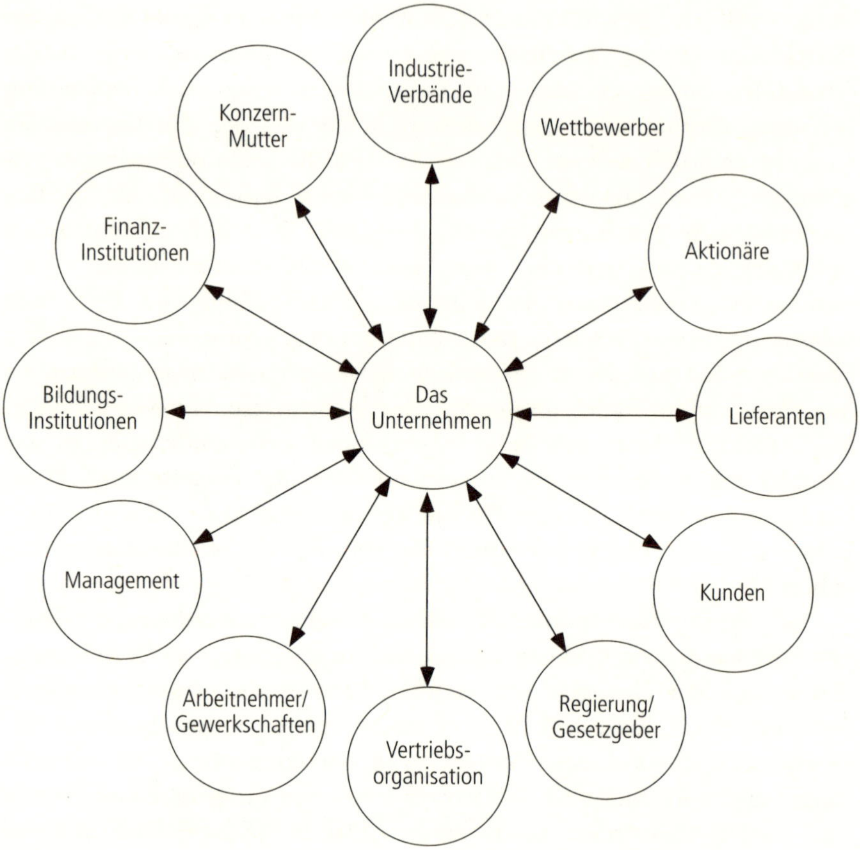

Abb. 2-3: Stakeholder-Beziehungen eines Unternehmens *(aus: Mitroff 1983)*

tisches Konstrukt, das darauf abhob, im Rahmen von strategischen und unternehmenspolitischen Entscheidungen unerwartete Nebeneffekte weitgehend zu vermeiden, wandten sich zahlreiche Stakeholder-Forscher ab der zweiten Hälfte der 80er Jahre unternehmensethischen Fragen zu. Im Gefolge des apodiktischen Bonmots von Milton Friedman »The business of business is business«[15] – d. h. die einzige soziale Verantwortung von Unternehmen liegt in der Gewinnerzielung – wurde eine Vielzahl von empirischen Untersuchungen durchgeführt, die den Zusammenhang zwischen der »sozialen Verantwortung« eines Unternehmens und seinem finanzwirtschaftlichen Erfolg klären sollten. Eindeutige empirische Befunde konnten jedoch nicht erzielt werden.[16] Dies führte dazu, daß fortan von Unternehmen nur noch eine »Sensibilität« gegenüber Entwicklungen im gesellschaftlichen Umfeld gefordert wurde. Nichtsdestoweniger hatte sich das Stakeholder-Management von einem analytischen Instrument zu einem wertbeladenen, normativ diskutierten Thema gewandelt. »Legitimität« wurde zu einer zentralen Denk- und Argumentationsfigur im Diskurs um das Stakeholder-Management. »Wessen Interessen sind legitime Interessen?«, »Wo muß das Management für einen Interessenausgleich sorgen?« oder »Wieviel Shareholder Value soll man für anderweitige Ansprüche opfern?« wurden zu zentralen Fragestellungen. Im Zuge einer immer stärker werdenden Shareholder-Orientierung nach Erscheinen des Buches von Alfred Rappaport[17] wurden Versuche gemacht, unter dem Etikett »Stakeholder Value«[18] eine Gegenposition aufzubauen. Analog dem Shareholder Value sollte eine auf die Stakeholder abzielende Nutzengröße ermittelt werden. Doch die Interessen und Leistungen aus der ökonomischen und außer-ökonomischen Sphäre ließen sich nicht, und schon gar nicht auf einfache Weise, miteinander verrechenbar machen. Es wurden daher Stimmen laut, die darauf hinwiesen, daß ein Unternehmen ohnehin nur dann langfristig seinen Marktwert mehren könne, wenn es keine eklatanten Mißverhältnisse in der Befriedigung der verschiedenen Stakeholder-Interessen zuläßt und unverantwortliche Praktiken gegenüber seinem Umfeld vermeidet.[19] Am vehementesten vertrat schließlich Rappaport selbst einen solchen Standpunkt, als er in der Neuauflage seines Standardwerks zum Shareholder Value den vielfältigen Mißbrauch seines Konzeptes anprangerte und auf eine prinzipiell gemeinsame Interessenlage von Stakeholdern und Shareholdern verwies.[20] Daß so eine Position überhaupt betont werden muß, mag verwundern. Erstens hatte darin ja streng genommen die ursprüngliche Idee des Stakeholder-Management bestanden. Zweitens muten in einer Gesellschaft, die sich beschleunigt in eine »Shareholder Society« hineinbewegt, solche Dichotomien ebenso künstlich wie verstaubt an.[21] Wenn nämlich angesichts von Spekulationsgewinnen bei Belegschaftsaktien ein höheres Einkommen zu erzielen ist als durch abhängige Beschäftigung, kann durchaus ein vitales Interesse an der Wegrationalisierung des eigenen Arbeitsplatzes bestehen. Auch in dieser Beziehung sind also einstmals klar verlaufende Konfliktlinien erheblich komplexer geworden.

Unabhängig davon birgt die Fixierung auf legitime Interessen bzw. legitime Stakeholder eine große Gefahr im Rahmen der Stakeholder-Analyse. Denn allzu leicht werden dabei Interessen ausgeblendet, die zwar wenig »legitim« sein mögen, hinter denen aber ein beträchtliches Mobilisierungs- bzw. Durchsetzungspotential steht. Stakeholder-Management gerät dann in die Gefahr zu behaupten, daß »nicht sein kann, was nicht sein darf«. Als analytisches, strategisches Instrument verstanden, muß es jedoch gerade zum Ziel haben, solche normativ begründeten Fehlschlüsse zu vermeiden.

Die Identifikation der Stakeholder bedeutet also eine Zusammenstellung aller für eine Organisation wichtigen Akteure. Viele verschiedene Blickwinkel sind dabei erforderlich, um so weit wie möglich die volle Bandbreite aktueller und potentieller Stakeholder zu erfassen. Die wesentlichsten Kriterien sind:[22]

Teilnahme und Stellungnahme. Welche Personengruppen sind in Zusammenhang mit einem Issue in Erscheinung getreten – sei es durch Äußerungen zu einem Thema bzw. Problem, sei es in Form von Aktionen? Im Extremfall zählen dazu sogar Erpresser o.ä., was durchaus keine Seltenheit darstellt, wie der Fall Thomy zeigt.

Formale Position. Welche Individuen und Institutionen bzw. Gruppen unterhalten eine formalisierte, z.B. vertragliche, Beziehung zum Unternehmen?

Vermutetes Interesse. Welche Individuen oder Gruppen sehen vermutlich ihre Interessen tangiert? Nur die von der anderen Seite subjektiv wahrgenommene Interessenlage gibt dabei den Ausschlag, nicht ein objektiv legitimierbarer Anspruch oder ein tatsächlich vorhandenes »Einsatzrisiko«. Mit anderen Worten, Stakeholder ist demnach, wer sich dafür hält. Hinzu kommt, daß viele Stakeholder gar nicht ihre *eigenen* Interessen vertreten, sondern als Fürsprecher für andere auftreten. Wir haben es hier mit einem sogenannten »Stakeseeker«[23] zu tun, der sich darum bemüht, fremde Ansprüche übertragen zu erhalten, um sodann als Advokat dieser Interessen zu handeln.

Meinungsführerschaft. Wer ist nicht unmittelbar berührt, beeinflußt aber den politischen Prozeß bzw. die Meinung anderer? Hier kommen also die (Massen-)Medien ins Spiel; diese wirken vor allem mittelbar. In deren Kommentaren werden zum einen bestimmte Positionen bezogen, zum anderen machen sie durch ihre Berichterstattung über Stellungsnahmen von Meinungsführern deren Positionen weithin bekannt.

Aufgabenumfeld. Welche Individuen und Gruppen unterhalten mehr oder weniger direkte wirtschaftliche Beziehungen mit dem Unternehmen, z.B. Mitarbeiter, Lieferanten oder Kunden? Allgemeiner: Mit wem im Umfeld existieren Austauschbeziehungen, welcher Art auch immer? Die Wertkette eines Unternehmens liefert hierfür eine wichtige Grundlage, ebenso die Abschätzung von Produkt- und Technologiefolgen.

Eine zweistufige Vorgehensweise bei der Identifikation der Stakeholder liegt nahe. Zunächst wird anhand der o.g. Kriterien eine Liste von generellen Stakeholder-Typen aufgestellt, wie sie in Abbildung 2-3 aufgeführt sind. In einem zweiten Schritt werden sie sodann konkret benannt.

Fassen wir die bisherigen Überlegungen kurz zusammen: Issues lassen sich als Brennpunkt von unterschiedlichen Interessen verstehen (Abb. 2-4). Dem Interesse des Unternehmens bzw. der Branche steht in der Regel eine sich als legitim ausgebende Opposition gegenüber. Zusätzlich sind jedoch weitere Faktoren bzw. Interessen im Spiel, so etwa die persönlichen Belange des Managements oder anderer wichtiger, d.h. mit Sanktionspotential versehener, Stakeholder. Ein breiteres Publikum fungiert im wesentlichen als weiter entfernte Beobachter, meist unterrichtet über (Massen-)Medien, die jedoch ihrerseits meist ein Interesse an Themen mit Neuigkeitswert oder an investigativer Arbeit besitzen. Hinzu kommt, daß sowohl ein Großteil der Kommunikation zwischen Stakeholdern vermittels Medien passiert und viele Stakeholder ihre Information über ein Issue aus den Medien beziehen. Nicht zuletzt deswegen befinden sich Medien praktisch immer in der Rolle eines Stakeholder – was jedoch nicht bedeutet, daß sie unbedingt Partei im Konflikt ergreifen. Ihr Interesse läuft oftmals quer zu den Konfliktdimensionen.

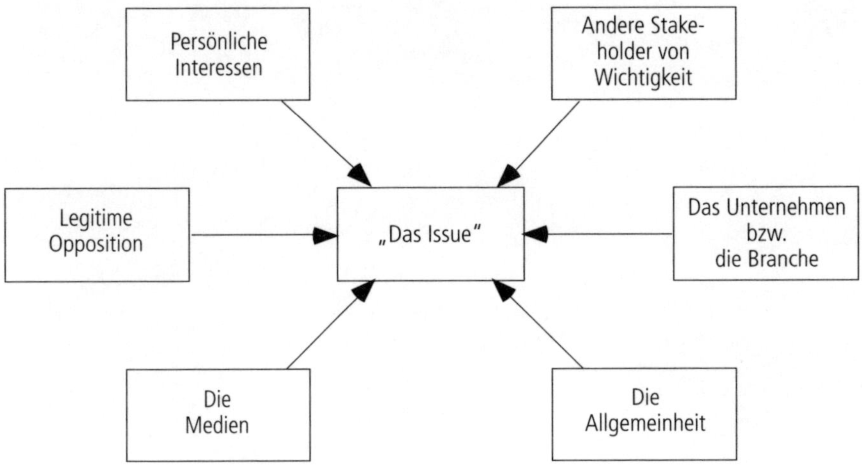

Abb. 2-4: Das Issue als Brennpunkt vielfältiger Interessen *(aus: Mahon 1989)*

Welche Interessen die Stakeholder tatsächlich vertreten, muß im einzelnen für jede Organisation bzw. Gruppierung eruiert werden. Dies ist oft leichter gesagt als getan, denn ein Unternehmen müßte dann mit allen möglichen Stakeholder-Gruppen in Kontakt treten bzw. deren Kommunikation mitverfolgen. Für ein tieferes Verständnis müßte deren Wertsystem, die damit verbundenen Motivationen, das Bild, welches jede Stakeholder-Gruppe von dem betreffenden Unternehmen besitzt, sowie deren Reaktionsmuster erhoben werden. Dieser Maximalkatalog erscheint wenig realistisch, weshalb sich die Literatur gerne darauf zurückzieht, von einem Stakeholder-Management Empathie einzufordern. Genug Einfühlungsvermögen und Intuition zu besitzen, sich in die Position des Gegenübers zu versetzen, wird bei aller Analytik also zur obersten Tugend erhoben. Diese Einsicht ist nicht neu; lange vor der Diskussion um »Emotionale Intelligenz« schrieb der Künstler Brian Eno in seiner *Encyclopedia of the Immediate Future* sehr scharfsichtig: »... if there is any unit of cultural intelligence, it's empathy.«[24] Wenngleich diese Beobachtung zweifellos richtig ist, so muß der aktuelle Stand der Stakeholder-Analyse dennoch als unbefriedigend empfunden werden. Unser Ziel für ein Issue-Management muß es sein, die Kraft der Intuition und Empathie mit Hilfe von geeigneten Methoden noch schlagkräftiger zu machen. Dies kann, so unsere These, vor allem mit einem vertieften Verständnis von Issues und ihrer Entwicklung geschehen. Dies soll im folgenden ausführlich behandelt werden.

3 ENTSTEHUNG UND ENTWICKLUNG VON ISSUES

Über das Aufkommen von Issues

Das Aufkommen von sozialen Problemen bzw. Issues wird gemeinhin auf »strukturelle Spannungen« zurückgeführt, die meist als Widerspruch wahrgenommen werden und sich als Unzufriedenheit äußern: ein Auseinanderklaffen von Ansprüchen und deren Erfüllung (»Deprivation«). Die ursprüngliche Deprivationstheorie – auf den Nenner »je schlechter die Lage, desto größer die Unzufriedenheit« zu bringen – hat sich gerade in bezug auf die gesellschaftlichen Auswirkungen der Unternehmenstätigkeit als wenig tauglich erwiesen. Denn nur allzu häufig ergibt sich trotz vergleichsweise konstanter Leistung im Lauf der Zeit Anlaß zur Klage von seiten der Stakeholder. In der Folge hat man daher nur noch die *Lücke* zwischen Ansprüchen und deren Befriedigung betrachtet. Spannungen ergeben sich also nicht nur, wenn die soziale Performance des Unternehmens zurückgeht, sondern auch dann, wenn die Ansprüche stärker steigen als der Erfüllungsgrad. Diese Situation wird oftmals mit dem Etikett »Anspruchsinflation« versehen; es existieren jedoch auch andere Deutungsmuster, die statt dessen von den »sozialen Grenzen des Wachstums« sprechen.

Für das Entstehen der Erfüllungslücke können mehrere Vergleichsmaßstäbe in Betracht kommen. Sie lassen sich wie folgt systematisieren:[1]

- Lücke vom Typ 1: Was ist versus was ist. Diese Lücke bezieht sich auf die unterschiedliche Wahrnehmung von Fakten.
- Lücke vom Typ 2: Was ist versus was sein soll. Diese Lücke bezieht sich auf die tatsächliche Abweichung von Anspruch und Leistung.
- Lücke vom Typ 3: Was sein soll versus was sein soll. Diese Lücke bezieht sich auf existierende Unterschiede in bezug auf die Ideal- bzw. Zielvorstellungen.

Solche feinen Differenzierungen in der Lückenermittlung mögen zwar einen Fortschritt gegenüber der ursprünglichen Deprivationstheorie darstellen; doch ist weiterhin stillschweigend vorausgesetzt, daß vergleichbare Größen vorliegen, die in Beziehung zueinander gesetzt werden können. Genau das aber bedeutet eine unzulässige Vereinfachung. Denn die neuere Theorie sozialer Probleme versteht die Problementstehung und Protestaktivitäten als Ergebnisse sowohl einer Interpretationsleistung als auch einer Mobilisierungsleistung in bezug auf Ressourcen. Einer der wesentlichen Grundgedanken besteht darin, daß die Fähigkeit sich zu organisieren als eine treibende Kraft für das Emporkommen eines Issue aufgefaßt wird. Organisationsfähig sind Interessen und Bedürfnisse immer dann, wenn in ausreichendem Umfang diejenigen Ressourcen mobilisiert werden können, die für eine organisierte Interessenvertretung erforderlich sind. Hierzu zählen vor allem motivationale Ressourcen (z.B. gemeinsame Geisteshaltungen und Konsens in bezug auf die moralische Richtigkeit bestimmter Vorwürfe) sowie materielle Ressourcen (z.B. Finanzmittel und Arbeitsleistung). Diese Theorie der Ressourcenmobilisierung war in hohem Maß dadurch begründet, daß die gängigen Erklärungsmuster kollektiven Verhaltens durch die in den letzten Jahrzehnten entstandenen sozialen Bewegungen – z.B. Studentenbewegung, Frauen- und Umweltbewegungen – keine hinreichende Aussagekraft mehr besaßen. Dies gilt insbesondere im Hinblick auf den Erfolg, den die verschiedenen Bewegungen vorzuweisen hatten.[2] Aus der Deprivationstheorie wird also letzten Endes ihr Umkehrschluß gezogen: Wenngleich notwendige Vorbedingung, muß das Auftreten von Unzufriedenheit als beinahe allgegenwärtig gewertet werden und entscheidet daher nicht über die Herausbildung einer Konfliktlinie. Mit anderen Worten, es existieren eigentlich unzählige Issues, aber nur die wenigsten finden Beachtung in der Öffentlichkeit und bei Entscheidungsträgern. Vielmehr ist es die Organisationsfähigkeit, welche die Interessen, wie marginal sie auch immer sein mögen, zu Issues mit hoher Durchschlagskraft werden läßt. Denn bei entsprechender Mobilisierbarkeit werden Interessen virulent, die von den eigentlich Betroffenen gar nicht artikuliert werden bzw. artikulierbar sind, wie etwa im Falle des Tierschutzes.[3] Auf der anderen Seite gibt es vielfach objektiv feststellbare Mißstände bei Personengruppen, deren Interessen die Durchsetzungsfähigkeit abgeht. Die Chancen auf Maßnahmen zur Verbesserung der Situation sind dann gering. Mit anderen Worten, oft ist es aufschlußreicher zu analysieren, wieso eine bestimmte Deprivationslage *nicht* zu einem Issue geführt hat.

Für Issue-Management und Stakeholder-Management kommt uns diese Sicht schon deswegen entgegen, weil hier auf einer vergleichbaren Ebene, nämlich auf der Ebene der Organisation, argumentiert wird; auf den schwer faßbaren Ebenen der Massenpsychologie und der individuellen Motivationen liegt dagegen nicht der Fokus. Denn daß Protestverhalten beispielsweise um so wahrscheinlicher ist, »... je intensiver die betreffenden Individuen die jeweilige Entbehrungssituation als eine solche der relativen Deprivation wahrnehmen«[4], ist für ein Unternehmen angesichts fehlender Erhebungsmöglichkeit schlichtweg nicht verwertbar.

Damit Ressourcen (z.B. Arbeitsleistung, Finanz- und Sachmittel) für das organisierte Angehen gegen wahrgenommene Probleme mobilisiert werden können, muß eine Mobilisierung von Konsens vorausgegangen sein.[5] Zwischen den einzelnen Individuen muß ein gemeinsamer Nenner, d.h. eine gewisse ideologische Konvergenz und eine gemeinsame Sicht des Problems, hergestellt werden. Deutungsleistungen wirken damit nicht zuletzt identitätsstiftend. Soziale Bewegungen lassen sich daher auch als Deutungsgemeinschaften in bezug auf Issues verstehen. Da Issues insbesondere in der Frühphase einen Kampfplatz unterschiedlicher inhaltlicher Interpretationen darstellen, müssen just diese qualitativen Differenzen für eine Issue-Analyse beschrieben werden. Hier kommt die Kognitionsforschung ins Spiel, die sich mit der Verarbeitung und Repräsentation von Wissen – und damit auch mit Interpretationen – befaßt. Diese Thematik soll im folgenden Abschnitt ausführlich behandelt werden.

Abbildung 3-1 faßt die Zusammenhänge noch einmal in einer Übersichtsdarstellung zusammen: Umfeldwandel führt zu wahrgenommenen Deprivationserscheinungen und sorgt dadurch für einen Pool an potentiellen Issues. Über die Mobilisierung von Konsens (bezüglich der Problem-Diagnose) und die Mobilisierung von Ressourcen entstehen Organisationsgebilde, die in der Folge ihren Protest auf breiter Basis artikulieren. Sie nutzen ihre Ressourcen, um damit für einen gesellschaftsweiten Konsens (in bezug auf ihren Lösungsvorschlag) zu werben und die Agenda der politischen Entscheidungsträger in ihrem Sinne zu beeinflussen.

Deutungsrahmen und die Mobilisierung von Konsens

Bateson und Goffman haben den Begriff des Deutungsrahmens bzw. Deutungsmusters eingeführt, um menschliche Interpretationen zu beschreiben.[6] Goffman erklärt den Grundgedanken etwa wie folgt: Es ist der Kontext, der den Dingen in einer bestimmten Situation ihre konkrete Bedeutung verleiht; er entscheidet als Deutungsrahmen darüber, was welche Bedeutung besitzt, was ausgeblendet wird und was nicht. Der Kontext prägt demnach die Wahrnehmung, identifiziert die relevanten Elemente und gibt an, was zusammengehört und wie es einzuordnen bzw. zu etikettieren ist. Und schließlich werden durch solche Deutungsrahmen auch Erwartungen vorstrukturiert.[7]

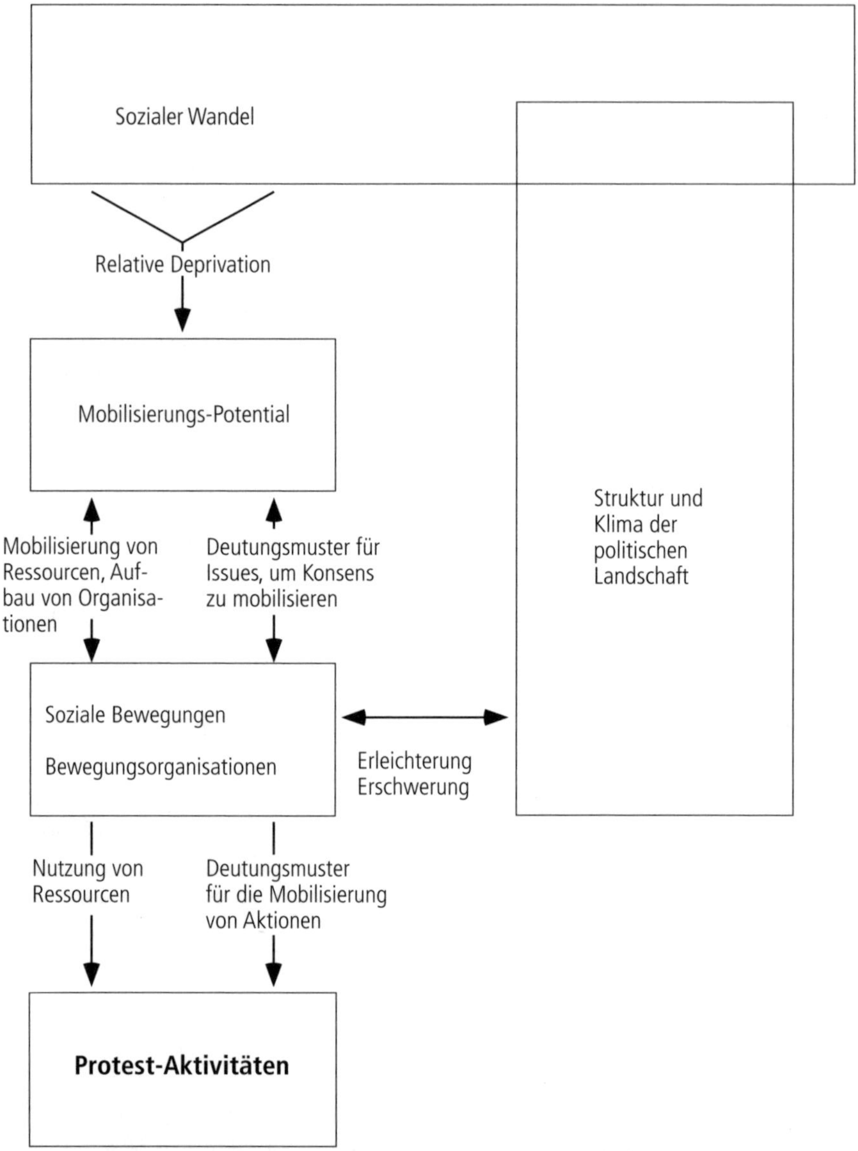

Abb. 3-1: Entstehen von Protest *(aus: Neidhardt/Rucht 1991)*

Das Deutungsmuster eines Issue besteht also darin, daß Fakten zu einem Ganzen arrangiert und mit einem Etikett versehen werden. Wenn Stakeholder solch eine Bedeutungszuweisung vornehmen, reflektieren sie nicht nur passiv Überzeugungen und Ideen als zentralen Elementen ihrer Kultur,[8] sondern produzieren durch ihre Rahmung auch neues Gedankengut bzw. Wissen.[9] Im Umkehrschluß heißt das, daß bestimmte

Fakten u.U. gar nicht zu einem Issue führen, wenn ein entsprechender Deutungsrahmen fehlt. Ein Unfall im Fermi-Reaktor bei Detroit im Jahre 1966 wurde aus diesem Grund von der Öffentlichkeit weitgehend ignoriert. Der Unfall im Kernkraftwerk *Three Mile Island* (TMI) im Jahre 1979 hingegen löste erhebliche öffentliche Besorgnis aus. Denn kurz vor dem Harrisburger TMI-Unfall war der Film *The China Syndrome* in die Kinos gekommen, der einen solchen Störfall zeigte. Hierdurch war der Deutungsrahmen für ein Szenario des »größten anzunehmenden Unfalls« geschaffen worden.[10]

Für Artikulation von Deprivation sind zwei Typen von Deutungsrahmen zentral:

Der diagnostische Deutungsrahmen zielt auf die Definition eines Problems. Darunter fällt zum einen, daß Fakten – z.B. Ereignisse, Symptome und vermeintliche Ursachen – derart arrangiert werden, daß sie als Issue erkennbar werden. Zum anderen schließt dies auch die Feststellung einer Kluft zwischen Ansprüchen und Realität sowie das Dramatisieren dieses Widerspruchs ein – gepaart mit der mehr oder weniger expliziten Aufforderung, die Diskrepanz zu beseitigen. Hinzu kommt eine Art Schuldzuweisung an Dritte, da bei individuellem Versagen der Betroffenen die Relevanz des Problems nicht anerkannt wird. Es bestünde ja sonst kein Handlungsbedarf.[11]

Der prognostische Deutungsrahmen enthält einen Lösungsvorschlag für das diagnostizierte Problem; er umreißt, was getan werden soll, um Abhilfe zu schaffen. Im Regelfall, aber nicht notwendigerweise, hängen diagnostischer und prognostischer Deutungsrahmen eng zusammen, denn die Ursachenzuschreibung wird meist auch den Ansatzpunkt für Lösungsvorschläge liefern.[12] Der Zusammenhang zwischen beiden Rahmungen wird vor allem durch Ziel- und Wertvorstellungen vermittelt, welche jedoch oft unvollständig artikuliert oder gar nur implizit vorhanden sind. Dies läßt sich auf folgenden Nenner bringen: »Wer wir sind, worüber wir uns beklagen und wer dafür verantwortlich gemacht wird, ist eng miteinander verquickt und determiniert sich gegenseitig.«[13] Ergebnisse aus der Stakeholder-Analyse, die auf solche Werthaltungen und Präferenzen abstellen, sollten daher frühzeitig in die Analyse der Deutungsmuster von Issues einfließen.

Anhand einer Fallstudie aus dem Bereich der Infrastrukturplanung hat van de Riet einen Vergleich von Deutungsmustern angestellt und die Beziehung zwischen diagnostischen und prognostischen Deutungsrahmen untersucht.[14] An diesem nicht untypischen Beispiel zeigt sich, daß die Interpretationen nur zu einem geringen Grad in Konflikt zueinander stehen, hingegen der Fokus der Argumentationen stark variiert. Als Issue wurde der Ausbau des Amsterdamer Flughafens Schiphol um eine weitere – die insgesamt fünfte – Startbahn gewählt. Schiphol ist über die Jahre hinweg zu einem zentralen Knotenpunkt, d.h. Umsteige-Flughafen, entwickelt worden und gehört nunmehr zu den größten Airports Europas. Wie bei einer Reihe von anderen Flughafenprojekten waren die mittelfristigen Passagier-Prognosen schon frühzeitig von der Realität eingeholt worden. Debatten über die weiteren Expansionspläne kamen folglich sehr schnell in Gang, wobei sich im wesentlichen fünf verschiedene Argumentationsmuster als Problemdefinitionen im politischen Prozeß herauskristallisierten. Sie lauten thesenartig:

1. *Gesellschaftliche Integration eines wachsenden Flughafens.* Sowohl die ökonomischen Vorteile als auch die Belastungen durch einen wachsenden Airport werden als beträchtlich eingeschätzt. Die Herausforderung besteht dieser Auffassung nach darin, beides gegeneinander auszubalancieren. Das Wachstum des Flughafens wird jedoch als unvermeidlich angesehen.

2. *Expansion der Infrastruktur ziviler Luftfahrt als Notwendigkeit im Lichte des internationalen (Standort-)Wettbewerbs.* Auch hier werden die ökonomischen Vorteile als beträchtlich eingeschätzt. Darüber hinaus wird eine Erhöhung der Wettbewerbsfähigkeit im Luftfahrtbereich angestrebt, da sie einen zentralen Standortfaktor darstellt. Zwar wird eingeräumt, daß sich hieraus erhebliche Belastungen für die Bevölkerung ergeben, doch sollen die ökonomischen Möglichkeiten nicht unnötig beschnitten werden. Die Startbahn soll folglich in einem dünn besiedelten Gebiet installiert werden. Darüber hinaus sollen die Lärmprobleme durch leisere Flugzeugtypen gemildert werden. Ein weltweites Wachstum des Luftverkehrs wird insgesamt als unvermeidlich angesehen.

3. *Expansion der Infrastruktur ziviler Luftfahrt als ungerechtfertigte Verwendung öffentlicher Mittel.* Die Wichtigkeit der zivilen Luftfahrt für die Niederländische Wirtschaft wird bezweifelt. Die Kapazitätsprobleme werden als »hausgemacht« angesehen. Eine Erweiterung ist aus dieser Sicht weder nützlich noch erforderlich, während die Umweltprobleme als gravierend eingeschätzt werden. Die Expansion der zivilen Luftfahrt sei daher eine ungerechtfertigte Mittelverschwendung.

4. *Ökologische Modernisierung des zivilen Luftfahrtsektors.* Zentrales Argument ist hier, daß der Luftfahrtsektor nicht alle entstehenden Kosten in-

ternalisiert habe. Eine ökologisch orientierte Modernisierung sei daher erforderlich, die Preisstrukturen sollten alle von diesem Sektor ausgehenden Kosten bzw. Belastungen widerspiegeln. Da der augenblickliche Luftverkehr von zu niedrigen Preisen induziert sei, würde eine derartige Veränderung automatisch zu umweltschonenden Effekten führen, z.B. zu Anpassungen der Nachfrage und zu Umverteilungen auf andere Verkehrsmittel. Zusätzlich sollten Lärm- und Sicherheitsanforderungen verschärft werden.

5. *Ökologisch nachhaltige Lösungen für einen wachsenden Bedarf an Mobilität.* Es wird festgestellt, daß der wachsende Bedarf an Transportleistungen im wesentlichen eine autonome weltweite Entwicklung verkörpere, die nicht der Kontrolle der Niederlande unterliege. Darüber hinaus sei ein intaktes Transportwesen zentral für eine ökonomische Gesundung. Jedoch seien die entstehenden Umweltprobleme beträchtlich. Anzustreben seien Lösungen im Sinne einer nachhaltigen ökologischen Entwicklung, welche das Wachstum auffangen. Es wird daher eine »ökologische« Gestaltung und ein ökologisch orientiertes Management der Infrastruktur für zivile Luftfahrt gefordert.

Eine Gegenüberstellung der Argumentationen kommt folgendem Schluß: Über die fünf Problemformulierungen hinweg differieren alle Aspekte, also sowohl der diagnostische als auch der prognostische Deutungsrahmen, aber auch die Werthaltungen bzw. Zielvorstellungen. In der Diagnose bestehen zwar einige Überlappungen, gleichzeitig existieren aber drastische Unterschiede in den Ursachenzuschreibungen und in bezug auf das, was überhaupt der eigenen Gestaltung unterliegt. Mit anderen Worten, der Fokus der Betrachtung variiert erheblich. Bei den Werthaltungen treten entweder die ökonomischen Chancen/Risiken oder die ökologischen Belastungen in den Vordergrund. Die Kernaussagen lassen jedoch erkennen, daß die gravierendsten Unterschiede beim prognostischen Deutungsrahmen auftreten. Die vorgebrachten Lösungsvorschläge weisen nur geringe Überschneidungen auf. Abbildung 3-2 veranschaulicht die unterschiedlichen Fokussierungen der Standpunkte.

Insgesamt präsentiert sich jede der fünf Positionen als eine unauflösliche Verquickung von Diagnose, Werthaltungen und Lösungsvorschlag. Was nun im Einzelfall dominiert, muß offen bleiben. Ob die Kausalzuweisungen dazu führen, daß in der Folge Werte hinzugefügt werden müssen, um die Beteiligten mit Sinn zu versorgen und eine entsprechende Legitimation zu beschaffen, wie es Luhmann beschrieben hat,[15] mag vielleicht auch in diesem Fall zutreffen. Zumindest vermittelt sich

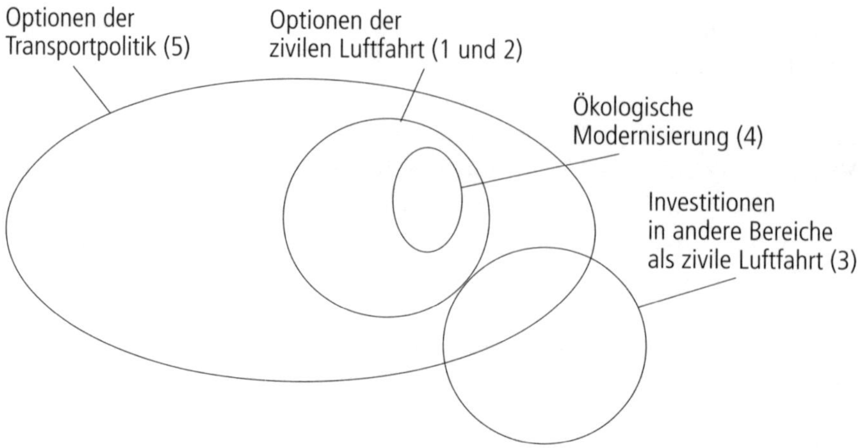

Abb. 3-2: Fokus der zur Diskussion stehenden Lösungen *(aus: van de Riet 1997)*

hier mehrfach der Eindruck, daß die Problemformulierungen vor allem Rückschlüsse von bevorzugten Lösungen auf dazu passende Diagnosen darstellen. Unterstützung für diese These liefert folgende Übersicht, welche die Positionen analytisch aufschlüsselt und systematisch im Vergleich darstellt (Abb. 3-3). Dort bedeutet √, daß ein bestimmter Punkt Bestandteil der Argumentation ist, während × ausdrückt, daß die Argumentation den betreffenden Punkt explizit ablehnt.

Man mag an dieser Stelle einwenden, daß bei einer derart weitreichenden Entscheidung wie dem Bau einer neuen Startbahn mehr als nur die o. g. Argumentationsmuster in Umlauf sein müßten. Tatsächlich findet jedoch über die Zeit hinweg eine Fokussierung des betreffenden Issue statt, die sich in einer Reduktion der Argumentvielfalt äußert. Inhaltsanalysen von Argumentationsstrukturen haben ergeben, daß in Massenmedien selten mehr als acht verschiedene Argumente referiert werden.[16]

Deutungsmuster müssen über die Zeit hinweg keine Konstanz aufweisen; es kann also zu einer Neuformulierung des Deutungsrahmens kommen. Diese besteht in der Transformation einer – bislang durchaus bedeutungsvollen – Interpretation in ein mehr oder weniger verändertes Deutungsmuster. In allen sozialen Bewegungen findet man diese Neuinterpretation sozialer Realitäten;[17] die Diskussion um »political correctness« konzentrierte sich sogar vorwiegend auf Fragen des Sprachgebrauchs. So haben soziale Bewegungen und Bürgerinitiativen nicht nur das weitgehende Anbietermonopol der politischen Parteien für Issues, sondern auch das Monopol für ihre Deutung aufgebrochen.

Umdeutungen werden häufig schon deshalb notwendig, weil ein brei-

Position	1	2	3	4	5
Diagnose					
Wachsender Airport schafft ökonomische Vorteile	√	√			√
Wachsender Airport zeitigt negative Umweltfolgen	√	√	√	√	√
Wachsender Airport zeitigt negative globale Folgen					√
Kapazitätsengpässe existieren nicht			√		
Gegenwärtige Preisstruktur reflektiert nicht die wahren Kosten				√	
Werthaltungen					
Zivile Luftfahrt ist wichtiger Sektor der Holländischen Wirtschaft	√	√	x		√
Negative Folgen der zivilen Luftfahrt sind zu minimieren	√	√	√	√	√
Dem Bedarf an Lufttransport sollte entsprochen werden	√	√	x		√
Der Bedarf an Lufttransport sollte stimuliert werden		√	x		
Der Bedarf an Lufttransport sollte in andere Bereiche verlagert werden	√			√	√
Lösungsvorschläge					
Vorantreiben weiterer Entwicklungen bei gleichzeitiger Minimierung der negativen Auswirkungen	√				
Begrenzung der negativen Auswirkungen, jedoch nicht auf Kosten der Chancen		√			
Investieren in andere ökonomische Bereiche			√		
Ökologische Modernisierung				√	
Ökologisches Design und ökologie-orientiertes Management der Infrastruktur für zivile Luftfahrt					√

Abb. 3-3: Aufschlüsselung der alternativen Positionen zum Problem *(aus: van de Riet 1997)*

ter Konsens nur dann mobilisierbar ist, wenn das Deutungsmuster von hinreichend vielen Akteuren übernommen werden kann. Was für Organisationen auf der untersten Ebene noch einigermaßen machbar erscheint, nimmt an Komplexität zu, wenn verschiedene Organisationen mit ihrem je offiziellen Deutungsmuster unter einem Dach zusammenfinden sollen. Außerdem kann es im Interesse einer breiten Mobilisierung wichtig sein, einen Anschluß an die »herrschende Meinung« in der Bevölkerung zu bewerkstelligen. Verschiedene Techniken der Umdeutung, um Interessen, Werte, Überzeugungen, Ziele und Ideologien einander systematisch anzupassen, wurden bei sozialen Bewegungen beobachtet. Sie drücken sich aus in einer Veränderung des Deutungsrahmens oder in einem Brückenschlag zwischen unterschiedlichen Deutungsmustern. Bei letzterem befinden sich die Deutungsrahmen bereits im Einklang und bleiben unverändert; die Leistung besteht nur noch darin, das Zusammenpassen durch ein verknüpfendes Argument bewußt zu machen.[18] Ganz ähnlich funktionieren Akzentuierungen oder Ausdehnungen der Deutungsrahmen.

Eine zweite Form der Themendynamik kommt dadurch zustande, daß durch die Medienberichterstattung neue Aspekte in den öffentlichen Diskurs einfließen. Zum Beispiel erzeugt eine hohe Nachrichtenintensität von sich aus sekundäre Issues. Bei dem tödlichen Unfall von Diana Spencer verlagerte sich der Akzent von der Unfallursache auf die Frage, was Medien überhaupt in solch einem Fall zeigen dürfen. Besonders ausführlich untersucht wurde das Herausbilden von Issue-Derivaten beim Skandal um die vorzeitige Entlassung des vermeintlich homosexuellen General Kießling durch den damaligen Verteidigungsminister Wörner. Mathes beschreibt die Entwicklung des Falles in der öffentlichen Diskussion wie folgt: »Während zu Beginn der Mediendiskussion die vermutete Homosexualität von General Kießling im Mittelpunkt stand, verlagerte sich die Diskussion in der zweiten und dritten Woche auf die Frage, ob Verteidigungsminister Wörner sorgfältig geprüft und richtig entschieden habe. ... (Später) verlagerte sich der Schwerpunkt der Diskussion immer stärker auf die Arbeitsweise des MAD, während General Kießling, von dem der Konflikt seinen Ausgang genommen hatte, praktisch keine Rolle mehr spielte.«[19] Mit anderen Worten, ein Issue steht nicht nur mit anderen Themen in Konkurrenz um die knappe Aufmerksamkeit der Medien und des Publikums, sondern konkurriert letztlich auch mit seinen eigenen sekundären Issues. Umgekehrt werden Issues mit hohem Aufmerksamkeitswert fast zwangsläufig sekundäre Issues herausbilden, da die (Massen-)Medien über ein Thema längere Zeit einen kontinuierlichen Nachrichtenstrom produzieren wollen, welcher das Publikum bei der Stange halten soll. Das ist in den meisten Fällen nur über Derivate möglich, wenn für das ursprüngliche Issue zeitweilig nicht genügend aktuelle Informationen bereitgestellt werden können. Da aber die Aufmerksamkeit des Publikums fokussiert ist, lassen sich auch noch unbedeutende Ereignisse und Sachverhalte im Kielwasser des eigentlichen Issue vermarkten.

Der belgisch-französische Coca-Cola-Skandal vom Juni 1999 liefert hierfür ein gutes Beispiel. Zwar ist lange Zeit ungeklärt geblieben, ob überhaupt eine Verunreinigung des Getränks vorlag, doch bot dieses Schema des nunmehr skandalträchtigen Konzerns einen idealen Nährboden für weitere Meldungen wie die aus der *Abendzeitung* vom 3./4. Juli 1999:

»*Coca-Cola-Chaos* – In Polen zieht der US-Konzern jetzt eine weitere Tafelwasser-Marke vom Markt. 180000 Flaschen ›Bonaqa Plus‹ sollen aus den Regalen genommen werden, so Ron Pugsley, Generaldirektor von Coca-Cola in Polen. In einigen Flaschen waren Bakterien gefunden worden. Pugsley: ›Das Produkt ist nicht schädlich, entspricht aber nicht den Qualitätsstandards.‹«

Und selbst ein (Nicht-)Ereignis wie das folgende besitzt unter solchen Umständen genügend Sensationswert, um zwei Tage später in der *Süddeutschen Zeitung* vom 5. Juli 1999 abgedruckt zu werden:

»*Pilzmittel auf Coca-Dosen in Baden-Württemberg* – In Baden-Württemberg sind nach Angaben des Landwirtschaftsministeriums auf der Außenhaut von Coca-Cola-Dosen aus Frankreich geringe Spuren eines Pilzbehandlungsmittels nachgewiesen worden. Wegen der geringen Konzentration sei selbst bei direktem Trinken aus der Dose eine gesundheitliche Beeinträchtigung nicht zu befürchten …«

Ähnliche Erscheinungen lassen sich auch regelmäßig bei Chemie-Unfällen feststellen, wo sich in Zeiten nach einem größeren Unfall die Berichte über kleinere Pannen auffällig häufen.

Um erforderlichen Nachdruck für die eigenen Forderungen zu erzeugen, ist Öffentlichkeitswirksamkeit ein wesentlicher Bestimmungsfaktor, wie z.B. die spektakulären Aktionen von Greenpeace erfolgreich demonstrieren. Damit kommen die Öffentlichkeit, als Zielgruppe der verschiedenen Mobilisierungsbemühungen, und die Medien, als zentrale Instanz zur Vermittlung von Deutungsleistungen, ins Spiel – immer mit dem Ziel, mittelbar oder unmittelbar auf die Agenda der politischen Entscheidungsträger einzuwirken. Aus dem Interesse an der Interaktion dieser drei Bereiche ist die Forschung zum Agenda-Setting entstanden. Sie fragt, ob und inwiefern Medien die öffentliche Diskussion über Issues beeinflussen und wie politische Entscheidungsträger darauf Bezug nehmen.

Wie Agenda-Setting Themen formt

Abbildung 3-4 zeigt das rekursive Verhältnis der verschiedenen Tagesordnungen, die wir nun Schritt für Schritt ansehen wollen. Da Konsensmobilisierung in der Frühphase einen zentralen Stellenwert einnimmt, soll zunächst das Verhältnis von Medien-Agenda und öffentlicher Agenda behandelt werden und in einem zweiten Schritt die Beziehung zur Agenda der politischen Entscheidungsträger im Zentrum der Betrachtung stehen.

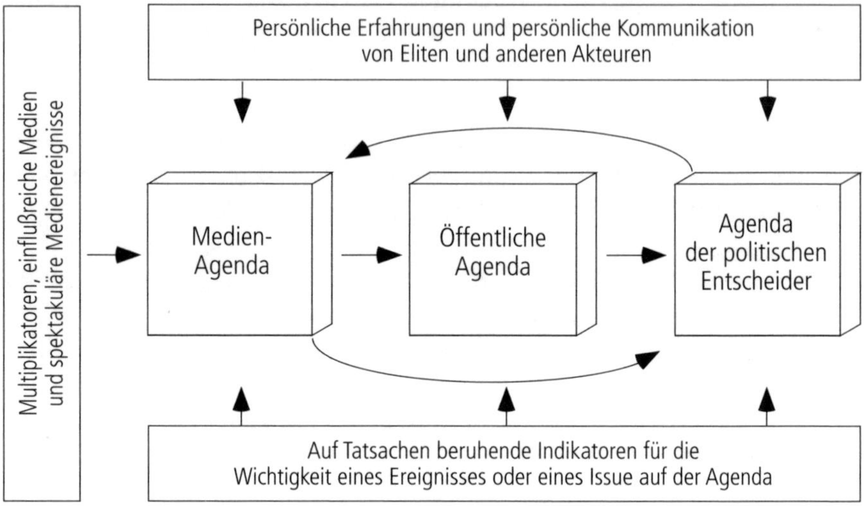

Abb. 3-4: Bestimmungsfaktoren der Agendas *(aus: Rogers / Dearing 1988)*

Das Herauskristallisieren der öffentlichen Agenda resultiert zum Teil aus den unmittelbaren Merkmalen des Issue, zum anderen aus den Interpretationen, die dem Issue zugeschrieben werden.[20] Für letztere sind die Themenprioritäten der Medien (»Medien-Agenda«) ein wesentlicher Bestimmungsfaktor. Wir haben es hier also mit zwei »Arenen« zu tun; in beiden wird ein Diskurs geführt, durch den Ereignisse ihre Bedeutung erlangen und zum Issue werden. Jede Arena verfügt über ein eigenes System von Kriterien, um Issues auszufiltern.[21] Wie Abbildung 3-4 zeigt, sind die Arenen nicht als unabhängig voneinander anzusehen. Die Agenda der Medien besitzt insofern eine überragende Bedeutung für die öffentliche Agenda und damit für die Mobilisierung, als der Diskurs der verschiedenen involvierten Parteien über Medien geführt wird, die konkurrierenden Interpretationen bzw. Deutungsrahmen dort publiziert werden und von seiten der Medien eine Kommentierung erfolgt.[22] Im Grunde handelt es sich hierbei nicht um einen einzelnen Diskurs, sondern um eine komplexes Geflecht von Diskursen in unterschiedlichen kommunikativen Milieus mit ihren je eigenen Kanälen.[23]

Den Medien bzw. der Medien-Agenda als zentralem Treiber der öffentlichen Agenda wird eine »Agenda-Setting-Funktion«, d. h. eine Thematisierungsfunktion, zugeschrieben.[24] Cohen formulierte in seiner vieldiskutierten »Agenda-Setting-Hypothese«[25], daß die Presse signifikant mehr darstelle als nur einen Übermittler von Information und Meinung. Sie sei nicht so sehr darin wirkungsvoll, den Leuten zu sagen, *was* sie denken sollen, als vielmehr erstaunlich erfolgreich darin, den Lesern zu sagen, *woran* sie denken sollen. Der Effekt des Agenda-Setting in diesem engeren Sinn meint also, daß ein Thema als Thema erkannt und bekannt wird bzw. die Bedeutsamkeit von bestimmten Problemen oder Streitpunkten durch entsprechende Publizität hervorgehoben wird.

Massenmedien beeinflussen demnach primär, worüber das Publikum spricht, sehr viel weniger jedoch die Haltung des Publikums zu den einzelnen Themen. Dies bedeutet eine deutliche Abweichung gegenüber der seit den 60er Jahren immer wieder vorgetragenen These von der »Manipulation durch Medien«. Agenda-Setting stellt dagegen auf den Aufmerksamkeitswert (»issue salience«) ab, so daß zunächst kein meinungsbildender Effekt vorliegt; vielmehr handelt es sich um einen kognitiven Effekt in Form eines bloßen Wissens um die Existenz des Sachverhalts. Die weitere inhaltliche Definition des Issue geschieht erst später, wenn bestimmte Problemaspekte und Beurteilungskriterien in den Mittelpunkt des Interesses gestellt werden und das Issue durch die Fokussierung seine vorerst endgültige Form annimmt (Abb. 3-5). Dies bedeutet letztlich eine Komplexitätsreduktion, die von Massenmedien besonders befördert wird.[26] Daran schließt sich eine Bewertungsphase an, in der sich die Akzeptanz konkurrierender Lösungsvorschläge herauskristallisiert. Mit zunehmender Fortdauer dieses Prozesses macht das Issue naturgemäß eine oder mehrere Neudefinitionen durch, die Veränderungen in der Einschätzung nach sich ziehen.[27] Das Gewicht des diagnostischen Deutungsrahmens nimmt ab zugunsten eines stärker hervortretenden prognostischen Deutungsrahmens. Nach einer gewissen Zeit ist der Punkt gekommen, wo Farbe bekannt und Position zum Issue bezogen wird. Dabei treten im Zuge des Einschwörens auf eine bestimmte Position auch meinungsbeeinflussende und emotionale Effekte auf. In dieser erweiterten Form läßt sich Agenda-Setting nicht mehr als bloße Thematisierung, sondern als umfassende Themenstrukturierung verstehen.

Auch hier lieferte der »Fall Kießling« ein idealtypisches Beispiel. Die Untersuchung von Mathes zeigt, daß die Positionen in der Mediendiskussion in bezug auf Minister Wörners Verhalten anfänglich kontrovers waren: Während Stellungnahmen in *Frankfurter Rundschau*, *Süddeutscher Zeitung* und *ARD* Wörners Verhalten kritisierten, publizierten *ZDF*, *Die Welt* und die *Frankfurter Allgemeine Zeitung* unterstützende Aussagen. Nach vier Wochen kippte jedoch die Position der konservativen Medien. Nach Mathes' Recherchen war das vor allem darauf zurückzuführen, daß

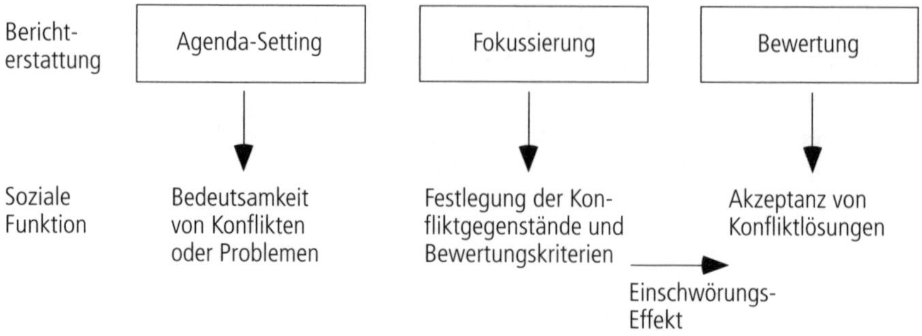

Abb. 3-5: Phasen des Agenda-Setting im weiteren Sinn *(aus: Mathes 1989)*

an diesem Punkt sich der inhaltliche Akzent des Issue noch einmal stark verschob: Minister Wörner hatte zu diesem Zeitpunkt dubiose, angebliche Zeugen aus Homosexuellen-Kreisen kontaktiert, mit deren Aussagen er seine Entscheidung rechtfertigen wollte. Hieraus folgte der entscheidende Effekt, der alle Beobachter auf eine Position einschwören konnte: Übereinstimmende Medienberichterstattung verurteilte einhellig Wörners Vorgehen und forderte als Konfliktlösung seinen Rücktritt.[28]

Die These vom Agenda-Setting setzt genau dort an, wo eine Problemlage unterschiedlich interpretiert und mit Lösungen in Verbindung gebracht wird. Thematisierung und erst recht Themenstrukturierung bedeutet inhaltlich, zwischen einzelnen Ereignissen und Fakten eine Verbindung herzustellen und sie damit in einen größeren, übergreifenden Zusammenhang einzubetten. Aus einem Bestechungsskandal wird dann eine »Legitimationskrise des Staates«, durch einen Unfall wird eine ganze Branche zum »Sicherheitsrisiko«, einige überlaufene Diskotheken werden als Existenzbeweis einer ganzen »Clubkultur« gedeutet. Wir haben es hier also mit Interpretationsleistungen zu tun, bei denen Fakten so arrangiert werden, daß ein Thema daraus resultiert – mit einer bemerkenswerten Analogie zu dem, was gemeinhin »Trend« genannt wird. Diese Konstruktion muß nicht unbedingt willkürlich sein, auch keine pure Erfindung, sondern läßt sich schlicht als Versuch einer Bedeutungszuweisung verstehen. Dabei schließt Thematisierung in der Regel ein, dem Thema ein Etikett zu geben. Dies kommt einer Reduktion von Komplexität gleich und macht das Thema (effizient) kommunizierbar. Auf diese Weise sind die Voraussetzungen geschaffen, daß ein Thema und seine Interpretation erfolgreich in der Gesellschaft diffundieren können. Auch hier existiert eine mehr als nur oberflächliche Verwandtschaft mit dem Trendphänomen, das in Kapitel 4 näher behandelt werden soll.

Konsensmobilisierung bei strittigen Themen zielt in erster Linie auf einen Kampf um Deutungsmacht. Dies gilt insbesondere für Issues und Probleme, die hochgradig risikobehaftet sind und nicht eindeutig entschieden werden können. Typischerweise stehen sich dann Experten und Gegenexperten gegenüber, die ihre Argumente mit vergleichbarer Autorität vorbringen. Wenn solche Themen in der Öffentlichkeit verhandelt werden, entscheiden nicht Wahrheit oder wissenschaftliche Präzision, sondern letztlich die Akzeptanz des Publikums. Die Frage, auf die sich das Agenda-Setting bezieht, ist also nicht mehr die nach der Legitimität bestimmter Standpunkte, sondern – realistischer – danach, welche Themen bzw. Interpretationen sich auf dem Markt der Issues durchsetzen werden.

Nirgendwo ist dies deutlicher geworden als bei der Diskussion um die Versenkung der Bohrplattform Brent Spar. Bis heute existieren nur Vermutungen darüber, welche Form der Entsorgung die umweltverträglichste gewesen wäre. Für die Option Versenken war jedoch im öffentlichen Diskurs keine Akzeptanz zu erlangen. Und obwohl die von Greenpeace in die Diskussion eingebrachten Zahlen sich im nachhinein als falsch herausgestellt hatten, hatte dies praktisch keinerlei Auswirkung auf den weiteren Verlauf der Diskussion. Das von Greenpeace ursprünglich eingeführte Deutungsmuster war so stark, daß selbst die Berichtigung des Zahlenmaterials nichts Gegenteiliges bewirkte.

Überhaupt bleiben viele Issues mysteriös bzw. ungeklärt. So auch die Frage, was letzten Endes die Übelkeitsanfälle als Folge des Coca-Cola-Genusses verursacht hatte. Die Erklärungen des Getränkekonzerns über äußerliche Verunreinigungen blieben ebenso undurchsichtig wie die Begründung von Psychologen, daß lediglich eine Massenhysterie im Gefolge der belgischen Dioxin-Affäre der Auslöser gewesen sei. Und in bezug auf das Massaker von Littleton können selbst Jahrzehnte von Medienwirkungsforschung und Jugendpsychologie keinen eindeutigen Kausalzusammenhang festmachen. Deutlich wird jedoch, daß immer gerade dann, wenn Experten keine definitiv schlüssigen Erklärungen bereitzustellen vermögen, willkürliche Ursachenzuschreibungen und Deutungsmuster Platz greifen – mit den ihnen eigentümlichen emotionalen Konsequenzen. Luhmann schreibt zum Fall Brent Spar: »Gerade weil jedes Schema die Intransparenz der Wirklichkeit verdeckt, bieten sich emotionale Verstärkungen an.«[29] Konsensmobilisierung bedeutet damit auch immer emotionale Mobilisierung; und das Entstehen von Issues ist bereits eng mit der Frage nach der Mobilisierung verknüpft, da oftmals die Deutungsmuster bereits im Hinblick auf größtmögliche Mobilisierungsfähigkeit formuliert werden.

Fassen wir zusammen: Issue-Management kann nicht als Ziel anstreben, die Welt zu erklären oder herauszufinden, was »die Wahrheit« ist; vielmehr gilt es zu eruieren, was an neuen Interpretationen und Deutungsleistungen aufkommen und was sich davon letzten Endes durchsetzen könnte – auf dem Markt der Issues und ihrer Deutungsmuster ebenso wie auf Konsumgütermärkten. In jedem Fall lohnt eine frühzeitige Beschäftigung mit einem Issue, da die Stakes der Gegenseite tendenziell um so höher werden, je später eine Reaktion des Unternehmens erfolgt – mit der Gefahr, daß auf beiden Seiten die einmal eingenommenen Standpunkte zementiert werden und die Situation womöglich eskaliert.[30] Es ist nicht zuletzt dieser Mechanismus, der sich in Abbildung 2-1 hinter der Schere von abnehmendem Handlungsspielraum und steigenden Kosten verbirgt.

Was einem Issue Aufmerksamkeit verleiht

Nach den zahlreichen empirischen Untersuchungen zur Thematisierungs-Funktion der Medien ist es die Schlüsselgröße »Aufmerksamkeitswert« des Themas (»issue salience«), die ein Maß für das Resonanzpotential eines Issue in der Öffentlichkeit und damit für die Mobilisierungsfähigkeit von Konsens darstellt. Im folgenden soll eine Übersicht über die in den Studien ermittelten Faktoren, welche den Aufmerksamkeitswert beeinflussen, gegeben werden. Sie stellen vor allem auf die wahrgenommene Wichtigkeit eines Issue und dessen Diffusionsträchtigkeit ab. Im einzelnen hängt die Karriere eines Issue von folgenden Kriterien ab:

Wie allgemein ist das Issue formuliert? Hinter diesem Faktor stehen zwei verschiedene Effekte, die man getrennt halten sollte. Erstens: Die Allgemeinheit der Issue-Formulierung sichert interpretative Flexibilität. Gelingt es, das eigentliche Ziel mit einem allgemeinen Prinzip bzw. einer eher vagen Wertvorstellung zu verknüpfen, können sehr unterschiedliche Gruppen ihre je eigene Interpretation auf dieses Thema projizieren. Zweitens: Ein hoher Grad an Allgemeinheit in der Issue-Formulierung bringt es in die Nähe der Tautologie, wodurch Widerstände gegen das Anliegen minimiert werden können.[31]

Wie stark ist der lebensweltliche Bezug des Issue? Issues stehen tendenziell umso höher auf der Agenda, je unmittelbarer sie die individuelle Lebenswelt betreffen. Dies gilt insbesondere für Umwelt-Issues, wo sehr allgemeine Umwelt- und Gesundheitsgefahren (z. B. Ozonloch) wesentlich abstrakter bleiben als vermeintlich individuelle Bedrohungen (z. B. BSE,

Glykol, genetisch modifizierte Lebensmittel[32]). Neben der Definition des Issue ist auch zu prüfen, inwieweit die vorgeschlagenen Lösungen mit diesem persönlichen Erfahrungsschatz harmonieren; die Einfachheit der Lösung kann die Karriere des Themas wesentlich beschleunigen.[33]

Wie hoch ist die empirische Beweiskraft für das Issue? Je mehr Ereignisse und Vorkommnisse auftreten und als Beleg verwendet werden können, umso überzeugender erscheint eine ereignisübergreifende Thematisierung und umso eher wird das Issue als solches akzeptiert.

Wie groß ist die soziale Bedeutung des Issue? Je stärker in der Definition des Issue die soziale Bedeutung betont ist, desto größer ist die Wahrscheinlichkeit, daß es weite Kreise der Bevölkerung erreicht.[34] Um eine entsprechende Publikumswirksamkeit zu erzielen, müssen jedoch in einer Gesellschaft die mit dem Issue in Verbindung gebrachten Werte als vergleichsweise zentral angesehen werden.

Welchen zeitlichen Horizont besitzen die Konsequenzen eines Issue? Unter Umständen können die Folgen eines Issue weit über das unmittelbar drängende Problem hinausreichen. Insbesondere unabsehbare und irreversible Folgen für andere Gruppen als die im Augenblick Betroffenen werden dann hervorgehoben. Beispiele dafür sind Umweltfragen oder neue Technologien wie Gentechnik oder Mobilfunk. Häufig spielen die benutzten Slogans wie etwa »Wir haben die Erde von unseren Kindern nur geliehen« auf diese Fristigkeit an. Mit ähnlichem Hintergrund wird argumentiert, wenn es heißt, bestimmte Maßnahmen würden die öffentlichen Haushalte derart belasten, daß andere Projekte jetzt oder in Zukunft erheblich in Mitleidenschaft gezogen würden.[35]

Wie komplex ist das Issue? Während sich Konkretheit bzw. Abstraktheit darauf bezieht, wie klar ein Issue inhaltlich umrissen ist, meint Komplexität, wie viele verschiedene Facetten des Issue identifiziert und diskutiert werden. Ein komplex dargestelltes Issue muß daher in der Regel auch sehr »technisch« diskutiert werden, was auf Nicht-Fachleute meist abschreckend oder verwirrend wirkt. Dies gilt sowohl für die Diagnose als auch für die Lösungsvorschläge.

Wie einstimmig ist die Medienberichterstattung? Medienwirkungen nehmen insbesondere dann starkes Ausmaß an, wenn im Einklang über Ereignisse berichtet wird. Mit anderen Worten, in pluralistischen Systemen werden »Kommunikationsverdichtungen«[36] in Form übereinstimmender Berichterstattung als etwas Auffälliges, als Indikator für Außergewöhnliches, betrachtet. Dies trifft auf alle Phasen der Thematisierung und Themenstrukturierung, wie sie in Abbildung 3-5 dargestellt sind, zu. Der Agenda-Setting-Effekt ist zum einen besonders stark, wenn viele Medien über das gleiche Thema berichten. Eine solche Konsonanz wirkt gerade in der Frühphase von Issues stark, da das Orientierungsbedürfnis der Bevölkerung dann seinen Höhepunkt erreicht.[37] Die Fokussierung ist ausgeprägt, wenn zu einem Thema die gleichen Aspekte in den Vordergrund gerückt werden. Effekte in bezug auf die Meinungsbildung entstehen schließlich über die Einheitlichkeit der Bewertung.

Werden Argumente zu häufig wiederholt? Auch wenn Konsonanz grundsätzlich einer Verbreitung förderlich ist, so gilt dies nicht für reine Wiederholung. Werden die Symbole zur Definition eines Issue allzu häufig wiederholt, entstehen Sättigungseffekte, die sich als Überdruß beim Publikum bemerkbar machen und negativ auf die Durchschlagskraft eines Issue auswirken. Zu beobachten ist dies mit Regelmäßigkeit, wenn Studien über die karzinogene Wirkung von Stoffen und Produkten an die Öffentlichkeit gelangen – und dort praktisch kaum noch Resonanz auslösen. Aber auch die Versuche zahlreicher Verbände, im Rahmen von Issue-Kampagnen das Image der jeweiligen Branche mit altbekannten Argumenten aufzupolieren, schlagen aus diesen Gründen fehl.[38]

Wie hoch ist der Neuheitsgrad des Issue? Angesichts einer großen Menge an kurzlebigen Themen besitzt der Neuheitsgrad eines Issue eine wichtige Bedeutung. Ist nicht erkennbar, daß ein Issue einen annähernd vergleichbaren Vorgänger besitzt, so erzeugt diese Situation ein gewisses Maß an Orientierungsbedarf, da ad hoc geeignete Deutungsmuster zur Bewältigung fehlen. Das Publikum wird dadurch sehr empfänglich für die Medienberichterstattung.[39]

Wie stark ist das Issue emotional besetzt? Die kurze Aufmerksamkeitsspanne des Publikums führt zur Notwendigkeit des »Dramatisierens« von Problemen.[40] Ein Issue wird daher mit um so größerer Wahrscheinlichkeit öffentliche Aufmerksamkeit erzielen, je schneller und stärker es emotional besetzt werden kann. Insbesondere die sogenannte »Human-Interest-Story«, die auf ein Einzelschicksal hinweist, ist hierfür ein gängiges Mittel in der Medienberichterstattung.

Wie hoch ist die Dynamik der Verbreitung? Je schneller ein Issue aufgebracht und entwickelt wird, desto wahrscheinlicher wird es ein Massenpublikum erreichen. Besonders deutlich sieht man das beim sogenannten »Skandal«, der sich gerade dadurch auszeichnet, daß er ohne Vorwarnung »aus heiterem Himmel« eintritt. Außerdem stehen gewisse Geschwindigkeitsvorteile in Aussicht: Wem es als Meinungsführer zuerst gelingt, ein Thema in schlüssiger und hinreichend einfacher Form zu besetzen, der wird den weiteren Verlauf des Diskurses dominieren.[41] Denn ist ein Thema in der öffentlichen Diskussion erst einmal strukturiert und definiert, sind Veränderungen und Umdefinitionen nur noch schwer zu erreichen;[42] und praktisch aussichtslos geraten dann noch die Versuche, ein Issue binnen kurzer Zeit von der Agenda entfernen zu wollen.

Wie stimmig ist die Symbolik? Die für ein Issue gewählte Bezeichnung bzw. die hierfür verwendete Symbolik muß angemessen und stimmig sein. Schiefe Vergleiche, die nicht dem kulturellen Hintergrund und der Lebenswelt des Publikums entsprechen, fallen als Diskrepanzen sofort auf, erzeugen keine Resonanz und verhindern damit eine Mobilisierung.[43]

Wie zentral sind die benutzten Werte? Besitzen die Wertvorstellungen, an die eine soziale Bewegung mit Blick auf ein Issue appelliert, keinen hohen Grad an Zentralität innerhalb des allgemeinen Wertsystems, ist von vornherein das Potential zur Mobilisierung von Konsens gering. Meist werden dann die eigenen Vorstellungen explizit als »Werte« deklariert, um den Forderungen eine entsprechende Legitimität zu verleihen.[44]

Wie groß ist die Spannweite des Deutungsrahmens? Die Menge an Werten, die mit einem Issue verknüpft sind, erhöht zwar nicht unbedingt die Wahrscheinlichkeit dafür, auf die Agenda zu gelangen; umgekehrt gibt aber eine Diversität im zugrundeliegenden Wertsystem ein gewisse Sicherheit, daß bei Wegfall einer Assoziation oder bei Sinken des Werts in der Hierarchie dem Issue bzw. der Bewegung nicht gleich die ideologische Existenzgrundlage entzogen ist.[45] Dieser Gedanke steht häufig hinter den verschiedenen Formen einer Ausweitung und Neuakzentuierung der Deutungsmuster.

Wird das Deutungsmuster als konsistent wahrgenommen? Gleiche Probleme wie bei einer zu großen Abstraktheit von Issues resultieren aus der inkonsistenten Assoziation eines Issue mit den proklamierten Werten. Mangelnde Stimmigkeit wirkt sich schädlich auf die Mobilisierungsfähigkeit aus.[46] Häufig sind solche Dissonanzen in Dilemma-Situationen begründet und daher kaum zu beseitigen. So wurde in den 70er Jahren sowohl von konservativer als auch von linker Seite den – eigenen Aussagen zufolge ökologisch orientierten – Gewerkschaften vorgehalten, daß sie sich aus Gründen der Arbeitsplatzsicherung gegen das Abschalten von Kernkraftwerken gewandt hätten. Das heißt, je widerspruchsfreier die in einem Deutungsrahmen vereinten Issues in eine allgemeine Weltsicht integriert sind, desto mehr Überzeugungs- und Mobilisierungskraft wird man von ihm erwarten können.

Existieren Unstimmigkeiten zwischen Deutungsmuster und Aktionen? Die Forderung nach Konsistenz gilt nicht nur für die innere Stimmigkeit des Deutungsrahmens, sondern auch für das Zusammenspiel mit den Aktionen, die eine Bewegung zur Durchsetzung ihrer Forderungen unternimmt.[47] Zum Beispiel laufen gewalttätige Aktionen von Gruppen, die im Namen von Pazifismus, Lebensschutz usw. protestieren, Gefahr, das Anliegen der ganzen Bewegung zu diskreditieren.

Existiert die Möglichkeit einer Schuldzuweisung? Aus den Überlegungen zum diagnostischen Deutungsrahmen läßt sich ableiten: Je eher sich für ein Problem ein absichtlicher bzw. fahrlässig in Kauf nehmender »Verursacher« finden läßt und je weniger sich das Problem zu individuellem Versagen umdeuten läßt, desto publikumswirksamer erweist sich das Deutungsmuster. Besondere Zugkraft kommt dabei der Trägheit von Unternehmen oder deren Nichteinhaltung von Vereinbarungen zu.[48]

Wie stark ist die Konkurrenz zwischen Issues? Die Wirkung eines Issue isoliert zu betrachten und nur auf dessen Merkmale zurückzuführen, verbietet sich wegen der mehrfachen Konkurrenz von Issues um knappe Ressourcen. Erstens stellt die Aufmerksamkeit des Publikums eine knappe Ressource dar;[49] zweitens verfügt jedes Medium nur über einen bestimmten Raum bzw. eine bestimmte Sendezeit;[50] drittens weisen die kognitiven und zeitlichen Kapazitäten von Entscheidungsträgern ein natürliches Limit auf.[51] Empirische Untersuchungen haben gezeigt, daß sich in Krisenzeiten die Situation wegen Kommunikationsverdichtungen noch verschärft, d. h. daß die Zahl der Issues auf der öffentlichen Agenda und in den Medien zurückgeht.[52] Diese Erfahrungstatsache läßt sich dadurch erklären, daß gerade Krisen in hohem Maße Kapazitäten an Aufmerksamkeit, Emotionen und sonstigen physischen und psychischen Energien binden.[53]

Wie groß ist die Verwandtschaft und Komplementarität zu bereits priorisierten Issues? Es braucht nicht immer ein Nullsummenspiel vorzuliegen, wenn Issues um einen Platz auf der Agenda von Medien bzw. Öffentlichkeit konkurrieren. Empirische Untersuchungen[54] stellen übereinstimmend fest, daß neue Issues sehr oft Kombinationen aus bereits bekannten Issues verkörpern. So hat die Auseinandersetzung um die Marktmacht der Firma Microsoft bekanntermaßen ihr Vorbild in der Zerschlagung des Telefonriesen AT&T in sogenannte »Baby-Bells«. Gekoppelt ist dies erstens mit einem langandauernden Kampf um technische Standards bei Computer-Betriebssystemen, Internet-Browsern und der Programmiersprache Java; zweitens steht die Frage zur Debatte, ob nicht durch seine weite Verbreitung das Betriebssystem Windows zu einer Art Allgemeingut geworden ist und demzufolge sein Quellcode frei zugänglich sein sollte (»open source«). Wenn sich nun die einzelnen Themen, aus denen sich das betrachtete Issue zusammensetzt, in der öffentlichen Diskussion befinden, ist die Wahrscheinlichkeit für einen erfolgreichen Durchbruch groß. Je höher also der Verwandtschaftsgrad zu bereits akzeptierten und aktuell diskutierten Issues, desto eher wird ein neues Issue auf die jeweilige Agenda gelangen – so wie der Fall Microsoft schließlich auf der Agenda des amerikanischen Department of Justice landete. Dieser Zusammenhang bedeutet jedoch keinen Widerspruch zum Kriterium des Neuheitsgrades. Die Aussage über Neuheit bezieht sich darauf, daß der Orientierungsbedarf beim Publikum Medieneffekte begünstigt. Der hier feststellbare parasitäre Effekt ist davon abgekoppelt. Beide lassen sich durch die Aussage von Entman/Paletz vereinbaren, daß Neues nur durch Bekanntes erklärt werden darf, soll das Publikum nicht überfordert werden.[55] Nur wenn eine Verknüpfung zu Bekanntem hergestellt werden kann, bleibt Neues im Gedächtnis haften.

Wie wahrscheinlich ist die Herausbildung von sekundären Issues? Eine Art Selbstverstärkungseffekt ergibt sich, wenn im Gefolge eines Issue sekundäre Themen entstehen. Häufig entstehen sie aufgrund der Aktionen der beteiligten Stakeholder oder aufgrund von Maßnahmen der Obrigkeit gegen Aktivisten.

Wir sehen, daß der Aufmerksamkeitswert eines Issue in der Öffentlichkeit nicht ausschließlich von der Plazierung auf der Medien-Agenda abhängt, sondern auch von inhaltlichen Faktoren und Kontextfaktoren. Mit anderen Worten, die spezifischen Eigenschaften menschlicher Wahrnehmung und Informationsverarbeitung sowie die Eigengesetzlichkeit des Medienbetriebs haben zur Folge, daß es weder einen direkten Bezug zwischen »real-world cues« und »front-page news« geben muß noch zwischen Medienagenda und öffentlicher Agenda ein eindeutig gerichtetes Verhältnis existiert. Darüber hinaus entscheidet die Ressourcenmobilisierung der einzelnen Gruppen darüber, welche Issues tatsächlich angegangen werden. Medien stellen demnach nur sehr begrenzt einen Spiegel der Realität dar, der die Bedeutung von Ereignissen durch das Ausmaß der Berichterstattung korrekt reflektiert. So hat im Zuge des spektakulären belgischen Falls Dutroux zwar die Berichterstattung über Sexualmorde an Kindern hierzulande zugenommen, nicht aber die Zahl solcher Delikte. Der Fall fungiert als »Schlüsselereignis«, das dem Thema zum Durchbruch verholfen hat.[56] Die Diskussion um Kinderpornographie im Internet bildete hierzu ein gut geeignetes Komplementär-Issue, mit der Folge, daß sich die Aufmerksamkeitswerte gegenseitig weiter verstärkten.

Die Faszination, die von Inszenierungen ausgeht, spielt für den Nachrichtenwert (»news value«) eine bedeutende Rolle; denn er entscheidet darüber, ob eine Berichterstattung in den Medien erfolgt. Dies führt dazu, daß zahlreiche Scheinereignisse (»pseudo-events«[57]) publiziert werden. Die Bandbreite medienwirksam inszenierter Symbolereignisse reicht von den spektakulären Aktionen von Greenpeace bis hin zu Pressekonferenzen, die den Popstar-Status der Vorstände zelebrieren.[58] Andererseits finden Ereignisse aufgrund ihres zu geringen Nachrichtenwerts oder aufgrund einer aktuellen übermächtigen Konkurrenz nicht den Weg in die Medienberichterstattung und entfallen damit dem kollektiven Gedächtnis (»non-events«[59]). Medien lassen sich folglich eher als »Weltbildapparate« begreifen, die Realität(en) erzeugen[60] – und wirken damit mobilisierend, aber auch demobilisierend.

Führt man das Argument weiter, kann auch die wahrgenommene Existenz einer Stakeholder-Gruppe als Folge eines Agenda-Setting verstanden werden. Insbesondere für sogenannte Subkulturen gilt, daß eine Benennung und eine Zuschreibung von außen zu erfolgen hat, damit eine bestimmte Gruppierung als subkulturell identifizierbar und gegenüber dem »Mainstream« abgrenzbar wird. Eine umfangreiche empirische Studie von Sarah Thornton hat gezeigt, daß sich »subkulturelle« Jugendszenen ihrem Wesen nach nicht signifikant von anderen Gruppierungen junger Leute unterscheiden – mit Ausnahme dieser Zuschreibung. Thornton wörtlich: »Wie Musikstile werden Subkulturen konstruiert, indem sie ›entdeckt‹ werden. Journalisten und Photographen erfinden nicht Subkulturen, aber sie formen sie, markieren deren Kern und ziehen deren Grenzen. Medien und andere Kulturindustrien sind integraler Bestandteil der Prozesse, durch die wir Gruppen über Repräsentationen hervorbringen.«[61] In einem solchen Prozeß werden also bestimmte Lebensstilelemente offeriert und schließlich angenommen. So wandelt sich das Agenda-Setting zum Agenda-Selling, denn viele Stilelemente haben zwar ihren Ausgangspunkt im je eigenen sozialen Umfeld, ihre ästhetische Form wird aber vielfach von den Angeboten der Kulturindustrie mitgeprägt.[62]

Analyse von Aufmerksamkeitsverläufen

Zur aktuellen Bestandsaufnahme des Aufmerksamkeitswerts bzw. der Verbreitung werden immer wieder sogenannte »strukturelle Trendlinien« propagiert, die über die »kumulierte Zahl von Medienberichten« das Fortschreiten und Diffundieren eines Issue messen wollen – mit dem Ziel, signifikante Veränderungen zu erkennen (Abb. 3-6).[63]

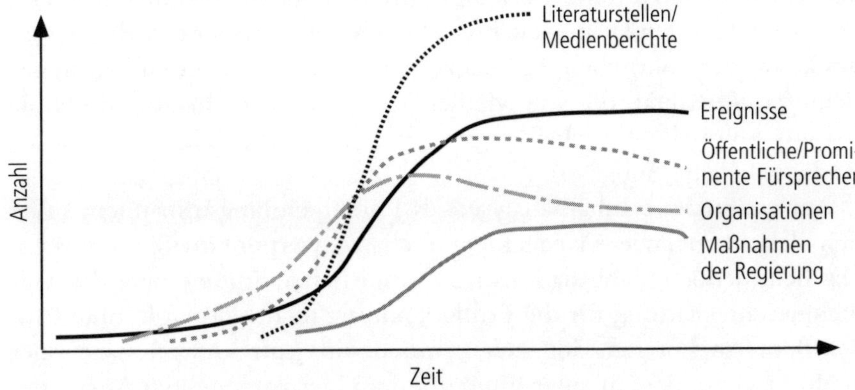

Abb. 3-6: Strukturelle Trendlinie *(aus: Molitor 1979)*

Diese »strukturelle Trendlinie«, eine Metapher aus der Werbebroschüre eines kommerziellen Forschungsinstituts, hat in der betriebswirtschaftlichen Literatur eine eindrucksvolle Karriere gemacht. Jedoch ist sie niemals einer ausreichenden empirischen Überprüfung in bezug auf ihre Früherkennungseigenschaften unterzogen worden und auch nicht zur konkreten Umsetzung gelangt. Die Erfahrungen mit solchen Wachstumskurven aus anderen Anwendungsbereichen zeigen mit Regelmäßigkeit, daß allenfalls im nachhinein passable Anpassungen an den realen Verlauf zustandekommen, für Prognosen jedoch kaum brauchbare Ergebnisse erzielt werden.[64] Mit anderen Worten, die strukturelle Trendlinie taugt allenfalls zur Ex-post-Rationalisierung von Issues und ihren Aufmerksamkeitsverläufen; eine Prognose des Verbreitungsgrades kann hiermit nicht bewerkstelligt werden. Das kann auch nicht weiter überraschen, denn im Grunde wiederholt die strukturelle Trendlinie nur die Fehler des Issue-Lebenszyklus-Modells.

Es existieren zwar eine Reihe von empirischen Studien im Bereich der Kommunikationswissenschaften, die anhand von Auszählungen den Aufmerksamkeitswert und das Stadium der Verbreitung von Issues zu messen versuchten. Die Befunde sind jedoch alles andere als eindeutig und aussagestark: Die zeitliche Verteilung der Berichterstattung fluktuiert erheblich, klare Muster werden nicht erkennbar. Vor allem haben oftmals »politische Entrepreneure« die von ihnen favorisierten Issues auf die politische Tagesordnung gebracht, bevor deren Karriere in Medien und Öffentlichkeit überhaupt begonnen hatte. Die empirischen Untersuchungen von Mayer zeigen dies deutlich für die Aktionen des bekannten amerikanischen Verbraucheranwalts Ralph Nader.[65] Erst im Gefolge seiner Vorstöße setzte eine Berichterstattung über die Maßnahmen ein. Die Medien-Agenda spiegelt hier also nur die Versuche wider, Issues direkt auf der politischen Agenda zu plazieren. Von einer eindeutig gerichteten Kausalität, die von Medien auf die Öffentlichkeit und von da aus auf politische Entscheidungsträger wirkt, kann folglich nicht die Rede sein (siehe Abb. 3-4).

Auf quantitative Inhaltsanalysen als Früherkennungsinstrument sollte sich daher ein Issue-Management nicht schwerpunktmäßig verlassen. Das heißt jedoch nicht, daß man aus empirischen Studien über die Medienberichterstattung für die Früherkennung nichts lernen könnte. Aus den Untersuchungen läßt sich nämlich ein ganz anderer, wichtiger Schluß ziehen, der auf einer Linie mit dem hier vorgestellten Ansatz der Deutungsrahmen und Konsensmobilisierung liegt. Insbesondere die äußerst umfangreiche empirische Arbeit von Imhof, der die Berichterstattung Schweizer Zeitungen aus mehreren Jahrzehnten quantitativ ausgewertet hat, zeigt, daß ein Issue offenbar dann seinen Durchbruch erreicht, wenn es die Grenzen seines »kommunikativen Milieus« überschreitet.[66] Das heißt, es spielt beispielsweise noch eine geringe Rolle, wenn wiederholt in der *tageszeitung* über ein bestimmtes Issue berichtet wird. Beginnt jedoch ab einem gewissen Punkt auch die *Frankfurter Allgemeine Zeitung* in diesem Sinne zu berichten, hat offenbar eine – qualitative! – Diffusion von beträchtlicher Tragweite stattgefunden. Auch hier geht es also darum, daß unterschiedliche Kontexte zusammenwirken und daraus eine erhöhte Schlagkraft resultiert. Die obige Abbildung 3-6 ist also eher so zu lesen, daß ein Issue seinen Durchbruch erlebt, wenn es in ganz unterschiedlichen Bereichen verhandelt wird – die sich schließlich gegenseitig befeuern. In der Affäre um die Entlassung von General Kießling hatte sich diese qualitative Akzentverschiebung durch eine plötzlich übereinstimmende Berichterstattung sehr deutlich offenbart. Mit anderen Worten, das quantitative Moment folgt aus dem qualitativen. Im

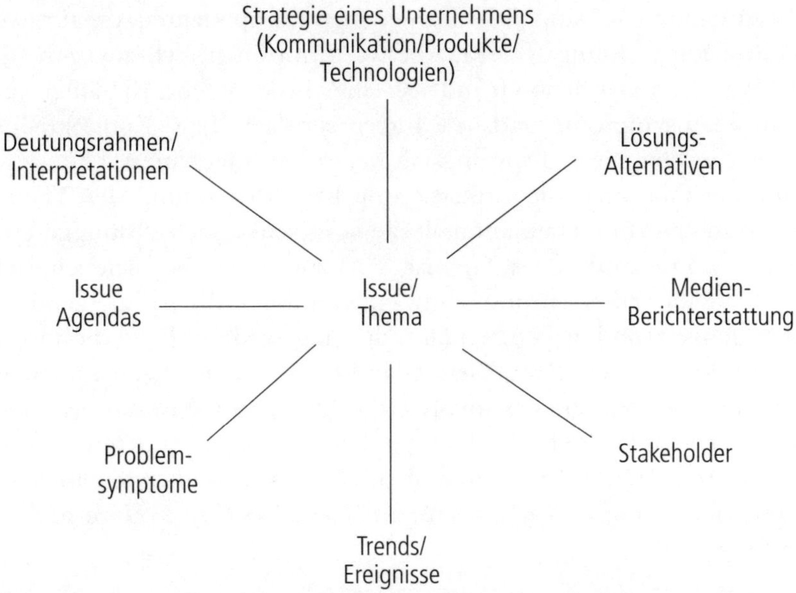

Abb. 3-7: Komponenten eines Issue

Gegensatz dazu argumentiert die naive Interpretation der »strukturellen Trendlinie« damit, daß es ausschließlich Quantität ist, die letztlich in Qualität umschlägt. Unklar bleibt dabei nicht zuletzt, welche Mengen erreicht sein müssen, um überhaupt von einem Durchbruch sprechen zu können; über Skalierungen schweigen sich die Darstellungen generell aus. Dieses Argument wiegt umso schwerer, als unter Bedingungen einer hochgradig vernetzten Wirtschaft und Gesellschaft Diffusionsprozesse schneller ablaufen als je zuvor.[67] Das heißt, daß der »point of no return« nunmehr wesentlich früher liegt; so früh, daß er mit Hilfe konventioneller Diffusionsmodelle nicht mehr rechtzeitig entdeckt werden kann. Außerdem setzt das Erkennen von Häufungen die richtige Kontextualisierung voraus – eine Vorbedingung, die bei strukturellen Trendlinien in keiner Weise problematisiert wird. Das verwundert nicht, denn eine ex post erfolgende Erhebung der Themenverläufe wirft kein Interpretationsproblem mehr auf, da man dann den relevanten Kontext kennt. Im Verlauf der Issue-Entwicklung stellt die richtige Deutung jedoch gerade das zentrale Problem dar. Ausgeblendet bleibt schließlich auch, daß sich Issues über die Zeit hinweg inhaltlich wandeln und daß Deutungsmuster konkurrieren. Mit anderen Worten, Kontext-Analysen, die auch das kommunikative Milieu mit einbeziehen, verbleiben als einzige Möglichkeit einer zielführenden Analyse der Issue-Verbreitung.

In Abbildung 3-7 sind die verschiedenen Komponenten, die für Issues und ihre Entwicklung Relevanz besitzen, im Überblick zusammengefaßt. Was die inhaltliche Grundlage eines Issue angeht, so zählen dazu die Problemsymptome und ihre Interpretationen bzw. Kontextualisierungen, welche wir als Deutungsrahmen bezeichnet hatten. Unter diese Rahmung fällt auch die Etikettierung bzw. Benennung des Themas. Ebenso zählen zum Themeninhalt die vorgeschlagenen Lösungsalternativen. Die Dynamik eines Themas wird zum einen beschrieben durch die Medienberichterstattung, zum anderen durch die Issue-Agenda der Öffentlichkeit und gegebenenfalls die Tagesordnung der politischen Entscheidungsträger. Zum Gegenstandsbereich eines Issue zählen wir weiterhin die Strategie des involvierten Unternehmens, die beteiligten Stakeholder sowie die im Verlauf der Themenkarriere auftretenden Ereignisse und Trends. Wie letztere sich von Issues unterscheiden und welche Beziehung sie zu Issues im einzelnen besitzen, soll im nächsten Kapitel geklärt werden.

4 »A TREND IS A TREND IS A TREND …« – Überlegungen zu einer irreführenden Metapher

> »… wer es mit neu aufkommenden Trends zu tun hat, muß wohl oder übel von analytischen Datenextrapolationen Abschied nehmen und sich statt dessen auf anekdotische Evidenzen und seinen Instinkt verlassen.«
>
> Andrew S. Grove – *Only the Paranoid Survive*[1]

In der Diskussion um Strategische Frühaufklärung und Issue-Management wird mit Regelmäßigkeit darauf hingewiesen, daß Trends die wesentlichen »Schwachen Signale« für strategische Veränderungen und neue Konfliktlinien darstellten. Mit anderen Worten, die in der Frühphase von Issues neu aufkommenden Deutungsmuster und Thematisierungsversuche lassen sich ebenso als Ausdruck von Trends auffassen wie sich wandelnde Konsummuster und andere Verhaltensänderungen.

Indes, um keinen Begriff herrscht so viel Verwirrung wie um den Trend. Und kein Begriff ist in den letzten Jahren derart inflationär gebraucht – und auch verbraucht – worden. Unabhängig davon, ob man in Publikumsmagazinen oder in der Fachpresse blättert, überall listen Beiträge und regelmäßige Rubriken irgendwelche »Trends«. Unklar bleibt, um welche Art von Phänomenen es sich nun genau handelt. In der statistischen Analyse verkörpert die Trendkomponente gerade die langfristige Entwicklung über die Zeit hinweg, also eine länger anhaltende Zu- oder Abnahme der interessierenden Größe. Im alltäglichen Sprachgebrauch wird der Trend dagegen häufig mit modischen Phänomenen identifiziert, denen vermutlich nur eine kurze Lebensdauer beschieden sein wird. Gängig ist heute auch die weitgehende Gleichsetzung von »trendy« und jugendlich – und damit von Trend und Jugendkultur. Für den, der sich mit Entwicklungen im gesellschaftlichen Umfeld auseinandersetzen will, sind diese Assoziationen wenig hilfreich. Dabei ist gerade er genötigt, in der Vielzahl solcher Entwicklungen die relevanten zu erkennen.

Es lag daher für die »Trendforschung« nahe, ein differenzierteres Instrumentarium zur Bestandsaufnahme von Trends zu entwickeln und die verschiedenen Formen von Trends zu unterscheiden. Was man über die Jahre hinweg feststellen konnte, war der Versuch einer zunehmenden Abstraktion, die in Abbildung 4-1 zusammengefaßt ist.

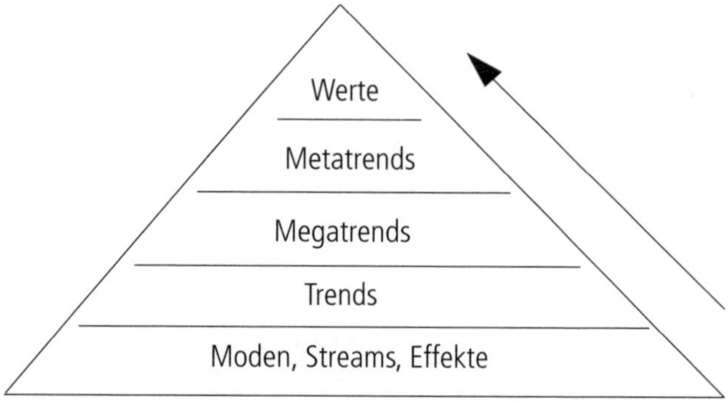

Abb. 4-1: Wachsendes Abstraktionsniveau der Trendanalyse

Als die Trendforschung zunächst versuchte, Moden, einzelne Strömungen und andere Effekte aus der sozio-kulturellen Oberfläche der Gesellschaft abzutasten und zusammenzufassen, wurde schnell klar, daß die Zahl der hieraus entstehenden »Trends« zu umfangreich sein würde, als daß sie noch mit vertretbarem Aufwand analysiert oder dem Entscheider kommuniziert werden könnte. Die Reaktion darauf war eine weitere Aggregation bzw. Abstraktion. Es kristallisierte sich die Figur des »Megatrend«[2] heraus, der eine Zusammenfassung verschiedener Trends zu einer wichtigen, auf mehrere Jahre hinweg Gültigkeit besitzenden Entwicklung darstellen sollte. Beispiele hierfür waren »High-Tech/High-Touch«, die »Verschiebung von Nord nach Süd« und »vom Entweder–Oder zur multiplen Option«. Doch auch Megatrends, so die Kritiker, setzten nicht fundamental genug an – was eine neuerliche Abstraktionsstufe provozierte. Gerken führte daher die »Metatrends«[3] ein, mit Hilfe derer die Strukturverwandtschaft und Korrelation von Megatrends ausgedrückt werden sollte. Als Beispiele nannte er den »Trend zum visionären Konservativismus«, den »Trend zum Bewußtsein: Der Wettbewerb des Geistes ... Asien contra Europa« oder den »Trend zur Fragmentierung«. Doch auch diese neuerliche Aggregation konnte den schleichenden Legitimitätsverlust der Trendforschung nicht aufhalten. Es erscheint daher nur logisch, wenn in der Folge in zunehmendem Maße auf das Konstrukt »Wert« rekurriert wurde[4] – letztlich wiederum in Form einer weiteren Abstraktion. Werte als universelle Treiber von menschlichem Verhalten wurden nunmehr herangezogen, um all die beobachtbaren Oberflächenphänomene in der Gesellschaft zu erklären. Mit anderen Worten, im Zuge ihrer Legitimationskrise bemächtigte sich die Trendforschung genau derjenigen Rhetorik, gegen die sie ursprünglich angetreten war. Dabei war der anfangs vorgetragene Anspruch durchaus realitätsnah: nämlich im

Zeitalter turbulenter Umwelten, die von Unvorhersagbarkeit gekennzeichnet sind, keine längerfristigen Prognosen abzugeben und stattdessen eine Ethnographie der Gegenwart zu versuchen, da dort der Keim zukünftiger Entwicklungen angelegt ist.[5] Die Gegenwart besser zu verstehen und die daraus entstehenden Möglichkeitsräume zu diagnostizieren, entspricht genau der Management-Logik, die wir in Kapitel 1 als adäquat für turbulente Umfelder kennengelernt hatten. Die oft vorgebrachte Frage »Wohin geht *der* Trend?« ist also schlichtweg falsch gestellt, weil sie von einem monolithischen Trendverständnis ausgeht, das eine einheitliche Entwicklungsrichtung und damit Prognostizierbarkeit suggeriert. Trotz der grundlegend gewandelten Verhältnisse fordert auch heute noch die Mehrheit der Entscheider *genauere* Prognosen über zukünftige Entwicklungen. Dieses Ansinnen verkennt schlicht die Tatsache, daß sich auch vorher schon mit wissenschaftlichen Methoden Unsicherheit nie einfach wegdefinieren, sondern nur beschreiben und günstigstenfalls in Form von Bandbreiten quantifizieren ließ. Was bereits für geringere Niveaus von Turbulenz gegolten hatte, trifft um so mehr für die höchste Stufe zu. Es scheint, als hätte die Trendforschung mit dem Rückgriff auf Werte vor dem Prognose-Druck der Entscheider schlicht kapituliert. Doch auch wenn man anerkennt, daß Trends nur diagnostiziert, aber nicht prognostiziert werden können, müssen wir nun klären, worin ein für unsere Problemstellung angemessenes Trendkonzept und Trendverständnis bestehen kann, um Möglichkeitsräume für strategische Entscheidungen zu erkennen und zu nutzen.

Trends sind an Kontexte gebunden

Aus den Überlegungen zu den strukturellen Trendlinien ist deutlich geworden, daß ein quantitativ orientierter Trendbegriff zur Diagnose von drohenden Issues und möglichen strategischen Veränderungen wenig hilfreich sein würde. Ein Trend im Sinne eines langfristigen »Mehr« oder »Weniger« würde viel zu wenige der uns interessierenden Effekte abbilden und formulieren können. Was wir darüber hinaus aus jenen Überlegungen und vor allem aus dem Konzept der Deutungsrahmen ablesen können, ist

- die Wichtigkeit von Kontextualisierungen, die sowohl die Frühphase als auch die weitere Dynamik von Issues prägen;
- die Tatsache, daß diese Kontextualisierungen qualitative Effekte zeitigen; mit anderen Worten, daß letzten Endes Neues entsteht, nicht ein »Mehr« oder »Weniger« bzw. eine Bewegung zwischen vordefinierten Polen.

Beide Aspekte stellen offensichtlich zwei Seiten derselben Sache dar. Auf diesen Zusammenhang von Kontexten und dem Neuen wird vor allem in der Kunsttheorie verwiesen. Boris Groys kommt in seiner Analyse der Innovationen in der Kunst des 20. Jahrhunderts zu dem Schluß, daß solche Neuerungen durchweg als Ergebnis einer Kontextüberschreitung verstanden werden müssen.[6] Berühmte Beispiele wie der Flaschentrockner von Duchamp oder das schwarze Quadrat von Malewitsch zeigten, so Groys, die Innovationsstrategie exemplarisch: Dinge, die vormals außerhalb des Kunstkontexts gestanden waren – Alltagsgegenstände wie beispielsweise der Flaschentrockner oder abstrakte Konzepte wie z. B. das schwarze Quadrat –, wurden von den Künstlern explizit in einen solchen Kontext gestellt. Spätere Generationen von zeitgenössischen Künstlern verfuhren, wie man leicht nachvollziehen kann, nach dem gleichen Prinzip; so z. B. Andy Warhol, Fischli & Weiss, Jeff Koons oder, nunmehr am konsequentesten, Sylvie Fleury. Jene Künstlerin wurde Anfang der 90er Jahre durch ihre Assemblage »Shopping Bags« bekannt, welche aus Einkaufstüten von französischen Luxus-Modefirmen besteht – gefüllt mit den originalverpackten Produkten. Ein Werk also, das praktisch ausschließlich »mit der Kreditkarte realisiert«[7] wurde und als Indiz eines Kaufakts gilt: Shopping als Kunst.

Groys hebt jedoch hervor, daß diese Innovationsstrategie sich keineswegs auf den Bereich der Kunst beschränkt, sondern die Kontextüberschreitung allgemein als Prinzip kultureller Innovation fungiert: »So gelang es Freud, Elemente der klassischen humanistischen Bildung, die zu seiner Zeit in Vergessenheit geraten waren, wie der Mythos vom Ödipus, erneut zu valorisieren und anschließend zu kommerzialisieren. Dadurch, daß Freud den Ödipuskomplex in der Psyche jedes einzelnen Menschen lokalisierte, schaffte er es, viele Menschen für die Lektüre von Texten zu interessieren, die sie sonst völlig uninteressant gefunden hätten. … Noch früher hatte Marx es geschafft, Hegels schwer lesbare Dialektik, die bereits in Vergessenheit zu geraten drohte, zu retten und für eine neue Epoche zu kommerzialisieren, indem er sie mit der Anhebung des Lebensstandards der Lohnarbeiter verknüpfte. … Diese Strategie läßt sich bis in unsere Tage verfolgen.«[8] Mit der Kontextverschiebung geht demnach eine Umwertung einher, die beträchtliche Ausmaße annehmen kann: Alltagsgegenstände werden zu begehrten Sammlerobjekten in exorbitanten Preisregionen, antike Mythen zur Grundlage von Wissenschaftsdisziplinen. Gleichzeitig können andere, bislang hochgeschätzte Konzepte durch diese Veränderung drastisch im Kurs sinken. Die Umwertung der Werte funktioniert nach beiden Seiten hin, stellt aber letzten Endes ein Ergebnis, nicht jedoch den Auslöser der Veränderung dar.

Trends auf diese Weise als neue Bedeutungen zu konzeptualisieren, besitzt eine beträchtliche Erkenntniskraft. Ein Trend stellt demnach eine Verbindung, eine Verknüpfung, eine Assoziation dar. Jedoch eine, die keineswegs beliebig ist, sondern im Gegenteil eine klar definierte Eigenschaft erfüllen muß: die Überschreitung von einer oder mehreren Kontextgrenzen. Dieses Kriterium wurde in der Innovationsforschung, wie man sie in der Wirtschaftswissenschaft betreibt, bisher noch nicht näher thematisiert. Im Gegenteil, das Neue zu erkennen, stand nicht im Mittelpunkt des Interesses, sondern vielmehr die Frage, wie etwas Neues sich am Markt durchsetzt. Für das Trend- und das Issue-Management ist jedoch genau die Identifikation des Neuen das zentrale Problem. Besonders deutlich wird dies, wenn ganze Branchen durch die Anwendung von Technologien, die aus entlegen erscheinenden Bereichen stammen, bedroht werden; oder wenn Produkte plötzlich auf breiter Linie Erfolg haben, weil durch Umdeuten und Umfunktionieren völlig neue Nutzungen erschlossen werden. Man sehe sich hierzu nur einmal die Metamorphosen des Computers an: Ursprünglich nur für Rechenoperationen konstruiert, substituierte er Schreibmaschinen, sobald er zum Textverarbeitungsgerät umgedeutet war. Daraufhin folgte die Neuinterpretation als Graphik- und Bildverarbeitungsmaschine, noch später kam das Deutungsmuster des Kommunikationsgeräts hinzu. Und mit der universellen Verbreitung von Web-Kameras, so Paul Virilio, werde der Computer schließlich zur globalen Sehmaschine, zum häuslichen Teleskop.[9] Ein weiteres Beispiel für notorisches Umfunktionieren, das wir schon gar nicht mehr als solches empfinden, stellen Turnschuhe dar. Insbesondere die Hochleistungsmodelle aus der obersten Preisklasse fungieren als Zugehörigkeitsausweis für bestimmte Subkulturen und verschaffen dem Träger Zugang zu bestimmten Musik-Clubs. Betsy Parker, Trend Research Managerin der Firma Nike, resümiert in einem Interview, »... daß 80 Prozent unserer Produkte nicht ihrem eigentlichen Zweck entsprechend verwendet werden ...«.[10]

Mit diesem Beschreibungsmodell des Neuen liegt uns in mehrfacher Hinsicht ein leistungsfähiges und operationales Instrument vor.

– Erstens kann nun jede Trendmeldung daraufhin untersucht werden, ob tatsächlich etwas Neues vorliegt. Wurden zwei Objekte oder Konzepte schon vorher als zusammengehörig oder im selben Zusammenhang stehend betrachtet, ist ein Neuheitswert offenbar nicht vorhanden. Wenn sie dagegen als ehemals kontextfremd angesehen wurden, kommt der Zwang auf, diese Überschreitung zu benennen und damit bewußt zu machen.

– Zweitens kann dieser Ansatz auch Revivals und anderen Retro-Phänomenen gerecht werden. Denn das beliebte Argument, daß »alles schon einmal dagewesen« sei, läßt sich nunmehr als undifferenziert entlarven. Zwar trifft es natürlich zu, daß das Neue nur eine Kombination bekannter Phänomene darstellt. Revivals zeichnen sich aber gerade dadurch aus, daß sie nicht einfach Jahre später Altes in identischer Form wiederauftreten lassen, sondern es in einen ansonsten aktuellen Kontext bzw. eine zeitgemäße Formensprache einbetten. Der in den späten 90er Jahren wieder aktuell gewordene 70er-Jahre-Stil ist beispielsweise deutlich unterscheidbar von seinen originalen Ausformungen, etwa in bezug auf das Aussehen von (Plateau-)Schuhen.[11] Ein sogenanntes »decade blending«[12], also das Kombinieren von Stilformen unterschiedlicher Perioden, wird damit zur unvermeidlichen Erscheinung.

– Drittens benötigt dieser Trendbegriff nicht unbedingt quantifizierbare Daten und stellt weder auf statistisch signifikante Häufungen ab noch auf die Prognose einer eindeutigen Entwicklungsrichtung. Häufig verstellen gerade die stillschweigend unterstellten Gegensatzpaare bzw. gegensätzlichen Richtungen den Blick dafür, daß Neues entstehen und somit paradox erscheinende Entwicklungen eintreten können. So wird beispielsweise der Begriff der Individualisierung häufig als zunehmende Fragmentierung von Wertsystemen interpretiert und als Gegensatz zur Gemeinschaftsbildung aufgefaßt. Tatsächlich umfaßt Individualisierung jedoch eine Vielzahl von Phänomenen der Pluralisierung, wie zum Beispiel: die Entstandardisierung der Biographien, die nicht mehr von einem einmal erlernten Beruf auf den weiteren Verlauf des Erwerbslebens schließen, sondern biographische Brüche zum Normalfall werden läßt; eine erhöhte Vielfalt der Formen des Zusammenlebens jenseits der traditionellen Kleinfamilie – alleinerziehende Mütter und Väter, Wohngemeinschaften oder gleichgeschlechtliche Ehepartner; eine zunehmende kurzfristige Issue-Orientierung statt des ehernen Links–rechts-Schemas im politischen Bereich; die Auflösung traditionaler Gesellungsformen wie Kirche und Verein bei gleichzeitiger Entstehung neuer (Teilzeit-)Vergemeinschaftungen wie Szenen oder virtuelle Gemeinschaften im Internet. Von einem Gegensatzpaar wie »fragmentiert« versus »homogen«, das lediglich Zwischenwerte erlaubt, kann daher nicht die Rede sein. Vielmehr haben wir es mit Verschränkungen zu tun, die quer zu herkömmlichen Kategorien verlaufen, und einem höheren Grad an Komplexität, der scheinbar Gegensätzliches in sich vereinbart. Genau das macht das Überraschungsmoment aus, das Fehlprognosen im nachhinein so hoffnungslos naiv erscheinen läßt.

– Viertens wird man nur auf diese Weise der Gestalt-Qualität von Trends gerecht. Als komplexe Konstellationen lassen sie sich nur ganzheitlich fassen. Rein analytische Vorgehensweise erlaubt nämlich weder hinreichende Beschreibungen noch ein tieferes Verständnis.[13] Auch hier liefert die »Individualisierung« ein gutes Beispiel. Denn immer wieder wird sie mit der zunehmenden Zahl von »Singles«, gemessen als Zahl der Ein-Personen-Haushalte, gleichgesetzt – demnach ein quantitativ scheinbar eindeutig festzumachender Trend. Die Frage ist jedoch, ob man mit dieser monolithischen Betrachtungsweise überhaupt etwas für die Analyse gewonnen hat. Die tatsächlichen Phänomene werden hierdurch eher verschleiert. Denn die Vielfalt der existierenden Lebensformen – Rentner, Student, Karrierefrau, alleinerziehender Vater, Zweck-Wohngemeinschaften von Alleinstehenden etc. – nimmt zu, und mit ihnen die Variabilität in bezug auf Kaufkraft, Konsumverhalten, ästhetische Ausdrucksformen oder Alter. So bleibt unklar, was aufgrund dieser reduzierten statistischen Größe für Schlußfolgerungen zu ziehen sind. Vermehrte Nachfrage nach kleineren Automobilen oder Nahrungsmittelpackungen – wo doch gleichzeitig bei Singles mit überdurchschnittlichem Einkommen große Küchen und Eßtische hoch im Kurs stehen, weil womöglich oft Freunde eingeladen werden?[14]

Nunmehr läßt sich präzisieren, inwiefern Trends als Verknüpfungen und Assoziationen einen Querschnittscharakter aufweisen. So kann gerade bei den Trends mit besonderer Durchschlagskraft festgestellt werden, daß hier nicht eine einzelne, isolierte Entwicklung vorliegt, sondern Entwicklungen und Motive aus ganz unterschiedlichen Bereichen bzw. Kontexten zusammenwirken.[15] Insbesondere wenn technologische Neuerungen ihre Entsprechung in gesellschaftlichen Strömungen finden, ist die Voraussetzung für grundlegende Wandelerscheinungen gegeben, wie man im Fall der neuen elektronischen Medien sehen kann. Damit geht einher, daß wichtige Trends quer zu gängigen Kategorisierungen liegen. Während in der Frühphase der strategischen Früherkennung noch versucht wurde, Trends gemäß funktionaler Teilsysteme zu kategorisieren – also technologische, physische, soziale, kulturelle, ökologische, ... Trends zu unterscheiden –, kann heute eine solche Unterscheidung vielfach nicht mehr getroffen werden. Denn ein Trend vereinigt mitunter alle diese Aspekte auf sich.

Wie hängen Trends, Issues und Themen zusammen?

Wenn wir die vielfältigen kontextuellen Bezüge von Trends betrachten, zeigen Trends und Issues als Kontextphänomene ein hohes Maß an Verwandtschaft. Hinter beiden stehen Argumentations- bzw. Assoziations-Strukturen, also etwas, was man als Thema bezeichnen könnte. Die – gemeinsame – Basis von Trends und Issues bilden demnach Themen und die damit verbundenen Deutungsmuster. Da das wichtigste an Trends in der Regel das Deutungsmuster ist, kann man statt von Trends daher auch von Themen sprechen. Dies ist insofern von großem Vorteil, als wir festellen mußten, daß das Wort »Trend« eine vollkommen irreführende Metapher darstellt. »Trend« konnotiert immer eine Entwicklungsrichtung, anhand derer Prognosen durchgeführt werden sollen. Im Rahmen unserer Fragestellung drücken Trends dagegen neue Bedeutungen aus.

In Kapitel 2 hatten wir allerdings schon »Thema« als – verbesserungsbedürftige – Übersetzung von »Issue« genannt. Die Frage mag daher naheliegen, worin dann überhaupt der Unterschied zwischen Trends und Issues besteht. Sie sind gering, aber sie existieren. Und anhand der Ausführungen aus den Kapiteln 2, 3 und 4 lassen sich diese Unterschiede präziser fassen: Issues gehen noch über Themen – und damit über Trends – hinaus. Issues verfügen im Regelfall über definierte Komponenten (siehe Abb. 3-7) sowie über eine klarere Zuordnung von Deutungsrahmen und Stakeholdern, was bei Trends nicht in jedem Fall so zu sein braucht. Trends müssen auch nicht zwingend gegensätzliche Positionen aufweisen, obwohl dies in der Tendenz der Fall ist und ein Trend hieraus seine Schlagkraft bezieht; bei Issues sind die Kämpfe um Positionen und Problemdefinitionen jedoch wesenmäßig verankert.[16] Außerdem gehorchen sie bestimmten Prinzipien der Mobilisierung (Abb. 3-1) und besitzen generell sowohl einen diagnostischen Deutungsrahmen als auch einen prognostischen Deutungsrahmen, was im Normalfall dem Issue eine gegenüber dem Trend stärker definierte und argumentativ komplexere Struktur verleiht. Nicht ganz zu Unrecht sieht daher Chase den Trend als eine dem Issue vorgelagerte Form – quasi als einen noch vagen Aggregatszustand – an.[17] Wie Trends zu Issues werden, zeigte ausführlich Abbildung 3-1: Ausgehend von Trends in der sozio-kulturellen Sphäre (in der Abbildung »sozialer Wandel« genannt), kommt es durch Mobilisierungsanstrengungen schließlich zu Protestaktivitäten. Im Laufe der Entwicklung vom Trend zum Issue bilden sich nach und nach die Faktoren aus Abbildung 3-7 voll aus. Ein typisches Beispiel hierfür wäre der Zugang zum Internet. Derzeit ist noch unklar, welche konkreten sozialen Auswirkungen Internet-Nutzung – und dabei insbesondere die Möglichkeit bzw. Unmöglichkeit des Netzzugangs – zeitigt. Ob die Gesellschaft sich spaltet in Informations-Reiche und Informations-Arme,[18] ob es tatsächliche eine herrschende »virtuelle Klasse«[19] geben wird, wie Arthur Kroker und Michael Weinstein dies diagnostizieren, muß derzeit offen bleiben. Es existieren also erste Thematisierungen und diagnostische Deutungsrahmen (»digital divide«), der Kampf um die Deutungsmacht hat quasi eben erst begonnen. Prognostische Deutungsrahmen, die Lösungen anbieten, Mobilisierungsbemühungen von Stakeholder-Gruppen oder gar offene Protestaktionen, die von breiteren Kreisen der Öffentlichkeit getragen werden, sind indes noch nicht erkennbar.

In der Folge soll »Thema« die allgemeine Argumentations- und Assoziations-Struktur von Trends oder Issues bezeichnen. Damit werden wir auch dem anfänglichen Einwand gerecht, daß »Thema« das Bedeutungsspektrum von Issues streng genommen nicht abdecken kann. Etwas vereinfacht kann man sagen: Trends sind Themen, Issues beginnen als Themen. Alles was für die Diagnose von Trends erforderlich ist, gilt somit auch für Issues. Für letztere werden jedoch zusätzliche Untersuchungen notwendig werden. Dies soll im einzelnen in den Kapiteln 6 und 7 dargestellt werden.

5 ISSUE-MANAGEMENT IM UNTERNEHMEN: EINE ÜBERSICHT

Die Organisation des Issue-Management

Soll im Unternehmen ein Issue-Management implementiert werden, stellt sich zwangsläufig die Frage nach der organisatorischen Verortung. Indes, die Literatur gibt hierzu nicht viele Antworten. Die radikalste Ansicht wurde einst von Müller formuliert, dessen datenbankgestütztes Konzept einer strategischen Frühaufklärung dazu dienen sollte, die Suche nach »Schwachen Signalen« als allgemeine Grundhaltung im Unternehmen zu verankern.[1] Allen Interessierten im Unternehmen sollte daher der – schreibende und lesende – Zugang zu einer zentralen »Frühaufklärungsdatenbank« ermöglicht werden. Es wundert jedoch nicht, daß in den darauffolgenden Jahren solche Maximallösungen noch nicht implementierungsfähig waren. Erst seit kurzer Zeit, mit der Etablierung unternehmensweiter Intranets, kommen solche Konzepte in den Bereich des Möglichen. Trotzdem zeigt gerade die unbefriedigende Diskussion um Wissensmanagement und organisationales Lernen, daß noch beträchtliche konzeptionelle Vorarbeiten geleistet werden müssen. Pragmatische Lösungsansätze sind daher gefordert.

In Unternehmen mit mehreren Geschäftseinheiten liegt es zunächst nahe, die Funktion des Issue-Management als strategische Aufgabe der Unternehmenszentrale (»Corporate Center«) anzusiedeln. Denn Trends und Issues zeichnen sich durch einen doppelten Querschnittscharakter aus. Erstens betreffen die wichtigen Trends stets mehrere gesellschaftliche Subsysteme; zweitens ergeben sich nicht zuletzt deswegen vielfältige Angriffsflächen bei einem Unternehmen. Denn ein und derselbe Verhaltenstrend in der Bevölkerung wird sowohl Folgen in bezug auf das Kaufverhalten als auch in bezug auf das Mitarbeiterverhalten zeitigen. Überspitzt gesagt: Wer seine Produkte vorzugsweise an eine freizeit-orientierte »Spaßgeneration« verkauft, mag im Gegenzug mit beträchtlichen Ansprüchen konfrontiert sein, wenn er aus diesem Generationspool seine Mitarbeiter rekrutieren möchte.[2] Die »Generation X« wurde daher vor Jahren zunächst als reines Marketing-Problem aufgefaßt; mit einer gewissen Zeitverzögerung sahen sich dann aber auch die Personalentwickler gefordert, geeignete Programme für diese nachwachsende Generation von Mitarbeitern zu konzipieren – ein kohortenbedingter Querschnittseffekt, der einfach zu antizipieren war. Besonders ausgeprägt gilt der Querschnittseffekt für technologische Entwicklungen. Die Erfahrung zeigt mit Regelmäßigkeit, daß sich die wichtigen Umwälzungen niemals so spektakulär wie ursprünglich vermutet ausgewirkt haben, aber dafür um so gründlicher sämtliche lebensweltlichen Bereiche durchdrungen haben. Zum Beispiel drückt sich die Computerisierung nunmehr in einer Zunahme des Informations- und Kommunikationsgehaltes von fast allen Produktgattungen aus und führt zu den typischen Erscheinungsformen einer allgegenwärtig verfügbaren Rechenleistung: An das Internet angeschlossene Haushaltsgeräte oder sich selbständig klimatisierende Wohnungen werden unter dem Oberbegriff »intelligente Ambiente« subsumiert; sich an gewandelte Umweltbedingungen anpassende Stoffe (»smart fabrics«) sowie in Bekleidung integrierte Computer (»wearable computers«) stehen kurz vor der Serienreife; zu mobilen Büros und rollenden Internetterminals umfunktionierte PKWs werden mittels geographischer Positionierungssysteme in telematisch optimierten Verkehrsströmen gelenkt oder zur nächstliegenden Billigtankstelle gelotst, in ihrer Funktionsweise überwacht und bei Bedarf mit der Werkstatt kurzgeschlossen.

Die relative Ferne des Corporate Center vom Tagesgeschäft auf der Ebene der Geschäftseinheiten ist ambivalent. Auf der einen Seite hilft die Vogelperspektive, die sich simultan bietenden Angriffsflächen zu erkennen und das Trend- und Issue-Management auf diese Weise sowohl im Aufwand zu reduzieren als auch zu koordinieren. Auf der anderen Seite läuft eine entsprechende Funktionseinheit im Corporate Center Gefahr, von den einzelnen Geschäftseinheiten abgekoppelt zu werden, oder aber sie sieht sich einem permanenten Rechtfertigungsdruck ausgesetzt. Eine konzernübergreifende, umfassend operierende Einheit wird daher bei der Einführung erster Frühaufklärungsanstrengungen und Issue-Management-Ansätzen nicht ein Nahziel darstellen, sondern eher ein langfristiges Projekt.

Eine Variante, die vor allem in der angelsächsischen Literatur diskutiert wird, ist die Figur des Issue-Managers.[3] Konzipiert als Stabsstelle, hat er die Aufgabe, eine Reihe von Issues zu überwachen und neue Issues zu identifizieren. Im Moment existieren immer noch zu wenig praktische Erfahrungen, um abschätzen zu können, ob diese Konstruktion wirklich Erfolg zeitigt. Die Erfahrungen aus anderen Bereichen mit solchen neuen Funktionsstellen, z.B. mit dem seit Mitte der 80er Jahre immer wieder vergeblich propagierten »Informationsmanager«, müssen als wenig ermutigend bezeichnet werden. Eine Möglichkeit, solche Irrwege von vornherein zu vermeiden, besteht darin, das Issue-Management nicht als Stelle, sondern als Vernetzungsprozeß aufzufassen und hinreichend viele Andockmöglichkeiten einzurichten. Diese Empfehlung resultiert nicht nur aus rein theoretischen Überlegungen, sondern auch aus konkreten praktischen Erfahrungen mit Ansätzen des Issue- und Trendmanagement. Brisant erscheint diese Erkenntnis insofern, als in letzter Zeit immer mehr Unternehmen unter dem Leidensdruck eines turbulenten Umfelds erkennen, daß ein Trend- und Issue-Management wichtiger Bestandteil des Strategischen Management sein würde. Unter solchem Druck wird es besonders verführerisch, durch die Einrichtung einer derartigen (Stabs-)Position ad hoc eine Art Pilotprojekt zu starten, um es bereits binnen kurzer Zeit seine Existenzberechtigung nachweisen zu lassen. Ein Scheitern ist dann mehr oder weniger vorprogrammiert.

Die neu installierten Ansätze für ein Trend- und Issue-Management sind im Moment eher funktional ausgerichtet, entstehen typischerweise im Marketing, in den Public Relations, aber auch im Personalbereich. Die geschilderte Vernetzungsfunktion wird gerade unter diesen Bedingungen zu einem kritischen Erfolgsfaktor, der nicht vernachlässigt werden darf. Nicht so sehr die umfangreiche und lückenlose Akquisition von aktuellen Trendmeldungen liefert nämlich entscheidende Wettbewerbsvorteile und wahrnehmbare Erfolge, sondern die geschickte Mobilisierung und Zusammenführung der im Unternehmen bereits vorhandenen Informationen. Wenn es gelingt, Abteilungen und Bereiche miteinander ins Gespräch zu bringen, die sich bereits routinemäßig mit dem Umfeld und den relevanten »soft factors« auseinandersetzen, aber dies bislang isoliert voneinander betrieben haben, führt dies erheblich weiter und wird von den Beteiligten als Mehrwert empfunden. Hierzu gehört beispielsweise die Verkoppelung von (strategischer) Planung und Öffentlichkeitsarbeit oder Marketing und Personal. Zwar liegt auch die Verzahnung von gleichartigen Funktionen zwischen Geschäftsbereichen nahe, doch können hier viel eher unerwartete Konkurrenzbeziehungen auftreten, die als kontraproduktiv wahrgenommen werden. Obwohl in der Theorie diesem Venetzungsaspekt selten Beachtung geschenkt wird, erweist er sich in der praktischen Arbeit als der zentrale Hebel. Hinzu kommt, daß Issue-Management ohnehin den Dialog unterschiedlicher Sichtweisen benötigt und eine Person allein früher oder später an den Punkt gelangt, wo »Aufklärungsversagen« eintritt.

Der Prozeß des Issue-Management

Es gibt zahlreiche Veröffentlichungen, die sich damit beschäftigen, welche Schritte im Rahmen der Frühaufklärung und des Issue-Management zu durchlaufen sind. Sie unterscheiden sich meist nur in Nuancen und lassen sich grob in drei Phasen – die Beschaffung von Informationen über das Umfeld, die Diagnose strategisch relevanter Issues und die Formulierung von Maßnahmen – zusammenfassen. Will man jedoch ein Issue-Management implementieren, lohnt eine detailliertere und konkretere Betrachtung (Abb. 5-1).

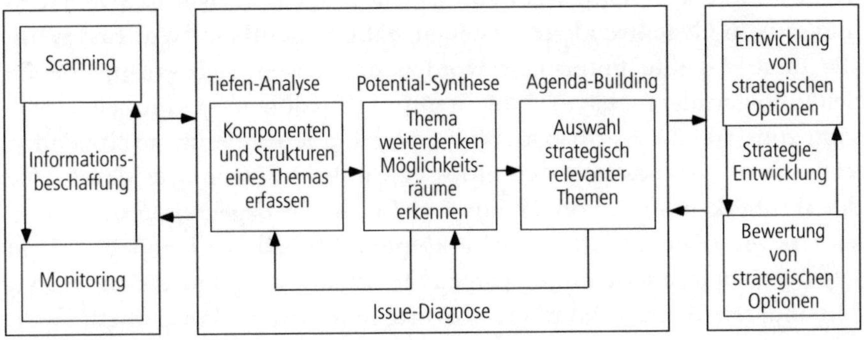

Abb. 5-1: Phasen des Issue-Management

Informationsbeschaffung durch Scanning und Monitoring. Im Rahmen der Informationsbeschaffung bedeutet das sogenannte Scanning ein ungerichtetes 360°-Abtasten des Umfelds mit dem Ziel, neue Trends und Issues zu eruieren und neue vielversprechende Beobachtungsbereiche zu erkennen. Das Scanning wird ergänzt durch das sogenannte Monitoring, d.h. das gezielte Beobachten von Trends und Issues mit dem Ziel, Weiterentwicklungen zu verfolgen, Datenlücken zu schließen und die Konsistenz der Informationen zu prüfen. Diese Techniken der Informationsbeschaffung werden immer wieder – fälschlicherweise – mit Issue-Management gleichgesetzt. Selbstverständlich sind Scanning und Monitoring wichtige Aktivitäten, dennoch besteht Issue-Management nicht in der reinen Daten- und Informationsbeschaffung. Und es zeigt sich mit Regelmäßigkeit, daß erfolgreiches Issue-Management nicht unbedingt an eine extrem schnelle oder gar lückenlose Informationslogistik gekoppelt ist – geschweige denn, daß öffentlich nicht zugängliche Informationen besonderen Nutzen stiften. Insbesondere die geheimdienstliche Metaphorik von Worten wie »Frühaufklärung« oder das Ausspähen von Konkurrenzaktivitäten hat weithin diesen Eindruck erweckt. Dabei hatten bereits in den 70er Jahren Geheimdienstleute ausdrücklich hervorgehoben, daß sich 95% aller wichtigen Informationen sowieso in für jedermann zugänglichen Quellen befinden. Die Vermutung liegt nahe, daß sich dieser Prozentsatz durch die Verfügbarkeit globaler Datennetze noch erhöht hat.

Tiefen-Analyse. Ein Teil des wirklichen Informationsmehrwerts wird dagegen in der zweiten Phase, bei der sogenannten Tiefen-Analyse, geschaffen. Hier geht es darum, Trends und Issues auf ihre Kernelemente zu untersuchen, die beteiligten Kontexte zu eruieren und Vorstellungen über die Verbreitungschancen zu erhalten. Die komplexe Struktur von Trends und Issues transparent zu machen und das Verhältnis von Trend und seinem Gegentrend zu verstehen, zählt wesentlich dazu. Erst wenn alle diese Aspekte untersucht worden sind, lassen sich entsprechende Schlußfolgerungen ziehen. Nur Trendinformationen zu sammeln, führt sonst zum Trend-Overload, der darin besteht, sich einer überwältigenden Vielzahl von Trends beinahe hilflos gegenüberzusehen. Die Grundidee der »Früherkennung« von Trends und Issues war dagegen einst, Zeit zu kaufen, um überlegter handeln zu können. Im Fall des Trend-Overload schafft solche Früherkennung jedoch Desorientierung statt Orientierung. Mit anderen Worten, Wettbewerbsvorteile im Issue-Management lassen sich nicht durch einen Geschwindigkeitsvorteil der Datenbeschaffung realisieren, sondern primär durch einen Qualitätsvorteil in der Analyse.

Potential-Synthese. Hier liegt die zweite wesentliche Quelle von Informations-Mehrwert. Denn effizientes Issue-Management beschränkt sich nicht auf passives Akzeptieren von Entwicklungen im sozio-kulturellen Umfeld oder auf eine – schon per se fragwürdige – Prognose. Vielmehr geht es um die plausible und kreative Weiterführung der Querverbindungen zwischen den Konstituenten von einmal erkannten Trends und Issues, z.B. durch Analogien oder andere Kreativitätstechniken. Nicht zuletzt bemißt sich die Qualität der Tiefen-Analyse danach, inwieweit sie eine solche Weiterführung zu unterstützen vermag. Eine weitere wichtige Aufgabe der Potential-Synthese besteht darin, dem systemischen Charakter des Umfelds gerecht zu werden, indem Trends und Issues zu größeren Komplexen zusammengefaßt werden. Dies können entweder sogenannte »Themenlandschaften«, also Konfigurationen von zusammenwirkenden Themen, sein; oder aber es handelt sich um Szenarien in Form von kompletten Zukunftsbildern. Auch diese Phase besitzt in doppelter Hinsicht große Wichtigkeit. Erstens, weil es diese konstruierten, weitergedachten Konstellationen sind, die zukünftiges Scanning und Monitoring vorprägen. Das heißt, nur »ausgewählte«, sprich bereits bekannte und artikulierte, Probleme werden überhaupt als Probleme wahrgenommen.[4] Vorwissen bestimmt demnach entscheidend die Fähigkeit, zu entdecken. Bereits Goffman hat hervorgehoben, daß Wahrnehmen eine aktive Durchdringung und Interpretation der Welt sowie die Anwendung des richtigen Deutungsrahmens voraussetzt.[5] Das Erfinden kommt also vor dem Entdecken. Insofern liefern solche Zukunftsbilder oder erfundenen Trends eine Grundlage, um überhaupt neue Entwicklungen frühzeitig registrieren zu können. Aus den Abbildungen 1-3 und 1-4 läßt sich sogar der Schluß ziehen, daß in solcher kreativer Arbeit die einzige Möglichkeit zu sehen ist, um mit hochgradig turbulenten Umwelten umzugehen. Kreativität kann sich demnach nicht auf die Formulierung von strategischen Optionen beschränken, sondern muß bereits in der Phase der Diagnose zum Tragen kommen. Szenarien stellen also sowohl Ergebnis als auch Mittel einer Früherkennung dar. Zweitens dient die Potential-Synthese dazu, durch Formulierung von Möglichkeitsräumen sich der Entwicklungspotentiale bewußt zu werden. Es geht hier nicht um die Prognose einer Bewegung in die eine oder andere Richtung, sondern um die bewußte Erfindung von Möglichkeiten, um diese Potentiale zu nutzen bzw. sie mitzugestalten.

Agenda-Building. Ähnlich wie bei der öffentlichen Agenda oder der Agenda der politischen Entscheidungsträger steht hinter dem Agenda-Building im Issue-Management der Gedanke, daß Unternehmen ihre begrenzten Ressourcen (Aufmerksamkeit, Manpower, Finanzmittel) nur einer begrenzten Anzahl von Issues widmen können. Es muß also eine Selektion stattfinden, die strategisch Wichtiges von Irrelevantem trennt. Im Prozeß des Agenda-Building entscheidet sich, ob einem Issue überhaupt strategische Bedeutsamkeit zugeschrieben wird, d. h. ob es überhaupt auf die strategische Prioritätenliste der Entscheider gelangt, dort behandelt wird und als Auslöser von strategischen (Re-)Aktionen des Unternehmens dient.

Strategie-Entwicklung. Sie faßt die Formulierung und Bewertung von Reaktionsstrategien zusammen, welche sich in den eruierten Möglichkeitsräumen bewegen und durch Themenlandschaften oder Szenarien indiziert sind. Die Stärke der Reaktion bemißt sich dabei wesentlich nach Unklarheit und Unsicherheit, welche aufgrund der vorliegenden Informationen festgestellt werden. Vergleichsweise schwache und unspezifische Reaktionen bestehen in »Trend weiter beobachten« oder »Flexibilität in einem bestimmten Bereich vorhalten«. Dennoch, so zeigt die Erfahrung, werden sich im Rahmen von Tiefen-Analyse und Potential-Synthese häufig schon ganz konkrete Gestaltungsideen herauskristallisieren und Andockstellen für Produktentwicklung, Markenführung oder PR-Maßnahmen deutlich.

Risiken und Nebenwirkungen

Vielfach wird der Prozeß des Issue-Management ähnlich verführerisch geradlinig dargestellt wie in Abbildung 5-1. Die Begeisterung für ein derart wohlgeordnetes Vorgehen muß jedoch in engen Grenzen bleiben. Denn diese Phasen lassen sich nicht auf einfache Weise der Reihe nach abarbeiten. Sie unterliegen vielmehr zahlreichen Rekursionen, insbesondere wenn es um die Interpretationen im Rahmen der Issue-Diagnose geht. Oft müssen erst Zusammenhänge erfunden werden, bevor sie erkannt und erhoben werden können. Und neue Daten lassen alte Interpretationen in neuem Licht erscheinen oder machen sie ganz überflüssig.[6] Daher wird die strategische Agenda eines Unternehmens sowohl top-down als auch bottom-up zu generieren sein. Als Bandbreite von Varianten ist denkbar:[7]

- Ein Issue wird von der Unternehmensspitze als wichtiges »Issue« deklariert.
- Der obere Führungskreis ermittelt in informellen Diskussionen oder in Klausuren wichtige Issues.
- Dem oberen Führungskreis wird eine Liste von Issues vorgelegt, die dann in einem strukturierten Abstimmungsprozeß einem Ranking unterzogen werden.
- Eine Stabsabteilung erarbeitet eine Issue-Liste und vergibt die Prioritäten.
- Die Leiter von Geschäftsbereichen oder Profit-Centern entwickeln die Issue-Agenda.
- Es existiert ein formal installierter Explorationsprozeß mit dem Ziel, Szenarien zu entwickeln und »What-if-Fragen« zu stellen.
- Es erfolgt ein – in der Organisation breit angelegtes – Scanning von Medien, um Diskussionen über Trends und Themen anzustoßen.

Es liegt hier offensichtlich ein Übergang von einem – primär deduktiven – Top-down-Vorgehen hin zu einer – vorwiegend induktiven – Issue-Ermittlung mit Bottom-up-Richtung vor. Mit zunehmendem Bottom-up-Anteil gewinnt das Scanning an Wichtigkeit, während bei von oben »verordneten« Issues in der Informationsbeschaffung der Monitoring-Anteil überwiegt. Was nun ein angemessenes Vorgehen darstellt, läßt sich nicht von vornherein entscheiden; es hängt von der konkreten Sachfrage und Aufgabenstellung ab.

Ein induktives Vorgehen leuchtet zwar zunächst mehr ein, da es ein geringeres Maß an Voreingenommenheit verspricht. Hierfür ist aber häufig ein hoher Preis zu zahlen. Beklagt wird nämlich seit jeher die erdrückende Masse an zu untersuchender Information, wenn ein echtes 360°-Scanning bewerkstelligt werden soll – was durch die Existenz des Internet eher noch verschärft wurde. Welche Quellen sind zu untersuchen? Wie glaubhaft sind diese Quellen? Wie können Informationen in derartigem Umfang rationell gespeichert und ausgewertet werden? Wie schützt man sich vor veralteter Information? Solche Fragen der Pragmatik sind bei induktivem Vorgehen vorprogrammiert und verleiden schnell den Traum vom Frühwarnautomaten, welcher sich selbst in Zeiten von Internet, Scannern und Massenspeichern als trügerisch entpuppt. Denn werden Häufigkeitsauswertungen durchgeführt, sieht man sich ähnlichen methodischen Problemen ausgesetzt wie bei der Ermittlung von »strukturellen Trendlinien«. Etwas überspitzt gesagt besteht das Problem des induktiven Vorgehens per Scanning darin, etwas zu suchen, von dem man nicht weiß, was es sein könnte, wie man es finden könnte und wo man zu suchen hat.

Ein Vorgehen in Top-down-Richtung besitzt daher durchaus seine Berechtigung. Denn oft kann das (Top-)Management sehr viel besser beurteilen, welches die interessierenden Issues bzw. Untersuchungsbereiche sind. Menschen als die besseren Mustererkenner und Kontextualisierer besitzen hier überlegene Fähigkeiten gegenüber Maschinen. Mit einer derartigen Vorfokussierung läßt sich die Aufgabe des Monitoring einfacher und zielgerichteter bewältigen. Und diejenigen, die diese Aufgabe durchführen, müssen sich nicht darum bemühen, die von ihnen eruierten Issues an die Unternehmensspitze zu »verkaufen«[8], da ja ein Interesse an diesen Themen bereits vorliegt. Die Deutsche Bank AG verfolgt eigenen Aussagen zufolge einen derartigen Ansatz mit ihrem CIRM, dem sogenannten »Communication Issues Risk Management«. Dahinter verbirgt sich ein Issue-Management-System, das »kommunikative Risiken« aufdecken soll, welche sich im Zuge der Fusion mit Bankers Trust ergeben. Darüber hinaus wurden weitere »Top-Issues« spezifiziert wie etwa das »Jahr 2000« oder »Holocaust«.[9] Andere Fokussierungen können beispielsweise in der Beobachtung der Wettbewerber bestehen. Eine Reihe von Unternehmen führen Konkurrenzanalysen durch, um Früherkennungsinformation, etwa bezüglich der Verschiebung von Branchengrenzen, zu erhalten. Auch hier liegt durch die vorgegebene Aufgabenstellung schon eine prinzipielles Interesse der Unternehmensleitung am Aufgabengebiet vor. Nichtsdestoweniger können sich im Laufe der Scanning- und Monitoring-Aktivitäten Hinweise auf neuartige oder weiterreichende Themen ergeben, für die erst Sensibilität und Aufmerksamkeit beim Top-Management geschaffen werden muß. Die damit verbundenen Fragen werden in Kapitel 8 diskutiert.

Fassen wir zusammen: Die Issue-Diagnose erfordert ein permanentes Hin- und Herspringen zwischen induktivem und deduktivem Vorgehen, zwischen divergentem und konvergentem Denken, zwischen Analyse und Synthese. Als höchst zutreffende Metapher für die Issue-Diagnose hat sich das »Jigsaw-Puzzle«, das Zusammensetzen eines Mosaiks, eingebürgert. Allerdings mit einer kleinen, aber entscheidenden Verschärfung: Es handelt sich nicht um ein einziges Mosaik, sondern u.U. um eine ganze Reihe davon. Wer also einen Mosaikstein in der Hand hält, muß nicht nur ermitteln, ob und wie er sich ins Gesamtbild einfügt, sondern auch, welchem Mosaik er überhaupt zugehört.

In den weiteren Kapiteln behandeln wir daher zunächst sehr ausführlich das Kernstück des Prozesses, nämlich die drei Schritte der Issue-Diagnose; daran schließt sich der Bereich der Strategie-Entwicklung an. Nur kurz soll gegen Ende die Frage der Informationsbeschaffung angerissen werden. Denn erstens kann prinzipiell jede Informationsquelle einen Input für das Scanning und Monitoring darstellen; zweitens verliert in Zeiten des Internet proprietäre Information weiter an Gewicht; und drittens besteht die strategische Berechtigung des Issue-Management vor allem in der Generierung von informatorischem Mehrwert im Rahmen der Issue-Diagnose (Kap. 6 und 7).

6 TIEFEN-ANALYSE: STRUKTUREN TRANSPARENT MACHEN

Tiefen-Analyse von Themen

Trends stellen nicht isolierte, gerichtete Entwicklungen dar, sondern komplexe Themen-Konstellationen mit teils vielfältigen Verknüpfungen. Damit liegt die Aufgabe einer Trendanalyse nicht mehr in der Aggregation von Einzeltrends zu Megatrends oder noch abstrakteren Ebenen, sondern im Aufdecken der relevanten Querverbindungen und Zusammenhänge. Nicht die Reduktion von Komplexität steht im Vordergrund, sondern die Beschreibung ihres Aufbaus aus einzelnen Elementen. Ackoff formuliert die Maxime, die in einer solchen konstellativen Betrachtung zum Ausdruck kommt, wie folgt: »Das erste Grundprinzip des systemischen Denkens ist, daß Management sich auf die *Interaktionen* der Bestandteile konzentrieren sollte und nicht auf die *Aktionen* der Teile in isolierter Betrachtung.«[1]

Die Tiefen-Analyse leistet hierzu die Vorarbeit und beginnt mit der Identifikation der Elemente, die einen Trend konstituieren. Hierzu bedarf es einer eingehenderen Untersuchung, wie diese Elemente zu begreifen sind. Wie wir gesehen haben, ist es nicht mehr sinnvoll, mit den althergebrachten Kategorien wie politisch, sozial, kulturell etc. zu operieren. Was wir statt dessen in Trends verknüpft finden, sind Motive, die sich ergänzen. Motive nicht so sehr im psychologischen Sinn, sondern eher in der Art, wie die Literaturwissenschaften oder die Kunstgeschichte den Begriff anwendet: als Bestandteil eines Themas. Hier zeigt sich besonders gut, wie groß die Strukturverwandtschaft zu Issues ist, die sich in der Kommunikation bzw. in den Medien ja ebenfalls als Themen manifestieren. Ein gutes Beispiel ist »Körper« – ein Motiv, das sowohl eine physische, eine soziale, eine politische, eine technologische und eine kulturelle Facette aufweist. Ähnliches gilt für »Identität«, ein Generalmotiv, über das soziale Bewegungen in den letzten Jahren die Verbindung zwischen verschiedenartigsten Issues hergestellt haben.[2] »Identität läuft quer zu fast allen akademischen Grenzziehungen; ... sie ist eine dieser wahrhaft transdisziplinären Ideen ...«[3]

Das Motiv »Körper« bzw. »Körperkult« spielt auch im folgenden Beispiel, einer Analyse des »Mountainbike-Trends«, eine wichtige Rolle. Es läßt sich anhand der beteiligten Motive zeigen, daß sich der Mountainbike-Trend (Abb. 6-1) von der ursprünglichen Nutzung des Fahrrads beträchtlich unterscheidet. Wo einst im wesentlichen nur die drei Motive »Fahrrad«, »Sport« und »Natur« miteinander verbunden waren, zeigt sich nunmehr ein wesentlich komplexeres Geflecht. Offensichtlich sind zahlreiche neue Motive aus anderen Kontexten hinzugekommen, die zum Teil ihrerseits in Verbindung zueinander stehen. Für den Mountainbike-Trend spielt nämlich der zunehmende Körperkult, der vor allem in den städtischen Szenen Konjunktur hat, ebenso eine Rolle wie die Karriere von Grenzerfahrungen durch Extremsportarten. Hinzu kommen weitere Entwicklungen in den Bereichen Technik und Konsum. Der sich insbesondere bei Sportgeräten herausbildende Technik-Fanatismus bzw. -Fetischismus geht einher mit einer zunehmenden Warenkunde der Käufer. Sie drückt sich vor allem aus in der Neigung zum Customizing, also im Zusammenstellen eines Produkts aus einzeln verfügbaren Komponenten durch den Kunden selbst – eine Entwicklung, die vorher bereits in den Bereichen HiFi oder Computer-Hardware anzutreffen war. Ein weiteres Motiv, das aus anderen Kontexten übertragen wurde, bildet schließlich der Off-Road-Gedanke; Anfang der 80er Jahre vorderhand nur bei Jeeps und anderen vierradgetriebenen Fahrzeugen anzutreffen, hat er nunmehr eine Wanderungsbewegung in den Sportgerätesektor vollzogen.

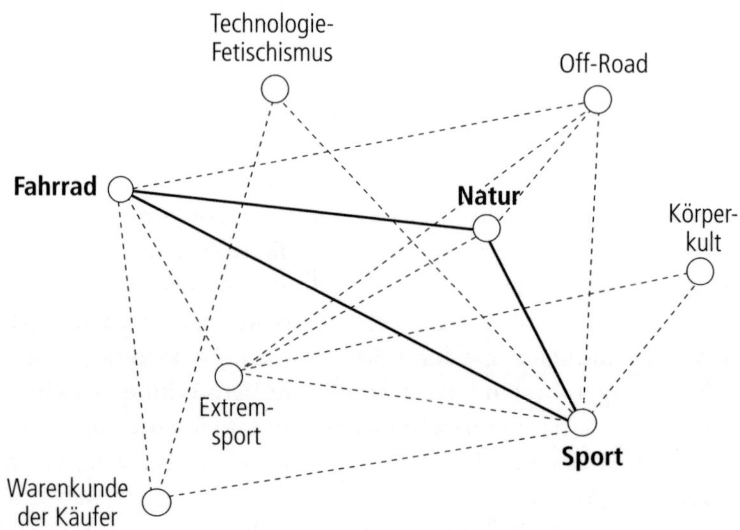

Abb. 6-1: Assoziationsnetz des Mountainbike-Trends *(verändert aus: Liebl/Herrmann 1996)*

Zwei Fragen kommen nun mit Regelmäßigkeit bei der Beschreibung von Trends durch einzelne Motive auf:

- Wie kann man eine Vorstellung über die Plausibilität eines Trends erhalten?
- Welche Bestandteile bzw. Motive müssen zu einem Trend gezählt werden, und wie kann man sicher sein, nichts vergessen zu haben?

Wie wir bereits gesehen haben, erweisen sich Trends dann als besonders durchschlagskräftig, wenn mehrere Kontexte im Spiel sind. Das Beispiel Mountainbike zeigt sehr deutlich, daß hier zahlreiche Motive aus einstmals ganz unterschiedlichen Kontexten geradezu miteinander verwoben sind. Ob ein Trend sich durchsetzen wird, ist zwar im positiven Sinne kaum prognostizierbar. Umgekehrt besteht jedoch für einen Trend, der nur aus Motiven mit schwacher Vernetzung und geringer Kontextvielfalt besteht, eine vergleichsweise hohe Flüchtigkeitsgefahr. Wenn nämlich die wenigen tragenden Verbindungen verblassen, droht eine komplette Auflösung. Als naheliegende Faustregel kann man daher formulieren: Je zahlreicher und vielfältiger die beteiligten Kontexte und je enger vernetzt sie sind, desto tragfähiger, d.h. robuster und plausibler, ist die Trend-Konfiguration. Dieser Zusammenhang wird in bezug auf öffentliche Issues von den Forschungen zur Agenda-Setting-Theorie gestützt (Kap. 3). Es ist also nicht mehr die Frage, ob sich ähnliche bzw. verwandte Entwicklungen in ein und derselben Kategorie häufen, sondern ob möglichst vielfältige Entwicklungen unterschiedlicher Herkunft komplementär zueinander wirken.

Zu prüfen ist an einer solchen Konstellation auch, ob sie gegebenenfalls Elemente oder Verbindungen aufweist, die Inkonsistenzen in das Gesamtgefüge einschleusen. Diese Betrachtung ist insofern wichtig, als Konsistenz und Inkonsistenz asymmetrisch wirken. Denn bereits eine einzige hochgradig subversive Verbindung genügt, um eine Konstellation nachhaltig zu zerrütten. Häufig führen technologische Faktoren dazu, einen Trend zu unterminieren, wie man am Scheitern der Quadrophonie in den 70er Jahren sehen konnte. Neben einem zu geringen Software-Angebot war es vor allem unausgereifte Technik, die dem Kunden keinen entscheidenden Vorteil gegenüber der herkömmlichen Stereo-Illusion bieten konnte. Darüber hinaus stützt dieses Beispiel auch die eben formulierte Faustregel. Denn unter anderen Vorzeichen, d.h. unter Einbeziehung weiterer Kontexte, feierte sie in den 90er Jahren ein Revival: Eine von den Kinderkrankheiten der 70er Jahre entledigte und mit digitalen Klangprozessoren aufgerüstete Mehrkanaltechnik wird heute erfolgreich im Heimkino-Bereich genutzt. Wir sehen also, daß hier sowohl Konsistenzzerstörer entfernt als auch neue Technologie- und Nutzungskontexte (Digitaltechnik, Audiovision) eingeführt worden sind, welche das Geflecht maßgeblich gestärkt haben.

Welche Motive einen Beitrag zum Trend leisten, kann zum einen aus der Analyse von Medienberichten abgeleitet werden. Darüber hinaus sollten (Trend-)Workshops durchgeführt werden, in denen die Trends eingehend diskutiert werden. Weitere Informationen lassen sich durch die Befragung von Personen, die vermutlich etwas mit dem Trend zu tun haben, gewinnen. In Tiefeninterviews können hier Vorstellungswelten (indirekt) abgefragt werden, die analog als Assoziationsnetze darstellbar sind.[4] Hierdurch wird klar, in welcher Form der Trend in der Vorstellungswelt seiner Träger vorkommt, welchen Stellenwert er gegebenenfalls dort einnimmt und wie der Trend mit den Produkt- bzw. Markenattributen verkoppelt ist. Abbildung 6-2 zeigt – der Übersichtlichkeit halber in Listenform – die Motive der Trendlandschaft »Formel 1« sowie die Motive der Markenwelten der Zigarettenmarken West, Marlboro und Lucky Strike, wie sie von den befragten Konsumenten assoziiert wurden.[5]

Das führt uns zu einem entscheidenden Punkt: Bei Trends kommt es offensichtlich nicht so sehr darauf an, worin ihr Wesen oder die ihnen innewohnenden Eigenschaften bestehen, sondern was die Menschen damit in ihrer Vorstellungswelt verbinden. Trend ist das, was für einen Trend gehalten wird; Trend ist das, was als Trend bezeichnet wird. Mit anderen Worten, Trends hätten auch ganz anders sein können, sie sind jedoch nun einmal so ausgefallen und haben die entsprechenden Wirkungen gezeitigt. In Anlehnung an die Theoretiker der literaturwissenschaftlichen Dekonstruktion läßt sich feststellen: Ein Text (= *Trend*) muß also gar nicht das bedeuten, was 90% der Leser (= *Träger*) aus ihm herauszulesen glauben. Es ist aber dennoch so, daß er für 90% eben dies bedeutet, weil eine Beziehung zwischen Worten (= *Phänomenen*) und jener Bedeutung hergestellt wurde.[6] Dies geht zurück auf das Thomas-Theorem, das sagt: »Wenn Menschen Situationen als real definieren, dann sind sie hinsichtlich ihrer Konsequenzen real«[7]. Trends gewinnen ihre Kraft also aus einer Konstruktionsleistung, aber aus einer Konstruktion, die eine soziale ist und auf Konvergenz der Interpretationen beruht.

Für die Trend-Analyse fordert das eine gravierende Neuorientierung gegenüber Frühaufklärung und Issue-Management herkömmlichen Zuschnitts. Denn die betriebswirtschaftliche Theorietradition, aus der die bestehenden Ansätze stammen, ist weitestgehend essentialistisch orientiert. Es wird dabei unterstellt, daß die dem Trend innewohnenden Eigen-

1 West

Preis –	günstig (billiger als andere Industriemarken)
Marktstellung –	Massenzigarette
Typischer Raucher –	Normaler Mensch (eher einfach)
Gestaltung/Design –	schlicht (Verpackung/Logo)
Humor –	witzig – ironisch – schräg
Lebenswelt –	Großstadt/Alltag
Persönlichkeit –	androgyn – schillernd – provokant
Symbolfiguren –	verrückte Typen
Überraschung –	Produktinnovationen
Lebensgefühl –	Ausprobieren, Neues entdecken
Produkt –	Zigarette
Geschmack –	kräftig
Verbreitung –	international
Distribution –	breit (überall erhältlich)
Qualität –	akzeptabel

2 Marlboro

Preis –	mittel bis teuer
Marktstellung –	Marktführer
Typischer Raucher –	Alle (quer durch die Gesellschaft)
Lebenswelt –	Mittlerer Westen, Grand Canyon, Natur
Persönlichkeit –	Männlich
Symbolfiguren –	Cowboys
Herkunft –	Amerika
Lebensgefühl –	Freiheit, Abenteuer
Genuß –	Entspannung (nach der Arbeit)
Verbreitung –	International
Distribution –	breit (überall erhältlich)
Qualität –	hoch (Top)
Produkt –	Zigarette
Geschmack –	kräftig

3 Lucky Strike

Design –	markant
Humor –	witzig – originell – intelligent
Marktstellung –	Jugend-/Szenemarke
Typischer Raucher –	selbstbewußter Typ (eher jünger)
Überraschung/Kreat. –	Werbung (neue Sprüche)
Lebensgefühl –	Spaß, Offenheit
Lebensstil –	locker bis cool-individuell
Symbolfigur –	Packung
Produkt –	Zigarette
Verbreitung –	international
Qualität –	okay
Geschmack –	kräftig
Genuß –	pur
Herkunft –	Amerika, Nachkriegszigarette

4 Formel 1

Aktivität –	Motorsport
Symbolfiguren –	Rennfahrer, schöne Frauen
Ausstrahlung –	Glamour, Geld, große/weite Welt
Lebensgefühl –	Spannung, Tempo, Power, Risiko
Motivation –	Wettkampf
Finanzierung –	Werbung
Typischer Zuschauer –	Formel-1-Freaks

Speziell: West

Co-Sponsor –	Mercedes
Co-Sponsor –	Brigdestone

Abb. 6-2: Auflistung der assoziierten Motive in bezug auf West, Marlboro, Lucky Strike und Formel 1 *(aus: Herrmann 1999)*

schaften und die auftretenden Kausalbeziehungen für dessen Wirkung verantwortlich zu machen sind. Das heißt, es muß immer etwas geben, was »hinter dem Trend liegt«: quasi ein Trend-Substrat. Dies dokumentieren nicht zuletzt die Kausalmodelle des »Vernetzten Denkens«, in denen mit einer Mechanik von interdependenten Einflüssen versucht wird, die Welt zu erklären und ihren Wandel zu prognostizieren.[8] Daß womöglich die von den betroffenen Personen geleisteten Zuschreibungen den Trend ausmachen, kommt dagegen nicht in Betracht. Indes hatte Michel de Montaigne schon lange vorher darauf hingewiesen, daß es fruchtbarer sei, die Interpretationen zu interpretieren als die Dinge selbst.

Aus diesen Ausführungen wird deutlich, daß niemals klar abgegrenzt werden kann, was alles zu einem Trend gehört, und man demzufolge nie sicher ist, sämtliche Bestandteile erfaßt zu haben. Trends sind wie Issues bewegliche Ziele (Abb. 2-2). Sie verhalten sich wie Wanderdünen, die sich permanent in Bewegung befinden und bei denen nicht klar ist, wo sie exakt beginnen und aufhören. Sie geben etwas frei, um es im nächsten Moment wieder zu verschütten. Und bereits nach kurzer Zeit kann man kaum noch sagen, ob es sich um die gleiche Düne handelt oder nicht. Vor allem werden auch unterschiedliche Betrachter, die ein und dieselbe Düne sehen, je nach ihrem Blickwinkel zu unterschiedlichen Ergebnissen kommen. Unterschiedliche Stakeholder interpretieren daher Trends und Issues für sich in unterschiedlicher Weise. Für die Diagnose von Trends und Issues muß dies mitbedacht werden – was die Forderung nach einer geeigneten Stakeholder-Segmentierung unterstreicht.

Im Zuge von zunehmender gesellschaftlicher Individualisierung und Pluralisierung unterliegen klassische gesellschaftliche Segmentierungen und Gesellungsformen (Familie, Vereine, Schichten) einem nachhaltigen Auflösungsprozeß – eine Erscheinung, die sich auch im Bereich der Marktsegmentierung widerspiegelt, wo herkömmliche Zielgruppentypologien ihre Schlagkraft längst verloren haben. Vielmehr machen sich nunmehr Gesellungsformen breit, die

- frei gewählt,
- nicht exklusiv,
- meist ästhetisch motiviert und
- in der Regel nur von begrenzter Dauer

sind und nach Irwin als »Szenen«[9] bezeichnet werden. An die Stelle der ursprünglichen Segmente sind also Szenen als neue Form der Vernetzung und Vergemeinschaftung getreten. Diese beschränken sich keineswegs nur auf den jugendkulturellen Bereich; vielmehr wird »Verszenung« zu einem gesellschaftsweiten Phänomen, das sogar bei Überresten klassischer Gesellungsformen, wie z.B. im Hochkulturbereich, festgestellt werden kann. Gebhardt zeigt etwa, daß die Bayreuther Wagner-Gemeinde zunehmend Züge einer Szene annimmt.[10] Ganz ähnliche Erscheinungen lassen sich auch im religiösen Bereich feststellen. Beispielsweise veranstaltet die Communauté de Taizé – eine von Roger Schütz gegründete Kirchengemeinde mit ökumenischem Anspruch – regelmäßig internationale Jugendtreffen, in denen die Mechanismen der Szene-Bildung deutlich zutage treten.[11] Doch nicht nur klassische Gesellungsformen, auch Subkulturen nehmen die Charakteristika von Szenen an, indem sie ihre Anti-Haltung immer stärker ablegen. Mit anderen Worten, wenn heute von Subkultur die Rede ist, handelt es sich um eine Selbstzuschreibung, die als verkaufsförderndes Argument zur Abgrenzung vom sogenannten »Mainstream« benutzt wird.[12]

Szenen haben den Charakter von Netzwerken, und Themen wirken als deren Kristallisationskeime, was man besonders gut bei virtuellen Gemeinschaften im Internet nachvollziehen kann. Im angelsächsischen Sprachraum hat sich daher für Szenen auch vielfach der Begriff *single-issue groups* eingebürgert. Es geht völlig konform mit unserem sowohl Issues als auch Trends umfassenden Begriff von Thema, daß die Interessen und Inhalte dabei häufig in komplexen Konfigurationen auftreten. Eine Vorstellung hiervon gibt die vielleicht nicht alltägliche, aber sehr plastische Selbstdarstellung der *Extropier*, einer subkulturellen virtuellen Gemeinschaft im World Wide Web. Sie umreißen die Bandbreite ihres Szene-Diskurses wie folgt: »Extropier lassen sich, grob gesagt, als diejenige Gruppe beschreiben, die gleichzeitig Interesse besitzt an technologischen Erweiterungen menschlicher Intelligenz und Wahrnehmung, Nanotechnologie, spontanen Ordnungen, anarcho-kapitalistischer Politik, Kryonik und anderen lebensverlängernden Technologien, sowie einer Reihe von weiteren Ideen. Wenn Sie ein Extropier sind, finden Sie es ganz naheliegend, daß diese Konzepte zusammengehören.«[13] Auch im Diskurs von Szenen werden Deutungsrahmen angewandt, die Motive als zusammengehörig ausweisen. Szenen sind damit nicht nur interessensbezogene, ästhetische Gemeinschaften, sondern auch Deutungsgemeinschaften, die Deutungsmuster für Trends und Issues generieren.

Das heißt, ebenso wie beim Diskurs über umstrittene Themen gibt es auch bei Trends unterschiedliche Positionen. Karl Lagerfeld hat diese Dialektik von Trends folgendermaßen formuliert: »Ein Trend ist nichts wert ohne seinen Gegentrend.« Das heißt: Erst die Tatsache, daß ein Trend eine Abgrenzung erlaubt, verleiht ihm seine eigentliche Wirkung; die Verbreitung eines Trends hängt wesentlich von der Thematisierung insgesamt ab. Abbildung 6-3 zeigt einen Ausschnitt aus der Themenstruktur »Techno als Erlebniswelt für Erwachsene«, die einerseits aus einem Trend zur Volksfestatmosphäre von Großveranstaltungen besteht, andererseits einen Trend der Verschmelzung mit Motiven der »Hochkultur« ausweist. Letzterer stellt beispielsweise auf Minimalität der ästhetischen Ausdrucksformen, auf die Montagetechniken des Sampling, das Geräusch als Klangquelle und den Einsatz von Performance-Elementen ab – eine Konfiguration, auf welche bei der »A-Motion-Tour« zur Einführung der Mercedes A-Klasse zurückgegriffen wurde.[14]

Wir sehen deutlich, daß es sich bei Trend und Gegentrend nicht um polare Entwicklungsrichtungen, sondern um unterschiedliche Facetten in Form von komplexen Konfigurationen handelt, die gleichzeitig auftreten. Mit jeder Facette sind unterschiedliche Szenen angesprochen. Insofern bilden Szene-Kontexte und Szene-Diskurse den Resonanzboden für die Entwicklung von Trends. Da es sich bei Szenen um real vorfind-

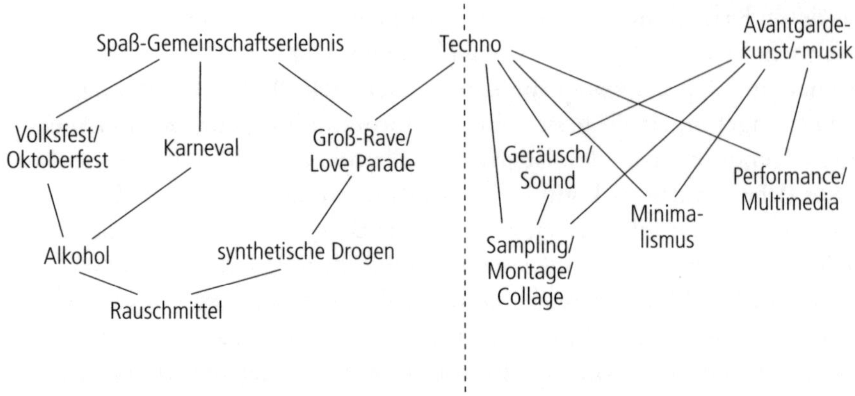

Abb. 6-3: Trend und Gegentrend in der Themenstruktur »Techno als Erlebniswelt für Erwachsene« *(Ausschnitt aus: Liebl 1999c)*

bare soziale Vernetzungen handelt, existiert gegenüber abstrakten, statistisch ermittelten Zielgruppenprofilen ein beträchtlicher Vorteil: Als Netzwerke zeichnen sie sich durch eine Binnenkommunikation aus, die auch beobachtet werden kann. An diesem Punkt kann die Idee des Agenda-Setting sinnvoll ansetzen. Denn es liegt nahe, daß nur in definierten sozialen Zusammenhängen mit entsprechend intensiver Binnenkommunikation zweckmäßig von einer Agenda gesprochen werden kann. Dagegen eine einzige öffentliche Agenda für die ganze Bevölkerung zu unterstellen, wird in den Kommunikationswissenschaften seit jeher als problematisch angesehen. Das heißt, mit der universellen Existenz von Szenen kann der Agenda-Setting-Effekt von Trends nunmehr voll zum Tragen kommen – und entsprechend genutzt werden. Insofern stellen Trends letzten Endes nichts anderes dar als Vergemeinschaftungen und Vergemeinschaftungspotentiale unter Bedingungen der Individualisierung.

Genau hier kommt jedoch ein Problem auf. Wie alle sozialen Systeme haben Szenen die Tendenz, sich auszudifferenzieren und immer weiter aufzusplitten; dadurch multiplizieren und pluralisieren sich auch die Kontexte. In der Folge wird daher immer unschärfer, was als neu bzw. als Trend anzusehen ist. Den Endpunkt markiert eine unübersehbare Menge sich stetig beschleunigender Mikro-Trends und Mikro-Moden,[15] die nur noch von den jeweiligen Mikro-Szenen als je solche wahrgenommen und interpretiert werden können: »Der Begriff Innovation zerfällt damit, so daß für einen partiellen Kontext und im Verlauf einer partiellen Geschichte etwas als neu anerkannt werden kann, das für andere partielle Kontexte und Geschichten keineswegs neu ist.«[16]

Wie also müssen Trends beschaffen sein, wenn sie weiterreichende Bedeutung über engste Zirkel hinaus besitzen sollen? Welche spezifischen Eigenschaften müssen sie aufweisen? Groys stellt die These auf, daß diejenigen Trends in einer hochgradig individualisierten Gesellschaft Erfolg haben, die die sie einigenden Momente – letzten Endes die »perfekte Tautologie« – verkörpern. Mit anderen Worten, Widerstandsminimierung wird zum wesentlichen Erfolgsfaktor, wenn die Individualisierung in der Gesellschaft weit fortgeschritten ist. Widerstandsminimierung wird darüber hinaus zentral, wenn Kundengruppen aus unterschiedlichen Kulturen mit einem Produkt oder einer Dienstleistung bedient werden sollen – etwa auf einem gemeinsamen europäischen Markt oder gar global. Die These von Groys wird gestützt durch Erfahrungen aus dem internationalen Jugendmarketing. Diese zeigen, daß nur europaweite Kampagnen, die auf ein absolutes Minimum gemeinsam geteilter »Kern-Werte« abzielen, erfolgreich sind; ansonsten würden in einigen Ländern bestimmte Werbeaussagen mißverstanden werden und dadurch massive Widerstände auftreten. Während beispielsweise »Kern-Werte« wie »Gerechtigkeit« oder »etwas schützen« unkritisch sind, darf Skurrilität nicht unästhetisch sein oder darf Leistung nicht auf Kosten der Gemeinschaft gehen. Hier steht erklärtermaßen Widerstandsvermeidung durch Ausklammern problematischer »Werte« im Vordergrund.[17]

Für die Tiefen-Analyse heißt das in letzter Konsequenz, daß Trends bzw. die dahinterstehenden Motivkonstellationen auf ihren Tautologiegehalt zu untersuchen sind. Anhand des Techno-Beispiels läßt sich die erfolgreiche Tautologiebildung gut nachvollziehen. Hier mußte sich ab Ende der 80er Jahre ein neu aufkommender Musikstil den Hörern verständlich machen bzw. selbst erklären. Um erfolgreich zu sein, mußte also das dahinterstehende Prinzip deutlich und der Unterschied zu herkömmlichen Musik-Genres erkennbar werden. Das Tautologieprinzip bedeutet hier Wiederholung, A=A bzw. rhythmisch gerade im Viervierteltakt: bumm, bumm, bumm, bumm. Das heißt, die Andersartigkeit wird durch die Wiederholung als Andersartigkeit erkennbar und damit selbsterklärend:[18] Die Andersartigkeit besteht in der Wiederholung. Auch die übrigen lebensästhetischen Überformungen dieser Szene, die sich über ihre äußerliche Individualisierung vergemeinschaftet, weisen solche Tautologie-Züge auf – wenn auch mit umgekehrten Vorzeichen. Beispielsweise haben die Selbstinszenierungen der Szene-Mitglieder – »von Pippi Langstrumpf bis Sadomaso«[19] – etwas »unbestimmt Identisches an sich«[20]. Gerade in ihrer – gleichförmig anmutenden – Verschiedenheit drücken die Mitglieder ihre Zugehörigkeit zu dieser Lebensstilgemeinschaft aus:[21] Die Wiederholung besteht in der Andersartigkeit.

Fassen wir das Vorgehen noch einmal in den wesentlichen Punkten zusammen. Die einer Tiefenanalyse von Trends zugrundeliegenden Denkfiguren haben sich fundamental gewandelt. Eine konstellative Logik muß vorherrschen, sollen Trends in ihren Dimensionen verstanden werden. Die neue Logik besteht im wesentlichen aus drei Denkfiguren (Abb. 6-4):

- Assoziation löst die – höchst voraussetzungsvolle und einengende – Kausalität als Relation zwischen den Bestandteilen ab.
- Statt in Form einer auf Ähnlichkeit basierenden Kategorisierung werden nun die an einem Trend beteiligten Elemente nach dem Kriterium der Komplementarität zusammengefaßt.
- Und die Elemente eines Trends sind nicht mehr Kategorien, sondern Motive und die dahinterstehenden Kontexte.

Ähnlichkeit	→	Komplementarität
Kausalität	→	Assoziation
Kategorien	→	Motive & Kontexte

Abb. 6-4: Denkfiguren der Tiefen-Analyse

Der Prozeß der Tiefen-Analyse muß ebenfalls dem konstellativen Charakter gerecht werden. Die einzelnen Schritte, die in der Regel zyklisch ablaufen, umfassen daher im einzelnen:

1. *Atomisierung*. Erheben Sie die oberflächliche Symptomatik eines Trends; identifizieren Sie die beteiligten Motive und Kontexte.

2. *Verknüpfung*. Stellen Sie die Vernetzung der Motive und die Vielfalt der dahinterstehenden Kontexte fest.

3. *Widersprüche*. Identifizieren Sie Assoziationen, die die innere Konsistenz des Trends gefährden können.

4. *Dialektik*. Formulieren Sie Trend und Gegentrend als Konstellationen. Eruieren Sie die Vereinbarkeit von beiden, so daß sie unterschiedliche Facetten ein und desselben – komplexeren – Trends ergeben.

5. *Szene-Test*. Prüfen Sie die Andockstellen des Trends an die verschiedenen Szene-Diskurse.

6. *Tautologie*. Bestimmen Sie den Tautologie-Gehalt eines Trends.

Tiefen-Analyse von Issues

Auch die Tiefen-Analyse von Issues folgt in ihrer Systematik dem oben angegebenen Schema, jedoch werden gewisse Ergänzungen notwendig. Die Schritte umfassen daher folgendes:

1. Die Argumente und Themen-Komponenten eines Issue werden wie bei einem Trend identifiziert und verknüpft; stärker als bei Szenen bedarf es jedoch einer Differenzierung nach den unterschiedlichen Stakeholder-Positionen. Insbesondere gilt es, den diagnostischen und den prognostischen Deutungsrahmen zu formulieren.

2. Die aktuelle Entwicklung des Aufmerksamkeitswerts aufgrund der in Kapitel 3 genannten Faktoren wird bestimmt (Abb. 6-5). Auch wenn eine absolute Einschätzung anhand der Faktoren schwierig erscheint, so läßt sich doch von einer Veränderung dieser Größen auf Veränderungen im Aufmerksamkeitswert schließen. Genau dies muß Ziel einer Tiefen-Analyse von Issues sein.

3. Die mit den einzelnen Issue-Positionen verbundenen Stakeholder werden in bezug auf Macht, Legitimität und Dringlichkeit bewertet. Dabei interessieren vor allem auch Koalitionsbildungen zwischen Stakeholder-Organisationen.

Issue-Analyse und Stakeholder-Analyse sind also zwei untrennbare Seiten derselben Sache. Nichtsdestoweniger stellt in den meisten Fällen das Issue den sinnvollen Ausgangspunkt der Betrachtung dar, während bei der Betrachtung von Stakeholder-Interessen häufig nur sehr unspezifische, ja klischeeverdächtige Einsichten erzielt werden (z.B. »Greenpeace kämpft für die Umwelt«, »die Gewerkschaften wehren sich gegen Stellenabbau« oder »die Anwohner wollen nur ihre Ruhe vor uns«). Da die Schritte 1 und 2 bereits weiter oben erläutert worden sind, soll an dieser Stelle näher auf die im Spiel befindlichen Stakeholder eingegangen werden sowie auf ihre Einschätzung im Lichte des betrachteten Issue.

Die Identifikation der Stakeholder geschieht dann anhand der in Kapitel 2 genannten Kriterien, jedoch bleiben diejenigen Stakeholder, die nicht auf irgendeine Art in das Thema involviert sind, zunächst außer Betracht – schon aus Gründen der Übersichtlichkeit. Es ist oft nicht einfach, den richtigen Konkretisierungsgrad in bezug auf die Stakeholder zu finden.[22] Einen natürlichen Ausgangspunkt stellen konkrete Organisationen dar, z.B. Bürgerinitiativen, Vereine, Verbände, Parteien o.ä. Eine

- Allgemeinheit der Definition eines Issue
- Unmittelbarkeit bzw. lebensweltlicher Bezug des Issue
- Empirischer Gehalt eines Issue
- Soziale Bedeutung des Issue
- Langfristige Auswirkungen eines Issue
- Komplexität eines Issue
- Einstimmigkeit der Medienberichterstattung
- Sättigungseffekte durch Wiederholung
- Neuheitsgrad des Issue
- Emotionale Besetzung eines Issue
- Dynamik der Verbreitung
- Stimmigkeit der Symbolik
- Zentralität der benutzten Werte
- Spannweite des Deutungsrahmens
- Konsistenz des Deutungsmusters
- Unstimmigkeiten zwischen Deutungsmuster und Aktionen
- Möglichkeit einer Schuldzuweisung
- Konkurrenz zwischen Issues
- Verwandtschaft und Komplementarität zu bereits priorisierten Issues
- Herausbildung von sekundären Issues

Abb. 6-5: Einflußgrößen des Aufmerksamkeitswerts eines Issue

weitere Detaillierung muß stattfinden, wenn sich auch bestimmte Individuen oder nicht institutionell festzumachende Gruppierungen als höchst einflußreich entpuppen. Denn im Zuge der Individualisierung, wo in wachsendem Umfang netzwerkartige Strukturen wie »Neue Sozialen Bewegungen« oder »Szenen« Platz greifen, werden Stakeholder-Gruppen zunehmend diffus. Mit anderen Worten, Individualisierung bedeutet auch eine zunehmende Ausdifferenzierung der Interessen und Themenschwerpunkte der Stakeholder. Dennoch zeigt die Erfahrung, daß eine völlige Atomisierung der Interessen nicht eintritt. Denn bei den meisten Issues existiert eine Gruppierung, die das Konfliktthema exakt zu »ihrer Sache« gemacht hat, eine dementsprechend herausgehobene Stellung aufweist (z.B. in punkto Betroffenheit, Fachkompetenz o.ä.) und damit als Kristallisationskeim fungiert – insbesondere für Koalitionsbildungen. Auch ansonsten völlig machtlose Gruppierungen können in diesem Zusammenhang plötzlich eine entscheidende Stellung erlangen, so etwa eine lokale Bürgerinitiative, ohne deren Zustimmung ein Investor nicht ein Einkaufszentrum auf die grüne Wiese bauen kann. Was wir demnach benötigen, ist eine Einschätzung der Machtverhältnisse, und, da diese sich nicht auf bilateralen Beziehungen, sondern auf ein komplexes Geflecht von Stakeholder-Beziehungen gründen, eine Bestandsaufnahme der Koalitionsverhältnisse der Stakeholder.

Für jede identifizierbare Koalition auf seiten der Stakeholder wird, als Gegenstück zum Aufmerksamkeitswert eines Issue, ihr Stellenwert bestimmt (»stakeholder salience«). Gemessen wird dieser Stellenwert durch (die wahrgenommene) Macht, Legitimität und Dringlichkeit. Diese drei Faktoren sind folgendermaßen miteinander verquickt: »Macht erhält Autorität durch Legitimität und wird ausgeübt, wenn entsprechende Dringlichkeit vorliegt«. »Legitimität bekommt Rechte durch Macht und erhält Nachdruck, wenn entsprechende Dringlichkeit vorliegt.«[23] Dringlichkeit fungiert damit als eine Art Katalysator zwischen den anderen Größen. Je nachdem, welche der Größen bei einem Stakeholder bzw. bei einer Koalition zutreffen, kann eine Einteilung gemäß Abbildung 6-6 erfolgen. Ein »echter« und entsprechend wichtiger Stakeholder ist zwar nur, wer alle drei Merkmale auf sich vereinigen kann, dennoch besitzen auch die übrigen Typen u.U. beträchtlichen Stellenwert, der in den gewählten Bezeichnungen näher konkretisiert wird.

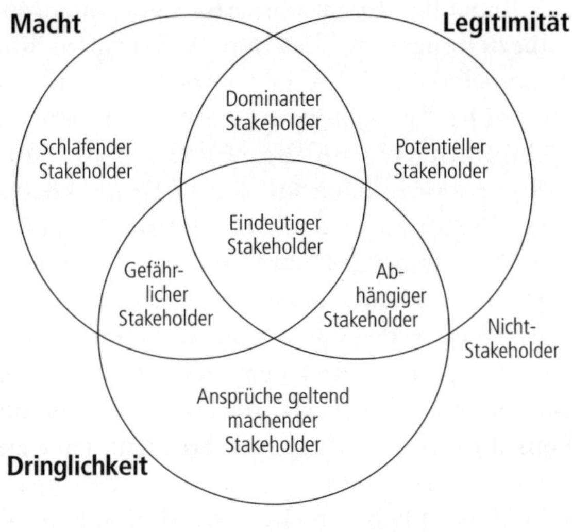

Abb. 6-6: Stakeholder Typologie *(aus: Mitchell/Agle/Wood 1997)*

Macht. Drei Arten von Machtbeziehungen kommen im Verhältnis zwischen Unternehmen und Stakeholdern vor allem zum Tragen und sind damit kennzeichnend für die grundlegenden Stakeholder-Typen:

- Weisungsbefugnis bzw. formale Macht, zurückführbar auf hoheitliche Beziehungen oder Eigentumsbeziehungen (z.B. staatliche Organe, Eigentümer);
- marktliche Verhandlungsmacht der Stakeholder, zu denen eine Transaktions-Beziehung besteht (Kunden, Lieferanten etc.);
- nichtmarktliche Verhandlungsmacht der Stakeholder, die anderweitig Einfluß zu nehmen versuchen.

Daher unterscheiden sich die Machtbeziehungen zwischen einem Unternehmen und seinen Stakeholdern je nachdem, ob sie marktlicher oder nichtmarktlicher Natur sind. Der wohl auffälligste Unterschied besteht darin, daß eine Beziehung zu einem marktlichen Stakeholder de facto eine nichtmarktliche Machtbeziehung miteinschließt. Hirschman war der erste, der diesen Doppelcharakter mit seinen Handlungsoptionen *»exit«* und *»voice«* deutlich machte.[24] Kunden als marktliche Stakeholder haben etwa die Möglichkeit, ihre Verhandlungsmacht in Form eines Lieferantenwechsels auszuüben (exit), oder indem sie protestieren (voice), wie es bei der Konsumentenschutzbewegung der Fall war, die sich vor allem in den USA gegen fehlerhafte Produkte massiv zur Wehr setzte. Einem nichtmarktlichen Stakeholder bleibt im Gegensatz dazu nur die Option, seine Stimme zu erheben – es sei denn, er kann marktliche Stakeholder als freiwillige Koalitionspartner gewinnen oder ihnen über andere Machtbeziehungen ein bestimmtes Verhalten aufzwingen. Die *Frankfurter Rundschau* vom 10. Juli 1999 berichtete in diesem Zusammenhang wie folgt: »Die Umweltorganisation Greenpeace will bei ihren Kampagnen künftig stärker auf die Macht der Konsumenten setzen. ›Greenpeace-Kampagnen sollen an den Supermarktkassen gewonnen werden‹, sagte Greenpeace-Geschäftsführerin Brigitte Behrens am Freitag bei der Vorstellung der Jahresbilanz der Organisation in Hamburg. Als Beispiel für wirksame Konsumenten-Aktionen nannte Behrens die Initiative ›EinkaufsNetz‹ gegen gentechnisch veränderte Lebensmittel, an der sich 230000 Verbraucher beteiligt hätten. Bei der Aktion ›Stromwechsel‹ hatten sich laut Behrens 60000 Verbraucher bereit erklärt, zu einem umweltfreundlicheren Stromanbieter zu wechseln.«[25] »Einkaufsnetz« und »genetiXproject«, eine Internet-Kampagne von Greenpeace gegen Genfood, blieben nicht ohne Wirkung. So sah sich Nestlé durch von Greenpeace angeführte Aktionen letztlich genötigt, ihren

Schokoriegel »Butterfinger« aus genetisch verändertem Mais vom deutschen Markt zu nehmen.

Eine andere Form der (unfreiwilligen) Koalitionsbildung besteht darin, Einzelhandelsketten, die ein bestimmtes Produkt im Sortiment haben, zu boykottieren, mit dem Ziel, über den geschädigten Händler indirekt Druck auf den Hersteller auszuüben.[26] In ähnlicher Weise wurde versucht, während der letzten französischen Atomtests Protest auszudrücken: Zahlreiche Verbraucher entsagten damals französischen Luxusprodukten, etwa Champagner, für eine gewisse Zeit. Je leichter das Produkt eines Unternehmens substituiert werden kann – z.B. weil es ein Luxusgut ist oder eine Commodity –, desto geringer ist der tatsächlich spürbare Verzicht auf Konsumentenseite und desto anfälliger erweisen sich demnach die Hersteller solcher Produkte gegenüber Boykottversuchen.

Legitimität. Das Akzeptiertsein als wünschenswert, sauber und konform mit allgemein anerkannten Normen und Verhaltensstandards bringt plötzlich ein normatives Element in die Stakeholder- und Issue-Analyse. Etwas, was in Kapitel 2 just aus diesem Grund ausdrücklich als Stakeholder-Filter abgelehnt wurde. Dies steht jedoch nicht im Widerspruch zu einer Einbeziehung in die Größe »stakeholder salience«, da natürlich ein öffentlich als legitim wahrgenommenes Interesse mehr Konsens und Unterstützung findet, also einen höheren Grad an Mobilisierbarkeit und Unanfechtbarkeit verspricht. Als nicht legitim darstellbare Akteure sind leichter diskreditierbar und besitzen daher tendenziell weniger Verhandlungsmacht, was – wie die Abbildung 6-6 ausdrückt – nicht bedeuten muß, daß sie per se ungefährlicher wären.

Dringlichkeit. Die Zeitdimension ist in der traditionellen Stakeholder-Analyse bislang unbeachtet geblieben. Jedoch fordert eine Tiefen-Analyse von Issues die Berücksichtigung von Dynamikvariablen, die als Dringlichkeit bzw. als Drängen eines Stakeholders verstanden werden können. Zwei notwendige Faktoren lassen sich als konstituierend für ein solches Drängen ansehen: eine gewisse Zeitsensitivität des Anliegens und eine gewisse Wichtigkeit. Für letztere sind laut Mitchell/Agle/Wood entweder

- *Eigentümerschaft* (z.B. Eigentum an Gütern, die nicht anderweitig veräußert werden können),
- *Sentiment* (z.B. lange Familientradition, die nicht leichtfertig aufgegeben werden soll),
- *Erwartungshaltungen* (z.B. Fortsetzung einer bestimmten qualifizierten Unternehmenswertsteigerung) oder

– *Ausgeliefertsein* (dem Stakeholder wichtige Güter wie z.B. Gesundheit, welche Risiken ausgesetzt sind bzw. nunmehr auf dem Spiel stehen)

verantwortlich.[27] Wenn sowohl die wahrgenommene Wichtigkeit als auch die wahrgenommene Zeitsensitivität hoch sind, drückt sich dies in hoher wahrgenommener Dringlichkeit und damit in starkem Drängen aus.

Aus unserer Tiefenanalyse erhalten wir also sowohl eine Einschätzung des Aufmerksamkeitswerts eines Issue (»issue salience«) als auch des Stellenwerts eines Stakeholders (»stakeholder salience«), die wir nun wie in Abbildung 6-7 geschehen zueinander in Beziehung setzen können. In der Zusammenschau erkennt man, »wer und was wirklich zählt«. Sind beide Ausprägungen niedrig, so geht von dem Issue aktuell keine Gefahr aus bzw. ist das Mobilisierungspotential vernachlässigbar. Ein hoher Aufmerksamkeitswert des Issue bei gleichzeitig geringem Stellenwert des Stakeholder entlarvt das Issue letzten Endes als eine von den Medien produzierte Luftblase, die erst dann Folgen zeitigen kann, wenn mächtige Koalitionspartner auf das Thema einsteigen. Ein Thema mit geringem Aufmerksamkeitswert, aber hohem Stellenwert des Stakeholder kann sich als veritable Zeitbombe erweisen, wenn es dem Stakeholder gelingt, das Thema geschickt zu lancieren. Ist der Stakeholder dabei nicht erfolgreich, kann immer noch eine Auseinandersetzung drohen, die nunmehr unter Ausschluß der Öffentlichkeit stattfindet (»Nischenkrieg«). Klare Krisensignale resultieren schließlich aus einer Positionierung, die in beiden Dimensionen »hoch« lautet, denn hier haben wir es mit einem mächtigen Konterpart zu tun, der ein weithin beachtetes Anliegen aufs Tapet gebracht hat.

Stellenwert des Stakeholders / Aufmerksamkeitswert des Issues	Niedrig	Hoch
Hoch	Luftblase in den Medien	Drohende Krise
Niedrig	Augenblicklich unwichtig	Zeitbombe/ Nischenkrieg

Abb. 6-7: »Wer und was wirklich zählt« – Ergebnisse aus der Kombination von Stakeholder-Stellenwert und Issue-Aufmerksamkeitswert

7 POTENTIAL-SYNTHESE: MÖGLICHKEITSRÄUME ERKUNDEN

Mit der Darstellung von Trends und Issues sowie den Vorstellungswelten und Argumentationsmustern von Konsumenten, Szenen und Stakeholdern ist ein erster Schritt der Bestandsaufnahme und des Verstehens getan. Das Themenmanagement muß jedoch weitergehen, wenn es für Unternehmensstrategie und Unternehmenspolitik Konsequenzen haben soll. Was wir ja wissen wollen, sind die Implikationen, die Trends und Issues haben können. Aus verfügbaren Informationen informatorischen Mehrwert zu generieren, ist das Ziel des induktiven Vorgehens der Früherkennung. Für Trends bzw. Issues heißt das, sie zu größeren Landschaften zusammenzufassen, aber darüber hinaus auch plausible neue Möglichkeitsräume zu erkennen. Für diese Möglichkeitsräume können sodann in der Umsetzungsphase entsprechende Strategien – z.B. in bezug auf neue Produkte, neue Kundengruppen, etc. – entwickelt werden. Dies ist das »Outside-in-Vorgehen« bei der Diagnose von Trends bzw. Issues (Abb. 7-1).

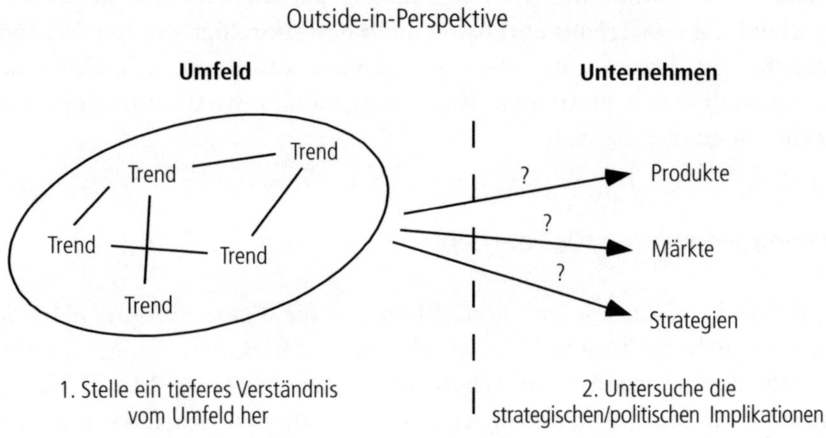

Abb. 7-1: Vorgehen bei Outside-in-Perspektive

Bei der Umkehrung, dem »Inside-out-Vorgehen«, nimmt man die existierenden Produkte, Marken, etc. als Ausgangspunkt und untersucht, welche Trends bzw. Issues signifikante Auswirkungen auf deren Erfolgsposition haben könnten (Abb. 7-2). Beide Vorgehensweise wirken komplementär und können einander nicht ersetzen, da sie mit ganz unterschiedlichem Problemzugriff und unterschiedlichem Fokus operieren.

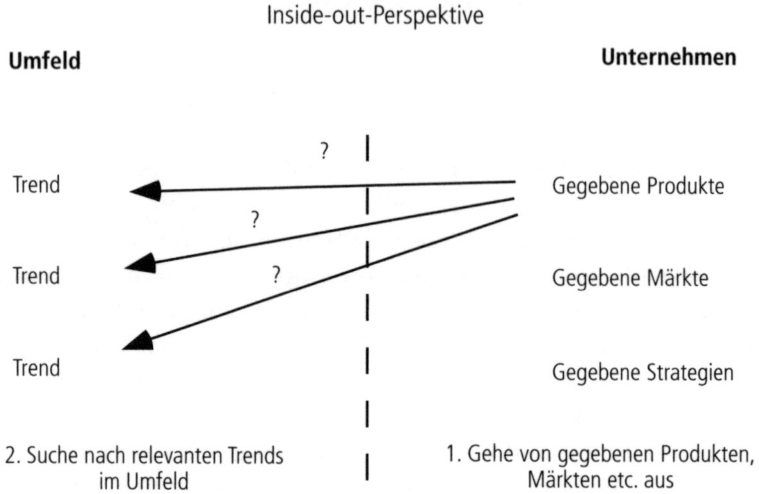

Abb. 7-2: Vorgehen bei Inside-out-Perspektive

Auch bei der Erkundung von Möglichkeitsräumen kann eine strikte Unterscheidung von Trends und Issues nicht bewerkstelligt werden. Was wir zunächst für Themen im Sinne von Trends ausführen, läßt sich ohne weiteres auf Issues übertragen; für letztere werden wiederum einige Zusatzüberlegungen relevant.

Potential-Synthese für Themen

Wie wir in Kapitel 4 gesehen haben, ist die Frage »Wohin geht *der* Trend?« nicht zielführend für eine Diagnose. Viel mehr dagegen interessiert, durch welches Vorgehen strategisch nutzbare Möglichkeitsräume generiert werden können. Im wesentlichen existieren folgende Formen, wenn man eine Outside-in-Perspektive anwendet:

- die Verkopplung von Themen zu größeren, in Zusammenhang stehenden Komplexen (»Themenlandschaften«) bzw. die Einbettung in größere Zusammenhänge (»big picture«);
- die Generierung von plausiblen neuen, kontextübergreifenden Assoziationen.

Verkopplung von Themen. Wenn aus der Tiefen-Analyse eine Reihe von Themen in ihren Assoziationsnetzen vorliegen, lassen sich diese auf ihre Querverbindungen untersuchen. Beispielsweise können die einzelnen Themen in einfacher Weise daraufhin überprüft werden, ob ihnen Motive bzw. Topoi gemeinsam sind. Hierdurch werden u.U. unbewußt wahrgenommene, aber noch nicht explizit gemachte Assoziationen offenbar. Wie sehr bestimmte Motive Andockstellen zwischen unterschiedlichen Themen bzw. Issues einnehmen, zeigt das Beispiel »Körper«, zu dem der Cultural-Studies-Forscher Andrew Ross folgendes ausführt: »Jedes breit angelegte Verständnis von ›Umwelt‹ und ›Umweltpolitik‹ muß auch die volle Bandbreite derjenigen Issues miteinschließen, die man unter dem Namen Körperpolitik kennt, da der Körper den Schauplatz aller modernen Machtbeziehungen darstellt: das Recht auf Versorgung im Krankheitsfall; Rechte der Reproduktion; Sexualpolitik; Ethik in der Biotechnologie; politische Aspekte von Immunsystem und Hautfarbe; Militarismus; staatliche Überwachung; Strafvollzug; Fragen von Arbeitssicherheit und Ernährung; und so weiter. Genau im Kontext dieser Umweltfragen empfinden die Menschen die Grenzen ihrer sozialen Entwicklung als besonders gravierend; und es sind gerade diese Bereiche, in denen die Individuen am leidenschaftlichsten politische Aktivitäten entfalten und das Gefühl haben, daß ihre Meinung und ihr Handeln die größte Wirkung besitzen.«[1]

Anders als Szenarien, die in der Regel ein umfassendes, konsistentes Bild einer möglichen Zukunft zu entwerfen suchen,[2] zeigen Themenlandschaften einen mehr oder weniger begrenzten Weltausschnitt; sie verkörpern gewissermaßen ein Cluster von Umfeldentwicklungen, die in den Vorstellungs- und Kommunikationswelten – bewußt oder unbewußt – in einem engen Zusammenhang stehen. Damit lassen sie sich unter ein bestimmtes Generalthema subsumieren. Die beteiligten Entwicklungen brauchen jedoch nicht nach bisherigen Maßstäben konsistent zu sein, sondern sollen im Gegenteil offenbaren, wie Trend und Gegentrend parallel auftreten. In Abbildung 6-3, die »Techno für Erwachsene« zeigte, war dieses Phänomen bereits in ersten Ansätzen zu sehen. Aus diesen Überlegungen sowie aus dem Mountainbike-Beispiel wird schließlich deutlich, daß die Grenzen zwischen komplexeren Einzeltrends und Themenlandschaften fließend sind: Je mehr Kontexte in ein Thema eingehen, desto mehr trägt es bereits die Züge einer Themenlandschaft.

Entwicklung neuer Themen. Eine Themenlandschaft zu generieren bedeutet also ein Stück weit, bereits unbewußt vorhandene Assoziationen zu nutzen. Man kann natürlich noch weitergehen und noch nicht vorhandene Assoziationen neu entwickeln, indem man sie erfindet und testet.

Da jedoch die Möglichkeiten für neue Verbindungen unzählig sind und man nicht weiß, wo man beginnen soll, sind zielführende Verfahren gefordert. Eine solches Verfahren ist zum Beispiel der Analogieschluß, also das Übertragen eines bestimmten Sachverhalts in einen anderen Kontext. Dies ist letztlich ja genau das, was das Wesensmerkmal des Neuen ausmacht. Wie aber kommt man zu schlagkräftigen Analogien? Untersuchungen aus dem Bereich der Computerlinguistik haben ergeben, daß sich Analogien sehr gut über Abstraktionen erzeugen lassen. Wenn wir also beispielsweise wieder von dem Mountainbike-Beispiel aus Abbildung 6-1 ausgehen, wäre eine geeignete Abstraktion, die dargestellte Trend-Konfiguration auf andere Arten von Fahrzeugen zu übertragen (Abb. 7-3). Wenn wir ein aktuelles »Fahrzeug« wie Inline-Skates dazu verwenden, kommt man zu so etwas wie Off-Road-Skates.

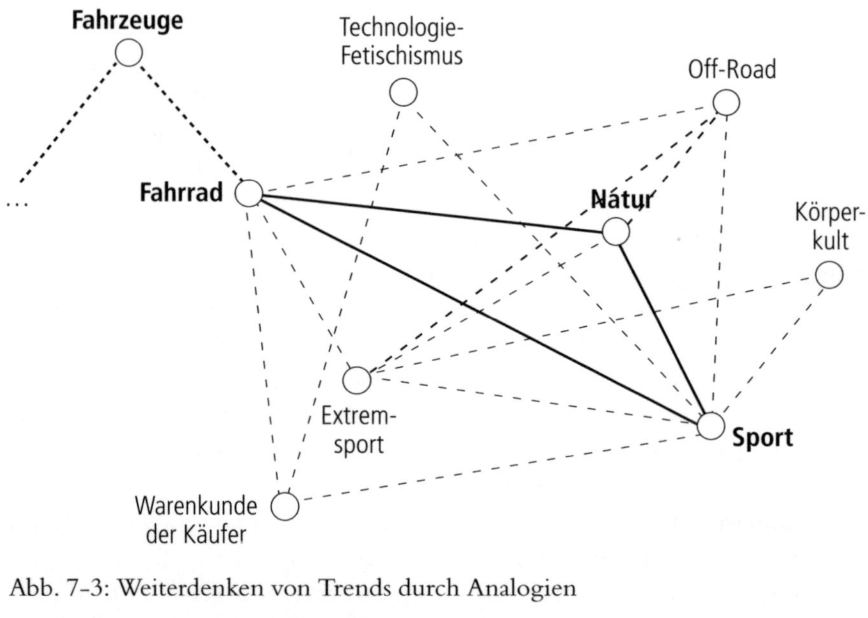

Abb. 7-3: Weiterdenken von Trends durch Analogien

Sind auf diese Weise kontextübergreifende Assoziationen erzeugt worden, lassen sie sich nicht nur auf intuitive Plausibilität untersuchen; auch läßt sich ein empirischer Test anschließen und per Monitoring ermitteln, ob

- sich durch diese Kontextualisierung Hinweise auf einen solches Thema in den Medien und Diskursen finden lassen;
- sich andere Themen erkennen lassen, denen über diese Kontextualisierung plötzlich eine Bedeutung zukommt;

– sich Evidenzen finden lassen, die als Konsistenzzerstörer oder Konsistenzförderer fungieren.

Im Falle des weiterentwickelten Mountainbike-Beispiels ergibt sich folgendes vorläufiges Resultat: Tatsächlich beginnen sich mittlerweile die ersten Generationen von sogenannten Cross-Country-Skates im Gelände auszubreiten. Und die zunehmende Neigung, Inline-Skater aus den Innenstädten zu verbannen, verstärkt die Neigung, im Gelände zu skaten. Im Gegenzug ist zu verzeichnen, daß Kommunen als Kompensation zum Wochenende ganze Straßenzüge sperren, um Skater-Events auszurichten. An ihnen nehmen z.B. in Berlin oder Paris regelmäßig Zehntausende teil. Wir sehen also, daß solche postulierten Themen die Wahrnehmung für Scanning und Monitoring beträchtlich zu schärfen vermögen.

Eine dem Analogieschluß verwandte Vorgehensweise zur Gewinnung kreativer Verknüpfungen ist die Nutzung von Metaphern. Denn letzten Endes, so konnten Kognitionswissenschaftler feststellen, scheinen uns Analogien um so zwingender, je plastischer die dahinterstehende Metaphorik ist.[3] Metaphern stellen ja nichts anderes dar, als den Versuch, über eine Kombination von bekannten Begriffen Neues, Ungewöhnliches oder schwer Begreifbares auszudrücken. Man denke nur einmal an den Begriff »Datenautobahn«. Balkin beschreibt die Funktionsweise der Metapher wie folgt: »Sie beginnt mit einer offensichtlichen Diskrepanz und endet mit dem Erkennen der Ähnlichkeit. Eine erfolgreiche Metapher transformiert eine falsche Gleichsetzung in eine passende Analogie.«[4] Insofern sichert die Metaphorik die Anschlußfähigkeit an Bekanntes und ist in der Lage, zugkräftige Etiketten zu generieren. Es überrascht daher nicht, daß »Cocooning«[5] als meistzitierter Trend, den jemals ein Trendforscher kreiert hat, pure Metaphorik darstellt.

Natürlich stellt sich die Frage, welche Assoziationen vor diesem Hintergrund überhaupt Sinn ergeben. Wenn man neue Verbindungen austestet, wird man ein typisches Verhaltensmuster feststellen. Zwar treten zunächst mehr oder weniger große kognitive Widerstände auf, bestimmte Sachverhalte oder Konzepte »zusammenzudenken«; aber nach einer Überlegens- und Gewöhnungsphase werden sie allmählich abgebaut – man versucht im wahrsten Sinne des Wortes »Sinn zu machen«. Der Mensch erweist sich damit als obsessiver Bedeutungssucher, der versucht, dem gemeinsamen Auftreten von Phänomenen und anderen Koinzidenzen im Umfeld Bedeutung zuzuschreiben und ein kohärentes Bild davon zu erzeugen. Eine solche Themenkonstruktion übt damit ein ähnliche Funktion wie Szenarien aus, die, einmal formuliert, späteren Ereignissen ihre Bedeutung verleihen, da diese Ereignisse nunmehr – beinahe zwanghaft – vor dem Hintergrund der zuvor entwickelten Szenarien wahrgenommen werden.

Hierzu ein Beispiel: Angesichts der Tatsache, daß Brillen zum Lifestyle-Accessoire geworden sind, hatten wir vor Jahren den damals provokanten Analogieschluß formuliert, daß ganz allgemein Prothesen zum Modeartikel werden.[6] In der Folgezeit haben sich die Anzeichen hierfür stark verdichtet. So versuchten beispielsweise Hörgeräte-Hersteller, ihre Produkte als Lifestyle-Artikel an eine immer jünger werdende Klientel zu verkaufen, die von zu häufigen Diskotheken- und Konzertbesuchen geschädigt ist. Die Prothese als neue ästhetische Option wird bei Künstlern wie etwa Matthew Barney oder Max Mohr thematisiert. Und als letzter Schrei der Modewelt galten zeitweise prothesentragende Models, z.B. bei Modedesigner Alexander McQueen.[7] Doch nirgendwo ist plastischer und suggestiver dargestellt worden, wie Prothesen, Operationsnarben und das kalte und verbeulte Autoblech als Objekte der Begierde fungieren können, als in David Cronenbergs skandalumwittertem Film *Crash*. Dieser konnte 1996 bei den Filmfestspielen in Cannes den Spezialpreis der Jury gewinnen.[8] Celia Lury geht nunmehr so weit, gar von einer »prothetischen Kultur«[9] zu sprechen. Evidenz hierfür liefern nicht zuletzt die neuen und in weiten Kreisen genutzten Formen der Körpermodifikation bzw. plastischen Chirurgie, die nunmehr einst wenig betroffene Gruppen (Jugendliche, Männer) und Körperpartien erreicht, sowie die massenhafte Anwendung von sogenannten »Lifestyle-Präparaten« gegen Impotenz, Haarausfall oder Übergewicht. Häufig werden alle diese Entwicklungen unter dem Etikett »Cyborgisierung« zusammengefaßt. Dieses geht zurück auf Donna Haraways Metapher »Cyborg«, die eine Mischung aus Frau und Maschine ausdrückt.[10]

Kurz, das »Erfinden« von Themen und der anschließende Plausibilitätstest ist, angesichts der Eigenschaften menschlicher Wahrnehmung, ein durchaus gangbarer Weg zur Antizipation von Trends und Issues. Hier wird auch deutlich warum Ansoff/Sullivan (Abb. 1-4) so stark die Notwendigkeit der Kreativität bei hohen Turbulenzgraden hervorhoben. In solchen Umfeldern ist es wichtig zu wissen, was man nicht weiß;[11] genau das wird durch das Erfinden ermöglicht, da durch die Formulierung des Erfundenen ein endlicher Rahmen für den prinzipiell unbegrenzten Suchraum des Scanning gesetzt wird.

Darüber hinaus existieren noch weitere Arten, systematisch zu identifizieren und zu erheben, was man nicht weiß. Diese kommen bei der Potential-Synthese mit einer Inside-out-Orientierung zur Anwendung (Abb. 7-2). Ausgangspunkt der Untersuchung aus dieser Perspektive sind die Gesten, die ein Unternehmen nach außen hin wahrnehmbar werden läßt – z. B. die Produkte, die verwendeten Technologien, die Unternehmensstrategie und die Kommunikationspolitik.[12] Es gilt nun, Kontexte zu finden, in denen diese Gesten wichtige strategische Folgen zeitigen. Ein besonders schlagkräftiges Verfahren zu deren Identifikation stellt die Negation dar: Das Nein, der Widerspruch, die Kritik verkörpert einen zentralen Treiber für Wandel und Fortschritt. Die Kritik aller Gesten wird damit zu einem wichtigen Instrument der Antizipation von Themen. Mit anderen Worten, Kritik wird zur Trendforschung.[13]

Die Kritik an einem Produkt schafft die Voraussetzung dafür, es umfassend in allen seinen Wirkungen beim Konsumenten zu verstehen. Es sind in vielen Fällen die unerwarteten Nebeneffekte eines Produkts, die über Erfolg oder Mißerfolg entscheiden. Eine solche Produktfolgenabschätzung muß das Produkt systematisch und in mehreren Stufen abprüfen.[14] Betroffen sind sowohl der tangible Bereich der physischen Produktion und Nutzung, als auch der symbolische Bereich von Image und Ästhetik. Das heißt, man erweitert sukzessive den Kontext, in dem sich das Produkt befinden wird und untersucht jeweils die Rolle des Produkts in diesem Gesamtzusammenhang. Untersucht werden muß jedoch nicht nur, welche Folgen seine regelgerechte Nutzung zeitigt. Als mindestens ebenso wichtig erweist sich die Frage nach seinem »Mißbrauch«. Damit sind keineswegs nur imagegefährdende Unglücksfälle wie beim Audi TT oder Fälle einer möglichen Produkthaftung gemeint, die in den USA besonders spektakuläre Ausmaße annehmen. Innovationen und neue Nutzungsbereiche resultieren häufig daraus, daß Produkte und Technologien vom Kunden umfunktioniert und damit ganz anders verwandt werden, als es in der Gebrauchsanleitung steht. Mit anderen Worten, die Konsumtion eines Produkts durch den Kunden muß als ein erneuter Produktionsvorgang verstanden werden, da erst hierdurch die endgültige Bestimmung des Produkts festgelegt wird.[15]

Dies betrifft zum einen die physische Nutzung, da Konsumenten oftmals in Ermangelung eines geeigneten Produkts das, was sie ohnehin zur Verfügung haben, kreativ zweckentfremden müssen. Beispielsweise wurde vor Jahren ein Billig-Beistelltisch von IKEA zum vielgesuchten HiFi-Zubehör, da ein beliebter Edel-Plattenspieler auf dieser Unterlage angeblich besonders gut klingen sollte. Zudem gibt es Angebote, die einer bestimmten Kundengruppe hochwillkommen sind, an die der Hersteller aber ursprünglich gar nicht gedacht hatte. So war die Mercedes A-Klasse von Anfang an weit erfolgreicher bei älteren Käufern als bei der »Zielgruppe« der jungen Familien, der die Marke eigentlich ein preiswertes Einstiegsmodell offerieren wollte. Viele Käufer jenseits der

60 Jahre besaßen wenig Motivation, sich in flache Coupés zu zwängen und empfanden das Modell als willkommene Gelegenheit, auch weiterhin Mercedes zu fahren. Dieses Prinzip gilt auch für Dienstleistungen und symbolische Produkte oder Entertainment. Denn die Bedeutung bzw. die symbolische Nutzung eines Produkts wird letztlich ebenfalls vom Käufer festgelegt. So wurde eine neue Jugendsendung im deutschen Fernsehen kaum von Jugendlichen konsumiert, sondern von Rentnern, die wissen wollten, was sie ihren Enkeln zu Weihnachten schenken sollten. Und vormals als bieder geltende Marken wie Jägermeister sowie die Billigartikel der Kaffeeketten werden im Zuge des Trends zum »White Trash« und zur »authentischen Inauthentizität« ironisierend als »cool« konsumiert.[16]

Wir haben es hier mit einer Art von verdecktem »Symbolkrieg« zwischen Herstellern und Konsumenten zu tun: Auf der einen Seite versuchen Hersteller ihre Marken bzw. Produkte mit praktisch beliebigen Bedeutungen aufzuladen; im Gegenzug deuten Konsumenten(gemeinschaften) die Produkte bzw. Marken in fast beliebiger Weise für sich um.[17] Eine Kontextanalyse tut daher aus Sicht der Hersteller Not, wenn die intendierten Kontexte in Gefahr sind, in jeder nur erdenklichen Weise unterwandert zu werden. Es empfiehlt es dann, systematisch abzufragen,

- in welchen Kontexten ein Produkt bzw. eine Marke potentiell genutzt werden könnte und
- welche Kontexte bzw. Ereignisse eintreten müssen, damit eine physische bzw. symbolische Produkteigenschaft maximale Schädlichkeit bzw. Nützlichkeit aufweist.

Vor dem Hintergrund dieser (Gebrauchs- und Mißbrauchs-)Szenarien läßt sich, wie bereits bei der Erfindung von Trends, ein entsprechendes Scanning und Monitoring betreiben. Dieses Vorgehen kann analog bei den übrigen Gesten – z.B. bei Technologien, Strategien oder der Kommunikationspolitik – erfolgen.

Bei allen Untersuchungen sollten nicht nur unmittelbare, sondern auch mittelbare Effekte berücksichtigt werden – insbesondere dadurch, daß die Produktions- und Verwendungskontexte systematisch erweitert werden.[18] Die Diskussion um genetisch veränderte Lebensmittel liefert hier ein gutes Beispiel, da auch Lebensmittel gekennzeichnet werden sollen, die mit genetisch veränderten Katalysatoren produziert wurden, welche gar nicht im Produkt enthalten sind. In diesem Zusammenhang entpuppt sich Abstraktion wieder einmal als eine nützliche Strategie zur Verallgemeinerung und damit zur Verbreiterung der Kontextbasis.

Bei einer solchen kontextbezogenen Betrachtung haben wir es mit einer anderen Form von Szenario-Erstellung als gewöhnlich zu tun. Im Unterschied zu globalen Umfeld-Szenarien, die eine Outside-in-Orientierung besitzen, wird hier eine konkrete Verbindung zum Unternehmen bzw. zum Produkt hergestellt; aber anders als bei Branchen- oder Unternehmensszenarien mit Inside-out-Orientierung können die betrachteten Kontexte weit in den sozio-kulturellen Bereich hineinreichen. Noch ein weiterer wichtiger Unterschied existiert: Die konventionelle Szenario-Technik hat zum Ziel, *konsistente* Zukunftsbilder zu entwerfen. Um Konsistenz bewerten zu können, muß man jedoch zwangsläufig mit Kausalitäten arbeiten und einen Trendbegriff unterstellen, der die Prognose einer Entwicklungsrichtung meint. Das Neue als Kontextphänomen, als das Paradoxe, als Vereinbarkeit vermeintlicher Gegensätze, wird in Szenarien oftmals gerade durch das Bemühen um Konsistenz ausgeschlossen. Das eigentliche Ziel, nämlich Überraschungen zu antizipieren, wird dadurch konterkariert. Beispielsweise hatten wir in Kapitel 4 gesehen, daß Individualisierung nicht einfach mit »alles wird individueller« oder »es gibt mehr Einpersonen-Haushalte« übersetzt werden darf. Was man vielmehr feststellen kann, ist ein komplexes Nebeneinander und Ineinander von Phänomenen, die man einst als widersprüchlich angesehen hatte: die Entbettung aus traditionalen sozialen Bindungen geht einher mit einer Neueinbettung in frei gewählte Teilzeitgemeinschaften, die parallel genutzt werden. Eine Szenario-Analyse, die hier auf Polarisierung setzt, auf entweder–oder statt auf sowohl–als-auch, verpaßt wegen einer auf veralteten Annahmen beruhenden Vorstellung von »Konsistenz« die zentrale Pointe der Entwicklung. Die Anwendung von bekannten Kausalmechanismen birgt immer die Gefahr, auf kaltem Wege die Welt von gestern in die Zukunft zu extrapolieren. Gefordert sind bei kontextbezogenen Szenarien daher nicht etwa Prognosen und Vorhersagen für ein nach herkömmlichen Maßstäben konsistentes Szenario, sondern ein gezieltes Spiel mit Annahmen und Kontexten, um die Bandbreite denkbarer Effekte gezielt auszuloten. Szenario-Entwicklung bedeutet daher experimentelles, divergentes Denken; wie beim Brainstorming hat die »Schere im Kopf« nichts zu suchen.

Potential-Synthese für Issues

Wenn solche Kontextszenarien erstellt werden, die den »worst case« bzw. »best case« abbilden, resultieren daraus Hinweise, ob ein Produkt zum Gegenstand eines Issue werden kann oder ob ein existierendes Issue sich hierdurch verändern würde. So hegen einige Pharmahersteller die Befürchtung, vom Streit um die Nutzung der Abtreibungspille Mifegyne, die dem von Hoechst vor Jahren in Deutschland nicht auf den Markt gebrachten Präparat RU486 entspricht, betroffen zu werden. Sie stellen Hormonpräparate her, die für eine ganze Reihe von therapeutischen Maßnahmen benutzt werden, aber nunmehr auch zur Unterstützung von Mifegyne verabreicht werden. Ebenso war der Fußballsponsor S. Oliver um seinen Ruf besorgt, als Trikots der Firma Nike wegen ihres Gehalts an Schwermetallen ins Gerede kamen. S. Oliver ist zwar Bekleidungshersteller, produziert indes nicht die Trikots der von ihm gesponserten Bundesligamannschaft.[19] Umgekehrt kann eine naheliegende Assoziation – aus welchen Gründen auch immer – völlig unbeachtet bleiben. Im Ringen um die Versenkung der Ölbohrplattform Brent Spar wurde in der Diskussion immer nur Shell angegriffen, nicht jedoch der Miteigentümer Esso. Einige Beobachter sehen Shell vor allem deshalb als das interessantere Ziel, weil das Unternehmen zum damaligen Zeitpunkt bereits wegen der politischen und sozialen Zustände im Förderland Nigeria öffentlich angeprangert worden war.[20]

In Kapitel 3 haben wir gesehen, daß sich Deutungsmuster von Issues zu größeren Bündeln konfigurieren lassen. Nach welchen Kriterien geschieht das nun im einzelnen? Eine naheliegende Verknüpfungsmöglichkeit besteht darin, daß ein und derselbe Stakeholder mit mehreren Issues zu tun hat bzw. davon betroffen ist. Von daher lohnt eine Bestandsaufnahme, welche Issues über eine personelle Identität als sachlich zusammenhängend, möglicherweise gar kausal, interpretiert werden können. Dies passiert vorwiegend dann, wenn sich rund um ein bestimmtes Issue Organisationen scharen, die als Koalition ein gemeinsames Interesse bekunden wollen. Ähnlich wie ihre unterschiedlichen Positionen zu ein und demselben Issue unter das Dach eines übergeordneten Deutungsrahmens eingebracht werden, können die von ihnen sonst noch vertretenen Issues im Rahmen dieser Koalition gebündelt und verknüpft werden. Dies entspricht dem Schritt vom thematisch fokussierten Aktionsbündnis bzw. »Single-Issue-Netzwerk« zur breiter angelegten »Bewegung«, was aufgrund dieser Koppelung fast zwangsläufig neue Stakeholder ins Spiel bringt. Eine solche Verbreiterung der Basis ließ sich insbesondere bei den massiven Protesten anläßlich der WTO-Konferenz 1999 in Seattle beobachten, wo die vielfältigen – ökologischen, ökonomischen, politischen, sozialen, etc. – Begleiterscheinungen der Globalisierung als Bündel von Issues aufs Tapet gebracht wurden.[21] Mit anderen Worten, Koalitionen von Stakeholdern zu untersuchen, darf sich nicht auf die zu erwartende Verschiebung der Kräfteverhältnisse beschränken, sondern muß immer die damit einhergehenden Möglichkeiten, Issues zu verknüpfen, miteinbeziehen. Im Umkehrschluß weisen Stakeholder mit ähnlichen Deutungen eines Issue eine besonders hohe Wahrscheinlichkeit auf, zu Koalitionspartnern zu werden.

Eine andere Möglichkeit, Issues zu verknüpfen, besteht darin, sie mit einem gleichen bzw. ähnlichen Deutungsmuster zu belegen. Beispielsweise haben die »Neuen Sozialen Bewegungen« ihre Anliegen typischerweise als Fragen von Identität formuliert.[22] »Identität« fungierte auf diese Weise als Generalmotiv, das verschiedenartigste Issues in ein und denselben Kontext gestellt hat. Insofern muß im Rahmen einer Potential-Synthese systematisch untersucht werden, ob ein Stakeholder das Deutungsmuster eines Issue auch auf andere Sachverhalte übertragen könnte. Auf diese Weise läßt sich nämlich eine Vereinnahmung vergleichsweise einfach bewerkstelligen bzw. eine Umdeutung bestehender Issues vornehmen.

Besonders augenfällig wird diese Vorgehensweise bei dem Versuch, ein und denselben prognostischen Deutungsrahmen wie ein Allheilmittel auf eine Vielzahl von Problemen anzuwenden. Ein gängiger prognostischer Deutungsrahmen lautet beispielsweise, daß Deregulierung bzw. Liberalisierung verkrustete Strukturen jeglicher Art aufbrechen kann. Damit dieser prognostische Deutungsrahmen sinnvoll angewendet werden kann, bedarf es einer Diagnose, die das Problem als primär ökonomisches Problem deutet. Eine einmal erfolgreiche Umsetzung, beispielsweise Deregulierung in einer bestimmten Branche, wirkt dann als Anreiz, dieses Bündel aus Problemlösung und Probleminterpretation auch anderweitig anzuwenden. Nicht nur verwandte Branchen, sondern auch andere Sektoren, wie etwa der Gesundheitsbereich, werden sodann anvisiert. Schließlich wird der Markt als universelles Heilmittel für alle lebensweltlichen Probleme angeführt. Unabhängig davon, welche Güte man den Lösungsvorschlägen tatsächlich zumessen mag, wird hier der Mechanismus deutlich: Es sind nicht Probleme, für die Lösungen entwickelt werden, sondern Probleme werden instrumentalisiert, um die allgemeine Verbreitung des eigenen Lösungsrezepts sicherzustellen. Es ist genau das Wesen des politischen Entrepreneurs bzw. des Issue-Entrepreneurs, daß er nach offenen Problemen sucht, um von ihrer Behandlung zu profitieren. Und da er in neuen Kontexten nach Problemen suchen muß, wenn sich in den angestammten Bereichen die Potentiale erschöpft haben, wird er auf diese Weise immer wieder zum überraschend auftretenden, buchstäblichen »stakeseeker«.

Ein Mittel, solche Effekte zu antizipieren, besteht darin,

– mit einem Repertoire von aktuell beliebten und erfolgreich ange-

wandten diagnostischen und prognostischen Deutungsrahmen gezielt zu spielen sowie
- auch die Stakeholder der Stakeholder in Betracht zu ziehen, soweit dies machbar erscheint.

Eine Vereinnahmung neuer Issues durch einen Stakeholder liegt in manchen Fällen auch aufgrund seiner innerorganisatorischen Zwänge nahe. Viele Organisationen einer sozialen Bewegung haben im Laufe der Zeit beträchtliche Kompetenzen im Bereich der Mitglieder- und Spendenwerbung entwickelt. Wenn ihre Arbeit Erfolg zeitigt und das von ihnen vertretene Issue infolge dessen wegfällt, existiert eine Organisation, der ihr Zweck abhanden gekommen ist. Es liegt dann nahe, sich auf andere »Geschäftsfelder« zu verlegen. Doch auch vorher schon kann der Gedanke entstehen, die erworbenen Kompetenzen für weitere »gute Zwecke« zu vervielfältigen. Denn durch diese Multiplikation entstehen nicht nur Größendegressionen im Verwaltungsbereich, sondern auch vielfältige Möglichkeiten der Quersubventionierung von Issues und eine verbesserte Mobilisierungsfähigkeit.

Dies bringt uns nach den inhaltlichen Fragen zum zweiten Untersuchungsbereich der Potential-Synthese, nämlich zu der Dynamik der Issues. Während bei der Potential-Synthese das bisherige Augenmerk vorwiegend den Entstehungsbedingungen neuer Issues bzw. Issue-Bündel galt, sollen nunmehr deren Diffusionsbedingungen eingeschätzt werden. Diese lassen sich erfassen über die Entwicklung der beiden Größen »issue salience« und »stakeholder salience«. Veränderungen in den Bestimmungsfak-

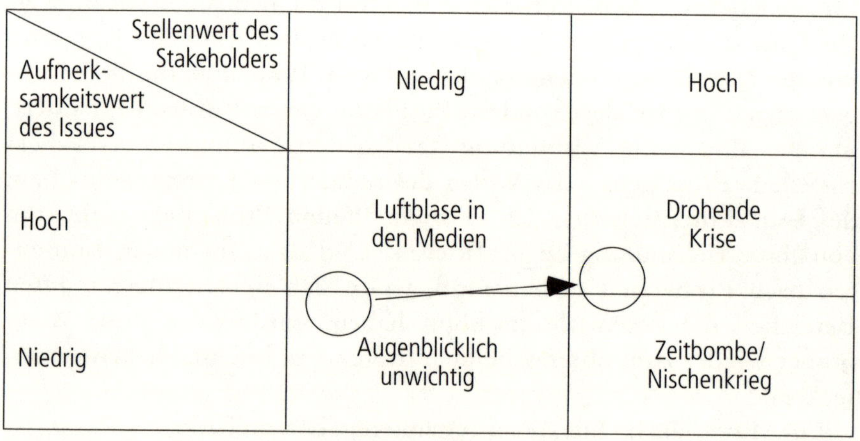

Abb. 7-4: Entwicklungen im Issue-Stakeholder-Portfolio

toren aus Abbildung 6-5 deuten auf eine Veränderung des Aufmerksamkeitswerts eines Issue hin. Die in Kapitel 3 aufgeführten Zusammenhänge bilden hierzu die Grundlage. Es sei jedoch davor gewarnt, bei gegenläufigen Effekten von einfachen Kompensationseffekten auszugehen, so daß letzten Endes eine entsprechend verringerte Reaktion die Folge wäre. Denn die einzelnen Zusammenhänge beruhen nur auf Wahrscheinlichkeiten. Wie bei anderen Worst-Case- bzw. Best-Case-Szenarien lohnt es daher, separat zu untersuchen, was passieren würde, wenn alle den Aufmerksamkeitswert steigernden bzw. senkenden Effekte zusammenkämen. Eine Bandbreite von potentiellen Entwicklungen, also letztlich wieder die Generierung von Möglichkeitsräumen, ist daher das Ziel. Bei den Stakeholdern kann analog untersucht werden, ob sich bei einem Stakeholder eine Wanderbewegung von einem Stakeholder-Typ zu einem anderen ergibt. Dies läßt sich in der Matrix (Abb. 7-4) zusammenfassend veranschaulichen.

8 AGENDA-BUILDING: WIE THEMEN PRIORISIERT WERDEN

Agenda-Building verkörpert den abschließenden Teil der Issue-Diagnose. Die aus Tiefen-Analyse und Potential-Synthese resultierenden Beschreibungen von aktuellen und potentiellen Issues, Themenlandschaften und Szenarien sind nun auszusortieren und geeignet zu priorisieren. Denn ein Unternehmen verfügt weder über die personellen und finanziellen Ressourcen, um ein beliebig umfangreiches Portfolio von Issues zu handhaben und in die Strategie-Entwicklung einzubeziehen, noch kann das Top-Management einer solchen Zahl von strategisch relevanten Themen ausreichend Aufmerksamkeit schenken. Allgemein wird daher gefordert, sich auf dringende und wichtige Issues zu beschränken und als weiteres Ergebnis der Issue-Diagnose eine Einteilung in Kategorien wie »Chancen« und »Gefahren« anzustreben.

An dieser Stelle lohnt es jedoch, sich an die geringe Erklärungskraft der Deprivationstheorie zu erinnern. Wie wir in Kapitel 3 gesehen haben, besteht nur ein sehr locker geknüpfter Zusammenhang zwischen dem Ausmaß der Deprivation, der öffentlichen Agenda sowie der Agenda der politischen Entscheidungsträger. Das gilt auch für Issues in Unternehmen, wo nicht immer die wichtigsten und drängendsten strategischen Issues oben auf der Tagesordnung stehen. Mit anderen Worten, es ist ein rationalistischer Fehlschluß, daß Issues in einfacher Weise nach ihrer »objektiven« Wichtigkeit und Dringlichkeit priorisiert werden könnten, um sodann zum Gegenstand von strategischen Entscheidungen zu werden.[1] Vielmehr vernachlässigt dies kognitive und mikropolitische (Neben-)Effekte, die den Prozeß des Agenda-Building bisweilen beträchtlich dominieren. Das heißt, die Implementierung eines Issue-Management muß solche Kontextfaktoren berücksichtigen, wenn dieses Instrument zielführend arbeiten soll.

Genauso, wie man bei öffentlich diskutierten Issues aus der Beschreibung ihres Entstehens und Verbreitens wichtige Hinweise für das (praktisch-normative) Vorgehen bei der Analyse erhält, können aus der Beschreibung bisheriger Agenda-Building-Prozesse Schlußfolgerungen für die zielführende Gestaltung der Issue-Priorisierung abgeleitet werden. Jede Issue-Diagnose, die diese möglichen Quellen von »Aufklärungsversagen« ignoriert, muß sich letztlich entgegenhalten lassen, naiv vorzugehen. Inhalte und Prozesse, so wurde schon bei der Beschreibung der

Karriere von Issues deutlich, sind unauflöslich miteinander verquickt und lassen sich gedanklich nicht sinnvoll trennen.

Von den Resultaten aus der Forschung zum Agenda-Setting kann daher der Prozeß des Agenda-Building im Unternehmen viel profitieren. Denn auch unternehmensintern finden in bezug auf Issues Mobilisierungsprozesse – vornehmlich von seiten des Mittel-Managements – statt. Sie haben meist zum Ziel, das Top-Management von der Wichtigkeit eines Issue zu überzeugen. Wie bei Produkten bzw. bei öffentlichen Issues bedarf es dazu einer geeigneten Verpackung bzw. Etikettierung, um ein Thema strategischer Tragweite erfolgreich zu verkaufen und Konsens zu mobilisieren[2] – was in besonderer Schärfe für die in der Potential-Synthese entwickelten potentiellen Issues und Themenlandschaften zutrifft. Wie im Falle der Medienberichterstattung über Issues könnte man diesen Prozeß als »Agenda-Setting« begreifen; ganz analog geht es darum, welche Issues und Deutungsmuster sich auf dem – unternehmensinternen – Markt der strategischen Issues durchsetzen. Denn ob ihrer Vieldeutigkeit sind auch strategische Issues umstritten, was ihren Inhalt, ihre Auswirkungen und ihre zeitliche Brisanz angeht.

Wie beim Agenda-Building im politischen Bereich werden bei Unternehmen letzten Endes drei interagierende Prioritätslisten relevant: die Agenda des Mittel-Managements und die Agenda des Top-Managements sowie die Agenda des Unternehmensumfelds (Abb. 8-1). Letztere ist der

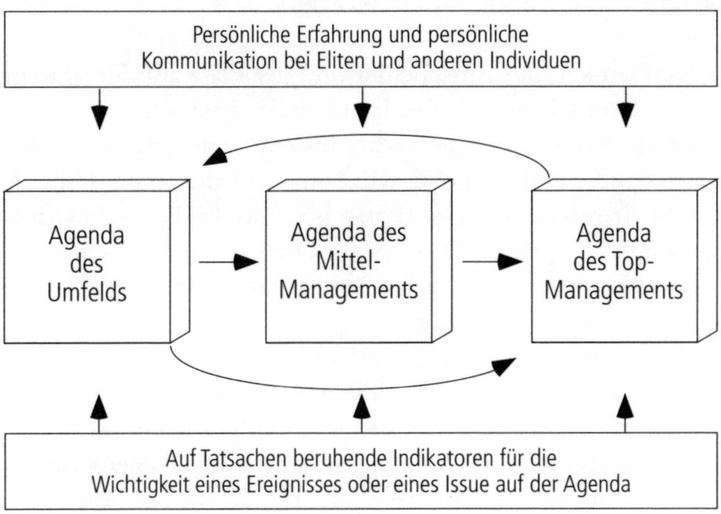

Abb. 8-1: Agenda-Building im Unternehmen

Einfachheit halber als ein Block dargestellt; wie wir jedoch in Abbildung 3-4 gesehen haben, besteht sie selbst aus einem ähnlich aussehenden Geflecht von Prioritätsordnungen.

Die kognitiven und mikropolitischen (Neben-)Effekte existieren weitgehend unabhängig davon, ob ein formaler Issue-Management-Prozeß implementiert ist oder die strategische Agenda, die es ja immer gibt, in informaler Weise zustande kommt. In diesem Kapitel soll daher herausgearbeitet werden, wie formale Issue-Management-Systeme und die organisatorischen Rahmenbedingungen gestaltet werden können, um die verzerrenden Effekte abzumildern. Hierzu wird zunächst gezeigt, welche Form die kognitiven und mikropolitischen Mechanismen besitzen und wie sie auf die Interpretation und Karriere von Issues im Unternehmen wirken. Beispielsweise sind hier die Fragen zu klären,

- welche Deutungsmuster und Kontexte mobilisierend wirken und ein Issue besonders schnell auf die strategische Agenda befördern oder
- welche Rolle eine Präjudizierung von Issues als Chance oder Bedrohung für die weitere Entscheidungsfindung spielt.

Aus den Einflußfaktoren des Agenda-Building soll entwickelt werden, wie der Zusammenhang von Prozeß und Inhalten zu fassen ist und welche Folgerungen für die Implementierung der Issue-Diagnose resultieren.

Zur Karriere von Issues in Unternehmen

Die Aufmerksamkeit der Entscheider und der Platz auf der strategischen Agenda des Unternehmens stellen limitierende Faktoren dar, um die eine entsprechende Konkurrenz herrscht. Insbesondere Jane Dutton hat in zahlreichen Studien untersucht, wie Issues auf die strategische Agenda gelangen. Sie hat dabei zwei Aktivitäten ermittelt, die in diesem Prozeß eine zentrale Rolle spielen. Diese Aktivitäten zeigen beträchtliche Parallelen zum Aufkommen öffentlicher Issues, das der erfolgreichen Mobilisierung von Konsens und Ressourcen bedarf: Erstens, Issues müssen an das Top-Management regelrecht »verkauft« werden; und zweitens gilt es, dabei geeignete Koalitionen zu bilden, welche das Issue promoten. Denn nicht nur unterschiedliche Issues aus dem Umfeld stehen in Konkurrenz zueinander um die knappe Aufmerksamkeit des Managements und um einen Platz auf der strategischen Agenda. Die Agenda enthält auch Issues in Form strategischer Projekte, welche ganz anderer Herkunft sind, etwa generiert im Controlling.

Es überrascht nicht, wenn die Untersuchungen von Dutton den Aufmerksamkeitswert eines Issue (»issue salience«) als wesentlichen Treiber des Agenda-Building herausgefiltert haben. Lediglich die Faktoren der Ressourcenmobilisierung differieren aufgrund der stärker hierarchischen Organisation von Unternehmen. Duttons Ergebnisse gehen aber insofern über die Ergebnisse der Kommunikationsforschung zum Agenda-Setting hinaus, als sie auch über die Effekte, die von der Struktur der Agenda ausgehen, Aussagen treffen kann. Die Hypothesentests von Dutton, die auf Basis des in Abbildung 8-2 dargestellten Modells durchgeführt wurden, ergaben insgesamt folgendes:[3] Die Wahrscheinlichkeit, daß ein Issue auf die strategische Agenda gelangt, ist umso höher,

- je größer der Aufmersamkeitswert des Issue im Unternehmen ist, d. h. je größer die wahrgenommene Auswirkung, je allgemeiner und abstrakter das Issue formuliert, je geringer die wahrgenommene Komplexität und je größer Unvermitteltheit und Dringlichkeit sind;
- je stärker das Issue persönliche Unterstützung im Unternehmen findet, d. h. je größer die Macht des Issue-Promotors und je größer die persönliche Bindung des Promotors an das Issue ausfällt;
- je günstiger sich die Konfiguration der aktuellen Agenda darstellt, d. h. je größer der Umfang der bisherigen Agenda und je größer die Vielfalt der Issues der bisherigen Agenda ist.

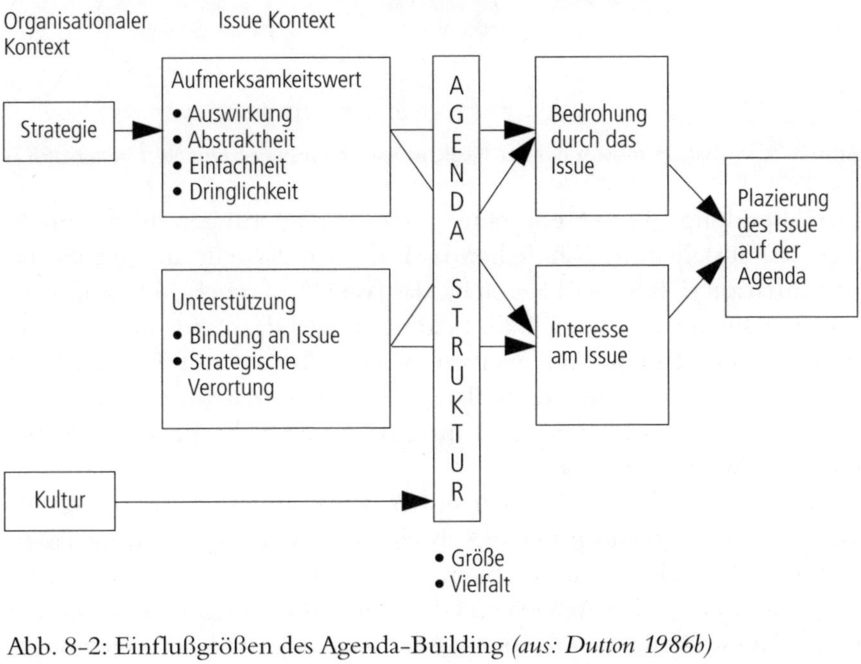

Abb. 8-2: Einflußgrößen des Agenda-Building *(aus: Dutton 1986b)*

Eine entscheidende Rolle für das Agenda-Building spielen die Wahrnehmungen der Entscheidungsträger bzw. Issue-Promotoren. Die wahrgenommene Dringlichkeit eines Issue sowie dessen wahrgenommene Bewältigbarkeit führen zu klar identifizierbaren, deutlich unterschiedenen Reaktionsmustern einer Organisation zu deren Bewältigung (Abb. 8-3).[4] Dabei hängt die wahrgenommene Bewältigbarkeit eines Issue wiederum ab von der Einschätzung des eigenen Verständnisses von einem Issue sowie der Einschätzung der eigenen Fähigkeit, es zu bewältigen.

		Wahrgenommene Machbarkeit	
		Niedrig	Hoch
Wahrgenommene Dringlichkeit	Niedrig	Keine Reaktion	Opportunistische Maßnahmen
	Hoch	Maßnahmen zur Bewältigung oder Abwehr	Maßnahmen der Neuorientierung

Abb. 8-3: Verhaltensmuster bei der Reaktion auf Issues *(aus: Dutton / Duncan 1987)*

Der Abbildung läßt sich entnehmen, daß Veränderungen umso grundlegender ausfallen, je dringlicher das Issue sich darstellt und je eher die Organisation sich in der Lage sieht, das Issue erfolgreich zu bewältigen. Darüber hinaus tendieren Entscheidungsträger dazu, bei »interdependent« erscheinenden, weil weitverzweigten Issues u.U. beträchtliche Investitionssummen bereitzustellen, während die Kategorisierung eines Issue als »isoliertes Phänomen« häufig nach sich zieht, daß sich das Interesse in Wohlgefallen auflöst.[5]

Noch nicht geklärt haben wir bisher den Faktor »Kultur« aus Abbildung 8-2, der sich noch präziser als »Identität der Organisation« fassen läßt. Hier handelt es sich um einen Filtermechanismus, der auf die Passung von strategischer Agenda und der Identität der Organisation abstellt und auf diese Weise die inhaltliche Akzentsetzung – d.h. den Deutungsrahmen – und die wahrgenommene Wichtigkeit von Issues nachhaltig bestimmt.[6] Letztere ist umso größer,[7]

- je mehr erwartet wird, daß die erforderlichen Maßnahmen der Identität einer Organisation zuwiderlaufen;
- je mehr erwartet wird, daß das Issue Merkmale der Organisationsidentität betrifft, die die Wertschätzung der Organisationsmitglieder genießen.

Mit anderen Worten, auf der strategischen Agenda eines Unternehmens befinden sich vorzugsweise Issues, die mit der (strategischen) Identität der Organisation verknüpft sind. Das geht hinunter bis auf die individuelle Ebene:[8] Existiert ein hohes Maß an Konsonanz zwischen organisationaler Identität und Image sowie den Vorstellungen der Individuen, wer sie sind und wofür sie stehen, liegt eine sehr persönliche Verbindung zwischen organisationalem Handeln und individueller Motivation nahe. Damit geht einher, daß Individuen ein persönliches Interesse daran haben, ihre Organisation auf etwas auszurichten, von dem sie glauben, daß es das Wesen dieser Organisation sei. Gleichzeitig wirkt der Identitätsbezug des Issue auch auf die Neigung, ein Issue zu bewältigen. Denn die Motivation, Aktionen zu ergreifen, ist umso größer,

- je eher das Issue mit den als attraktiv eingeschätzten Facetten der Organisationsidentität konform geht und
- je eher Reaktionen auf das Issue versprechen, unattraktive Züge der Organisationsidentität zu beseitigen.

Bei all diesen Mobilisierungs- und Entscheidungsprozessen spielt die Etikettierung des Issue eine zentrale Rolle. Anders als bei Issues im öffentlichen Bereich geht es jedoch nicht nur um einen zugkräftigen Namen, der es leicht kommunizierbar macht. Mit einer solchen Kontextualisierung sind sehr unterschiedliche Verhaltensweisen verbunden: Wird ein Issue als rein moralische Frage (»moral issue«) eingeordnet, löst es andere Interpretations- und Handlungsroutinen aus, wie wenn es als eine für das Geschäft relevante Frage (»business issue«) verhandelt würde.[9] Mindestens ebenso starke Differenzen ergeben sich durch die Kategorisierung in »Chance« versus »Bedrohung«.[10] Die Etikettierung als »Bedrohung« fördert beispielsweise das analytische, konvergente Denken bei der Issue-Diagnose, eine Etikettierung als »Chance« begünstigt das kreativere, divergente Denken bei der Generierung von Lösungsansätzen. Darüber hinaus wird von dieser Kategorisierung nachhaltig beeinflußt, wie stark sich Manager mit einem Issue beschäftigen, sich damit identifizieren und bereit sind, Risiken einzugehen.[11]

An welche Voraussetzungen ist die Möglichkeit einer Kontextualisierung als Chance geknüpft? Unternehmen unterscheiden sich beträchtlich in der Art und Weise, wie eine solche Kontextualisierung geschieht. Offensichtlich hängt sie von der internen Legitimität bestimmter Interpretationen ab. Dies hat wesentlich mit der Identität der Organisation zu tun, die sich niederschlägt in Ideen, Weltsichten, Kausalzuweisungen und Metaphern, die zur Definition, Interpretation und Legitimation von Issues benutzt werden.[12] Je größer die Vielfalt, die hierbei zur Verfügung steht, desto größer auch der Möglichkeitsraum für den Issue-Promotor, hieraus ein Deutungsmuster im Sinne einer »Chance« zu generieren und eine Rechtfertigung zu formulieren, warum das Issue in positiver Weise gesehen werden soll. Darüber hinaus ist, wie Abbildung 8-2 zeigt, die Größe und Vielfalt der existierenden strategischen Agenda ein weiterer wichtiger Faktor. Je umfangreicher die (maximal mögliche) Agenda ausfällt, desto leichter wird es sein, unterhalb dieser Grenze noch weitere Issues auf die Agenda zu bringen. Das Problem besteht nämlich darin, daß Probleme bzw. Issues, die als Bedrohungen kontextualisiert sind, tendenziell leichter in die strategische Agenda einbezogen werden. Dagegen wird die Wahrscheinlichkeit der Einbeziehung eines Chancen-Issues größer, wenn sich bereits verwandte Issues, die ebenfalls als Chance kontextualisiert sind, als Issues auf der Agenda befinden und damit Legitimität besitzen.[13]

Wie öffentlich verhandelte Issues sind also auch strategische Issues als soziale Konstruktionen aufzufassen. Dies kann durch kognitive und mikropolitische Sachverhalte und Eigenheiten gerechtfertigt werden. Kognitiv insofern, als selbst faktisch klar definierte Issues meist in ihren Konsequenzen inhaltlich mehrdeutig und interpretationsfähig sind; mikropolitisch insofern, als Individuen und Gruppen motiviert sind, organisationale Issues in bestimmter Weise zu interpretieren und sie als Vehikel für persönliche Interessen zu nutzen. Eine Verbindung mit dem »richtigen« Issue zur »richtigen« Zeit kann das Sprungbrett einer Karriere bedeuten, ein falsches Timing ihren Knickpunkt.

Trotz der Möglichkeiten einer bewußten Deutung von Issues herrscht in vielen Fällen ein Quasi-Automatismus bei der Kategorisierung von Issues vor. Dies gilt insbesondere dort, wo Routinen zur Interpretation von Issues entwickelt und eingeführt wurden – was ironischerweise häufig durch Implementierung eines Issue-Management passiert. Ein solcher – absichtlicher oder unabsichtlicher – Automatismus mag zwar schnell und effizient ablaufen, gerät aber in die Gefahr, sich unbemerkt und unreflektiert auf althergebrachte, liebgewonnene Schemata zu stützen.[14] Die Tragweite ist jedoch beträchtlich, da eine Kategorisierung in Chance oder Bedrohung sowohl die Wahrscheinlichkeit, auf die Agenda zu gelangen, beeinflußt, als auch je unterschiedliche Handlungsroutinen auslöst. Insofern muß man die Frage stellen, ob ein solches Issue-Management angesichts seiner Rigiditätseffekte nicht letztlich das Problem ist, für dessen Lösung es sich ausgibt.

Schlußfolgerungen für die interne Kommunikation und Diagnose von Issues

Man könnte den Eindruck haben, daß wegen der vielfältigen (Neben-)Effekte die strategische Agenda wenig intentionalen Charakter besitzt, also wie zufällig emergiert. Dies ist jedoch nur bedingt richtig; die Agenda ist natürlich bei einer systematischen Diagnose von Issues nicht-emergent, aber gleichzeitig wegen vielfältig wirksamer Kontextfaktoren auch nicht-nicht-emergent.[15] Daraus resultieren zwei Management-Probleme, die auf unterschiedlichen Ebenen angesiedelt sind:

Das Top-down-Problem (des Top-Managements). Wie kriege ich die wichtigen Issues in die Köpfe der Mitarbeiter, und wie sensibilisiere ich sie für die strategischen Implikationen? Und wie etabliert man Frühaufklärung bzw. Issue-Orientierung als strategische Grundhaltung?

Das Bottom-up-Problem (des Mittel-Managements). Wie kriege ich ein wichtiges Issue auf die strategische Agenda des Top-Managements, und wie erzeuge ich Sensibilität dafür? Mit anderen Worten, das Problem ist oft nicht, wie man die unteren Ebenen dazu bringt, Scanning und Monitoring zu betreiben, sondern wie man das Top-Management dazu bringt, den Ergebnissen des (freiwilligen) Scanning der Mitarbeiter die gebührende Aufmerksamkeit zu schenken.

Beginnen wir mit dem Top-down-Problem. Die hier aufgeworfenen Fragen nach einem Wandel der Organisation, der auf Issues im Unternehmensumfeld zurückzuführen ist, weisen ein hohes Maß an Verwandtschaft mit dem Prozeß der Strategieformulierung auf. Zunehmend wird für diesen Bereich betont, wie eng der Inhalt von Strategie und der (Formulierungs- und Umsetzungs-)Prozeß von Strategie ineinandergreifen; ja streng genommen können sie in praxi nicht voneinander unterschieden werden. Diese notwendige Verquickung ist Quelle von vielfältigen Mißverständnissen. Denn typische Reaktionen auf strategische Veränderungen und Neuausrichtungen, die von solchen Mißverständnissen geprägt sind, bestehen in:

Furcht. Sie drückt sich aus in Fragen wie »Welche Bedeutung hat die neue Strategie bzw. das Issue für mich?« oder »Muß ich in Zukunft etwas ganz anderes machen?«.

Ignoranz. Sie kommt in Kommentaren wie »Was soll daran neu sein?« oder »Das machen wir bereits seit Jahren!« zum Tragen.

Gemeinsam ist beiden Reaktionen bzw. Reaktanzen, daß sie sich ausschließlich auf die Inhalte der Arbeit beziehen und nicht auf das »Wie« abstellen.[16] Denn die Frage muß nicht so sehr heißen »Was machen wir Montag Morgen?« sondern – eine kleine, aber entscheidende Differenz – »Was machen wir Montag Morgen *anders*?« Hier wird deutlich, wie Inhalt und Prozeß in einer (Issue-)Strategie miteinander verwoben sind. Es gehört daher zu den zentralen Aufgaben des Top-Managements, bei einem in Top-down-Richtung erfolgenden Agenda-Building und bei der nachfolgenden Strategie-Entwicklung diese Übersetzungsleistung gemeinsam mit den Mitarbeitern zu erbringen. Nur wenn umfassend durchdekliniert ist, was ein Issue und die damit verbundenen Maßnahmen für jeden einzelnen bedeuten, steht ein Implementierungserfolg überhaupt in Aussicht.

Das Bottom-up-Problem ist mindestens ebenso diffizil. Manager können die Bedeutung von strategischen Issues – und mithin die sich daran anknüpfenden organisationalen Reaktionen – aktiv beeinflussen, indem sie bestimmten Attributen eines Issue zu erhöhter Aufmerksamkeit verhelfen. Dies legt nahe, daß Sprachregelungen, und im besonderen Issue-Etiketten, sowohl symbolischen als auch instrumentellen Wert besitzen. Das Etikettieren von Issues bestimmt nicht nur die emotionalen Reaktionen der Entscheidungsträger auf ein Issue, sondern es setzt auch vorhersehbare kognitive und motivationale Prozesse in Gang, die Entscheidungen und Organisationen in absehbare Richtungen lenken.[17] Dutton plädiert dafür, die (positive) Dynamik eines als Chance etikettierten Issue bewußt zu nutzen und Issues so weit wie möglich in dieser Weise zu deuten. Aus einer Vielzahl von empirischen Studien destilliert Dutton insgesamt vier wesentliche Effekte heraus, die bei der Deutung als Chance aktiviert werden (Abb. 8-4):[18]

Der Glamour des Positiven. Issues, die als Chance gedeutet werden und auf diese Weise positiv bewertet sind, setzen kreative Kräfte und Problemlösungsstrategien frei und fördern einen verantwortungsbewußten Umgang mit Risiken.

Überspielen von Bedrohungen. Bei der Interpretation von Issues als Bedrohung besteht bei Entscheidern typischerweise die Neigung, erlernte Verhaltensweisen reflexartig anzuwenden und stereotype Verhaltensprogramme automatisch abzuspulen.[19] Die Interpretation von Issues als Chance kann das verhindern, weil sie in der Regel nicht nur positive Erfolgsaussichten gibt, sondern auch gleichzeitig das Gefühl der Bedrohung ausräumt.

Übertragen organisationaler Werte. Chancen stellen einen gutes Mittel dar, um einer Organisation Sinn zu kommunizieren. Sie verstärken in einer Organisation auf diese Weise das Gefühl für Legitimität, wirken motivierend auf die Mitarbeiter und stärken organisationale Werte. Hierdurch können Mitarbeiter stärker in den Issue-Management-Prozeß involviert werden, und ihre Sensibilität gegenüber Issues wird zunehmen.

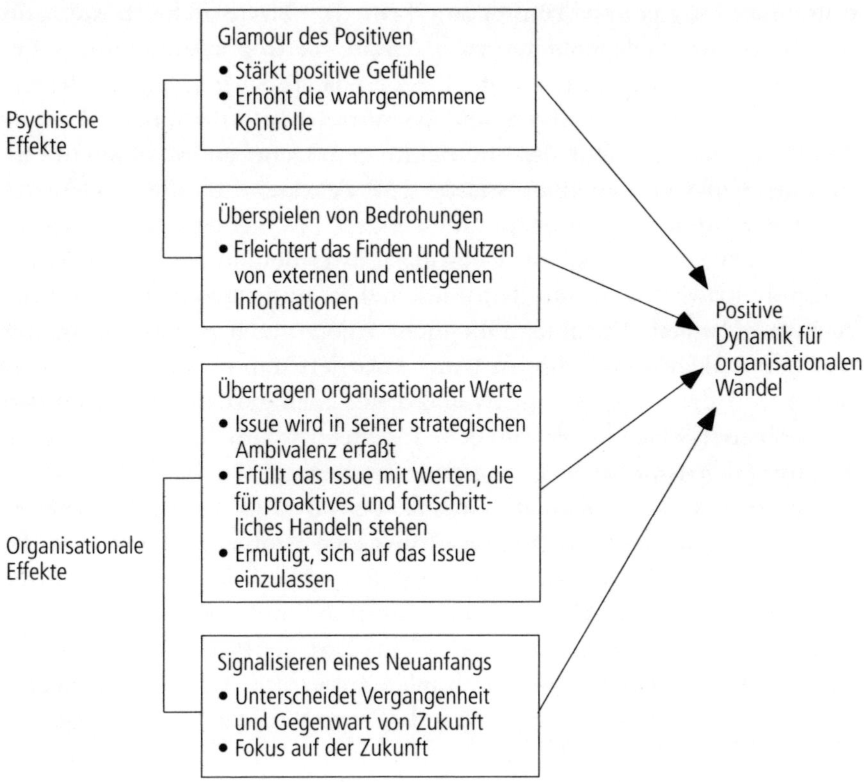

Abb. 8-4: Positive Kraft der Deutung von Issues als »Chance« *(aus: Dutton 1993a)*

Signalisieren eines Neuanfangs. Das Deutungsmuster der Chance verschiebt den zeitlichen Fokus der Betrachtung von der Gegenwart auf die Zukunft. Dies ist insbesondere dann von Vorteil, wenn es gilt, die Aufmerksamkeit weg von einer als »schlecht« oder wenig erfolgreich empfundenen Vergangenheit oder Gegenwart zu lenken. Statt dessen winkt dann eine verheißungsvolle Zukunft, die als Motivator fungiert. Weick weist darüber hinaus darauf hin, daß mit einer solchen bewußten Zukunftsorientierung Veränderungsbarrieren überwunden werden können.[20] Denn mit Zukunft ist eine weit weniger detaillierte Problembeschreibung verbunden als mit der Gegenwart – und es sind gerade solche Details, an denen sich die Veränderungsbarrieren festmachen lassen.

Für den Issue-Entrepreneur im Unternehmen existiert neben der Chancen-Etikettierung eines Issue als weitere Möglichkeit des Agenda-Setting das bewußte Nutzen der Bestimmungsgrößen des Aufmerksamkeitswerts (Abb. 8-2). Ein vorheriges gezieltes Abgreifen dieser Faktoren kann dazu dienen, den potentiellen Aufmerksamkeitswert im Unternehmen zu ermitteln und strategische Fenster zu erkennen.[21] Strategische Fenster, also besonders gute Gelegenheiten zum Agenda-Setting, resultieren aus Ereignissen im Unternehmensumfeld, denen das Top-Management Brisanz beimißt, wie z.B. das Aufkommen unerwarteter Informationen oder Leidensdruck durch krisenhafte Entwicklungen. Daneben existieren in Organisationen routinemäßige strategische Fenster, z.B. die Zyklen der Geschäftsplanung und Budgetierungsrunden. Nach einer solchen Analyse ist klarer, welche Issues bzw. Deutungsmuster besonderes Aufmerksamkeitspotential besitzen und damit mit hoher Wahrscheinlichkeit auf die Agenda gelangen. Darunter fällt nicht zuletzt auch die Kenntnis, mit welchen Stakeholder-Gruppen Issues assoziiert sein müssen, um akzeptiert zu werden. Gegebenenfalls sind daher auch gezielte Spiele mit den Faktoren der »stakeholder salience« indiziert, sofern die Freiheitsgrade aufgrund der »issue salience« zu gering erscheinen.

Streng genommen handelt es sich bei dem Bottom-up-Problem ebenfalls um ein, wenngleich latentes, Top-down-Problem. Denn es ist die ureigenste Aufgabe des Top-Managements, soweit wie möglich günstige Rahmenbedingungen für ein Agenda-Setting durch das Mittel-Management zu schaffen, insbesondere wenn kein formaler Prozeß des Issue-Management und Agenda-Building implementiert ist. Als günstige, beeinflußbare Kontextfaktoren für Agenda-Setting wurden in empirischen Studien identifiziert:[22] der (wahrgenommene) Wille des Top-Managements zuzuhören, eine unterstützende Kultur sowie Veränderungen in der Organisation. Zu den ungünstigen Kontextfaktoren zählen dagegen drohendes oder bereits im Gange befindliches Downsizing sowie eine konservative Kultur. Die Furcht vor negativen Konsequenzen spiegelt sich im Risiko eines Image-Verlustes wider, das von drei Faktoren wesentlich bestimmt wird: politische Verwundbarkeit, Verletzung unternehmensinterner Normen sowie eine nur entfernte Beziehung zwischen dem Issue-Entrepreneur und seinem »Target« im Top-Management.

Neben den allgemeinen Rahmenbedingungen des Agenda-Building interessiert insbesondere die weitere Gestaltung der Issue-Diagnose. Aus den Ergebnissen stellt sich nämlich die grundsätzlichere Frage, ob denn überhaupt eine Einsortierung in vorgefertigte Kategorien, insbesondere in »Chancen« und »Risiken«, stattfinden soll. Klar ist, daß Issue-Management nicht nur in der öffentlichen Arena einem Wahrnehmungsmanagement der Akteure unterliegt, sondern auch die Karriere von Issues im Unternehmen nach einer solchen Logik funktioniert. Für die Gestaltung eines Issue-Management muß das folglich heißen, die Bandbreite der Wahrnehmungen so lang wie möglich offen zu halten und nicht fahrlässig Präjudizierungen zu erzeugen. Nach eben dieser Prämisse hatten die in den Kapiteln 6 und 7 vorgestellten Methoden der Tiefen-Analyse und Potential-Synthese funktioniert. Nur auf diese Weise konnte sichergestellt werden, dem Charakter des Neuen bei Trends und Issues Rechnung zu tragen und einen bewußten Diagnoseprozeß zu gewährleisten. Für die (effiziente und zielführende) Kommunikation im Unternehmen sind zwar Etiketten unerläßlich; gefährlich wäre es indes, diese Etiketten auf wenige Kategorien einzudampfen; warum sollte nicht im Gegenteil eine Kreation neuer Etiketten stattfinden, um den Charakter des Neuen zum Ausdruck zu bringen und die Automatismen bei Interpretation und Reaktion zu vermeiden? Für diese kreative Leistung kann auf das in Tiefen-Analyse und Potential-Synthese diskutierte Material zurückgegriffen werden.

Mit anderen Worten, diese Teilschritte der Issue-Diagnose stellen als Kernstück des Wahrnehmungsmanagements auch das Zentrum des Issue-Management-Prozesses dar. Wegen ihrer engen inhaltlichen Verzahnung ist eine getrennte Durchführung weder denkbar noch sinnvoll. Am besten geschieht sie im Rahmen von Workshops, die angesichts des Querschnittscharakters von Trends und Issues mit interessierten Vertretern aus ganz unterschiedlichen Bereichen sowie Hierarchiestufen besetzt sind. Ebenso wie divers besetzte Unternehmensführungen empirischen Studien zufolge die Klassifizierung weniger automatisch vollziehen,[23] stellt die Diversität des Teams hier einen wesentlichen Erfolgsfaktor dar, um zu innovativen Ergebnissen zu gelangen.[24] Zudem kommen die Forschungen von Dutton zu dem Schluß, daß Personen, die ein hohes Involvement gegenüber einem Issue aufweisen, eher zu einer voreiligen Kategorisierung neigen.[25] Dies ist bei der Auswahl der Workshop-Teilnehmer zu berücksichtigen.

Damit die Trend- und Issue-Workshops ihre volle Wirkung entfalten können, bedarf es eines geeigneten Rhythmus, in dem sie stattfinden. Vorsichtshalber die Frequenz höher zu wählen, um möglichst aktuelle Informationen zu diskutieren und zeitnah reagieren zu können, kann sich jedoch als kontraproduktiv erweisen. Je häufiger die Sitzungen abgehalten werden, desto weniger Trends und Issues kommen neu hinzu, desto weniger Entwicklungen werden erkennbar. Das Interesse erlahmt dann schnell. Das kontinuierliche Beobachten von erratischen Schwankungen führt eher zum Verlust des Überblicks statt zu vertieften Einsichten – ähnlich wie bei der ausschließlichen Betrachtung von täglichen Kursbewegungen auf Devisen- oder Aktienmärkten, wo angesichts der Fluktuationen das Gefühl für die langfristige Entwicklung abhanden kommt.

Die Erfahrungen zeigen, daß in den Workshops selbst die Arbeit mit Assoziationsnetzen, wie sie beispielsweise in Abbildung 6-1 dargestellt sind, sehr fruchtbar ist. Diese Assoziationsnetze heißen in der Literatur auch *Kognitive Karten* (»cognitive maps«[26]) und wurden ursprünglich zur Problembeschreibung bei Gruppen-Entscheidungen verwendet. Eine ähnliche Abbildung findet man auch bei den Einflußdiagrammen des »Vernetzten Denkens«. Doch im Gegensatz zum »Vernetzten Denken« geht es bei Trends und Issues nicht um kausale Zusammenhänge, sondern um die Darstellungen von Assoziationen und Vorstellungswelten, um die Beschreibung des »big picture«. Kognitive Karten werden also in der Issue-Diagnose verwendet, um

- Zusammenhänge und Deutungsmuster plastisch, dabei trotzdem analytisch handhabbar zu machen und
- Imaginationen in Form von weiteren Assoziationen gezielt zu stimulieren.

Diese Beschreibungssprache leistet beides, und in den Diagnose-Workshops werden oft spontan vielfältige Ideen für Ansatzpunkte strategischer Maßnahmen generiert. Eine Kategorisierung in Chancen und Gefahren erweist sich in diesem Zusammenhang als überflüssiger und verzerrender Zwischenschritt. Die Reichhaltigkeit der Kontexte wird hierdurch nur unnötig eingeschränkt. Statt dessen muß es Ziel sein, diese Kontexte »zum Sprechen zu bringen«. Die in der Issue-Diagnose entstehenden Themenlandschaften und Issue-Bündel werden erst dann im Unternehmen wirksam kommunizierbar, wenn ihnen nicht nur ein schlagkräftiges Etikett anhaftet, sondern sie auch in eine entsprechende Geschichtenform gegossen werden.[27] Ansonsten bleiben die Ergebnisse der Workshops abstrakt, was eine entsprechende Verbreitung in der Organisation unterminiert.

Geschichten und Szenarien fungieren auch als Deutungsrahmen für zukünftige Ereignisse – und damit als Filtermechanismus bei Scanning und Monitoring. Sie führen zur Etablierung einer gemeinsamen Sprache, was mißverständliche Kommunikationen über Issues vermeiden hilft. Hierzu bedarf es oft mehr als bloßer Festreden, geschriebener Texte, der Bebilderung von Marktforschungsberichten oder Mitteilungen im Intranet. Verschiedene performative Formen sind daher zur plastischen Vermittlung von Trends und Issues an Manager entwickelt worden und werden nunmehr in zunehmendem Maße eingesetzt. Beispielsweise werden Schauspieler genutzt, um die Ergebnisse der Feldforschungen von Trend-Scouts lebendig werden zu lassen.[28] Und in sogenannten »Theorie-Performances« werden theoretische Reflexionen zu einer Themenlandschaft derart mit visuellem und akustischem Material konfrontiert, daß die einzelnen Teile aufeinander verweisen und sich gegenseitig erklären.[29]

9 STRATEGIE-ENTWICKLUNG: MÖGLICHKEITSRÄUME NUTZEN

Mit welcher Motivation erfolgte überhaupt die Einsortierung Chancen und Risiken als Ergebnis der Issue-Diagnose? Traditionell bestand das Ziel im Erstellen einer sogenannten »SWOT-Analyse«, die die Stärken (*S*trengths) und Schwächen (*W*eaknesses) eines Unternehmens den Chancen (*O*pportunities) und Gefahren (*T*hreats) aus dem Umfeld gegenüberstellt. Es handelt sich hier um ein weitverbreitetes Verfahren der strategischen Analyse. Dabei wird unterstellt, daß besondere Erfolgspotentiale dort lägen, wo Stärken auf Chancen treffen; umgekehrt seien Mißerfolgspotentiale an der Kreuzung von Schwächen und Bedrohungen angesiedelt. Seit einiger Zeit ist dieses Analyseverfahren jedoch zunehmend ins Kreuzfeuer der Kritik geraten. Hill/Westbrook haben eine umfangreiche empirische Studie zum tatsächlichen Gebrauch solcher Analysewerkzeuge durch Planungsabteilungen und Berater durchgeführt.[1] Die Ergebnisse darf man als ernüchternd bezeichnen. Denn erstens sind die Listen von eruierten Faktoren oft viel zu lang. Berichtet wird von Fällen, in denen sich eine Größenordnung von rund 65 Stärken und 75 Schwächen sowie 40 Gelegenheiten und 30 Gefahren ergaben. Zweitens wird die Einsortierung der inhaltlichen Ambivalenz von Trends und Issues nicht gerecht; nur eine stark verkürzende monolithische Betrachtung würde zu einer klaren Kategorisierung führen. Und drittens zeigt die Erfahrung, daß Unternehmen die Strategiearbeit häufig unter dem Vorzeichen der Vermeidung von Schwächen angehen, anstatt das Augenmerk auf die Herstellung von positiver Unterscheidungskraft im Wettbewerb zu legen. Im Rahmen eines Issue-Management wird dagegen bewußt auf die Ausschöpfung von Möglichkeitsräumen und die Wahrnehmung von Chancen hingearbeitet, wofür die Vermeidung von Schwächen einen wenig brauchbaren Rahmen abgibt.

Zu Unrecht ist die Entwicklung von Reaktionsstrategien auf Trends und Issues als bloße Anpassung an das Umfeld mißverstanden worden. Vielmehr stellen gerade die gescheiterten Beispiele eines Trend- und Issue-Management Versuche dar, sich an gewandelte Verhältnisse zu adaptieren, indem man lediglich eine oberflächliche Verbindung zu diesen Entwicklungen herzustellen versuchte (siehe Kap. 1). In diesem Kapitel soll daher behandelt werden, wie eine dem Issue-Management angemessene Strategie-Entwicklung aussehen kann.

Alle in diesem Kapitel diskutierten Maßnahmen sollen der Maxime gerecht werden, daß Zukunft gestaltbar ist. Weder sind Trends und Issues auf Unternehmen hereinbrechende Erscheinungen, die passiv bzw. rein reaktiv hingenommen werden müssen; noch lassen sich Trends und Issues völlig autonom im Diskurs von Öffentlichkeit oder Szenen setzen. Immer handelt es sich um Kommunikations- und Lebensstilangebote, die auf (positive) Resonanz beim Gegenüber abzielen und womöglich auch hervorrufen. Über diese Resonanz – und letztlich nur über diese Resonanz – wird es möglich, gestaltend in die Dynamik der Themen einzugreifen. Statt des vielzitierten »Trend-Setting« wäre also das »Trend-Shaping«, d. h. ein (inter-)aktives Mitgestalten und Mitformen der Umfeldentwicklungen, die angemessenere Metapher.

Trend-Shaping und Trend-Setting stehen in etwa im gleichen Verhältnis zueinander wie die These vom Agenda-Setting und die Unterstellung einer Manipulation durch Massenmedien. Kann also die Strategie-Entwicklung vom Agenda-Setting profitieren? Und wenn ja, inwiefern? Das Marketing hatte zwar den Gedanken der Thematisierung und die These des Agenda-Setting schon recht frühzeitig aufgegriffen;[2] jedoch wurde es versäumt, die weitere Entwicklung in den Kommunikationswissenschaften nachzuvollziehen und das Potential des Konzepts voll auszuschöpfen. Agenda-Setting wird vom Marketing seit jeher als Mittel der Positionierung aufgefaßt. Man versucht dabei einer Marke, einem Produkt, einer Dienstleistung oder einem Unternehmen mittels Werbung »Aktualität« zu verleihen. Das heißt, durch eine entsprechende »Thematisierung« soll eine Überführung vom passiven Teil des Gedächtnisses der Zielgruppen in den aktiven Teil erfolgen. Als öffentlicher Gesprächsstoff soll das beworbene Objekt zum »Top-of-head-Phänomen« werden. Konsumenten, so die These, erinnern sich bei Nachfragen spontan an Marken oder Produkte mit der höchsten Aktualität. Dies gilt sogar für die sogenannten »Low-involvement-Produkte«, bei denen in die Kaufentscheidung nicht viel Zeit und Überlegung investiert wird. Insofern wird der Aktualität mehr Wirkungsintensität zugeschrieben als der bloßen Bekanntheit.

Wie wir gesehen haben, liefern das Agenda-Setting, die Ansätze zur Themenbeschreibung und die Forschungen zum Issue-Management differenzierte und schlagkräftige Möglichkeiten, Vorstellungswelten, soziale Dynamiken und politische Zusammenhänge zu erfassen – was über ein bloßes »Top-of-head-Phänomen« weit hinausgeht. Genau diese Ansätze der Issue-Diagnose lassen sich auch für die Generierung und Bewertung von Issue-Strategien zielführend einsetzen.

Ganz ähnlich wie im Marketing verhält es sich im Bereich der Public Relations, der seit den 80er Jahren von Wissenschaft und Praxis in zunehmendem Maß als Issue-Management[3] und Stakeholder-Management[4] begriffen wird. Eine echte konzeptionelle Verquickung beider Sichtweisen – insbesondere in bezug auf ein Management *strategischer* Issues – wurde jedoch bis dato erst ansatzweise geleistet.

Häufig wird im Bereich der Public Relations das Issue-Management vor allem als Problem der Kommunikation aufgefaßt. Zwar stehen Kommunikationsprobleme zwischen einem Unternehmen und seinem Umfeld im Zentrum der Betrachtung; diese Probleme sind jedoch nicht ausschließlich mittels Kommunikation zu lösen, sondern haben in der Regel auch strategische Maßnahmen zur Konsequenz. Die Kommunikation erfolgt also nicht zuletzt über Handeln, weswegen wir die Darstellung auch damit beginnen.

Maßnahmen des strategischen Marketing

Insoweit die rein technische Funktionalität der Produkte immer weiter an Unterscheidungskraft im Wettbewerb einbüßt, gewinnt die folgende Einsicht an Gewicht: »Dinge und deren Nutzung werden nur noch durch die aufgegriffenen Themen (Contents) attraktiv«[5]. Die Art und Weise, wie Produkte auf Themen verweisen, wird also zentral – und damit vor allem die Rolle des Produktdesigns und der Markenführung. Die Wichtigkeit der Oberfläche und der emotionalen Aufladung über Images nimmt zu; gleichzeitig wächst der Informationsinhalt der Produkte. Produkte und ebenso Dienstleistungen gewinnen – unterstützt durch die Markenwelten – zunehmend an Zeichenfunktion, welche sowohl eine ästhetische als auch eine kognitive Dimension aufweist. Sie können damit als – ästhetische oder kognitive – Kommunikationsangebote für Szenen und in Szenen fungieren. Im Idealfall werden sie organischer Bestandteil des Lebens in einer Szene und der Szenenkommunikation. Mit anderen Worten, bestimmte Angebote wie z.B. »Kultprodukte«, Events oder andere Entertainment-Veranstaltungen zeichnen sich dadurch aus, daß sie die Vergemeinschaftungen von Szenen stabilisieren bzw. reproduzieren, ja manchmal sogar Vergemeinschaftungen erst hervorrufen und damit szene-bildend wirken. Die Bandbreite solcher Szenen umfaßt unter anderem Sammler jeglicher Ausrichtung – von Überraschungseiern bis zu Meißener Porzellantellern – sowie die vielfältigen Fangemeinden der symbolischen, insbesondere popkulturellen Produktionen von *Star Wars* bis zu den diversen Boygroups. Cova schreibt solchen Angeboten daher auch einen »link value«[6] zu, also einen speziellen Vergemeinschaftungswert jenseits der beiden bekannten Komponenten Grund- und Zusatznutzen. Dieser »link value« hängt davon ab, wie die Themenstruktur des Produkts bzw. einer Marke, die sich wie die Themenstruktur einer Szene als Assoziationsnetz darstellen läßt, an den Szene-Diskurs andockt. Genauso wie für einen neuen Trend gilt hier: Sind die Verweise aufeinander weder vielfältig im Kontext noch eng vernetzt, dann besteht große Gefahr, daß das Produkt bzw. die Marke keine nachhaltige Resonanz in der jeweiligen Szene auslöst.

Ähnlich wie beim Trend sind bei Produkten und Marken die Kontextbezüge der einzelnen Motive nicht immer eindeutig fixiert. Diese Unschärfe kann einen erheblichen Vorteil bedeuten. Denn angesichts der Vielfalt von Szenen und der damit einhergehenden Fragmentierung der Märkte wird eine Kompromißlösung, die bei jeder Zielgruppe das jeweilige Anforderungsprofil nur ein Stück weit abdeckt, letztlich in keinem Segment reüssieren. Nur wenn ein Produkt simultan als Projektionsfläche für ganz unterschiedliche Phantasien dienen kann, stimuliert es unterschiedliche Abnehmergruppen gleichermaßen. Berühmte Ikonen der Popkultur funktionieren nach diesem Prinzip: Lara Croft, Heroin des erfolgreichen Computerspiels *Tomb Raider*, läßt sowohl eine feministische Interpretation der Figur zu, bedient aber uno actu mit ihrem Körperdesign gängige Pin-up-Phantasien. In ähnlicher Weise wird der Cowboy des Marktführers Marlboro von unterschiedlichen Gruppen wahlweise als Urtyp des männlichen Mannes, als ökologisch angehauchter Naturbursche oder als Schwulen-Ikone gedeutet. Solche »interpretative Flexibilität« als Schlüssel zum Markterfolg ist nicht neu, wird aber in zunehmend fragmentierten Märkten zur Überlebensfrage. Gleiches gilt, wenn ein Produkt in der Lage ist, ganz unterschiedliche Nutzungen zuzulassen und damit unterschiedliche Nutzergruppen gleichermaßen zu bedienen. Beispiele aus der Technikgeschichte des 20. Jahrhunderts zeigen, daß sich unter den anfänglich konkurrierenden Produktdesigns schließlich dasjenige durchsetzen konnte, das die Anforderungen ganz unterschiedlicher Gruppen auf sich vereinigen konnte. So wurde das heute gängige Fahrrad-Design gegenüber dem ausgestorbenen Hochrad den Bedürfnissen sowohl der sportiven als auch der älteren und weniger gelenkigen Radfahrer besser gerecht. In ähnlicher Weise kristallisierte sich auch eine bestimmte Glühbirnen-Technologie als dominantes Design heraus.[7]

Wo die Fragmentierung gravierend zum Tragen kommt, nämlich im Bereich der symbolischen Produktion des Entertainment-Sektors, hat nach Groys jedoch nur noch ein tautologisches Angebot Aussicht auf globalen Erfolg.[8] Besonders der Hollywood-Film gehorcht über weite Strecken diesem Strickmuster. Die Tautologie als Rückgriff auf seit der Antike bekannte Motive, als Wiederholung des Immergleichen, findet man in allen weltweiten Kassenfüllern von *Titanic* über *From Dusk 'Till Dawn* bis *The Matrix* oder *Men in Black*.[9] Analog funktioniert das tautologische Lebensgefühl bzw. Lebensstil-Angebot der Techno-Kultur (siehe Kap. 6).

Eine weitere Spielart der Tautologie, den Widerspruch in sich,[10] hatten wir bereits beim parallelen Auftreten von Trend und Gegentrend als wesentlichem Moment des Neuen kennengelernt. Dies spiegelt sich auch in den Reaktionsstrategien im Bereich der Produktentwicklung. Die Erfahrung zeigt nämlich, daß unter den besonders erfolgreichen Produktinnovationen sehr viele ein Paradoxon verkörpern, indem sie Eigenschaften besitzen, die vormals als unvereinbar gegolten hatten. Dies trifft beispielsweise auf so berühmte Produkte wie Nivea-Creme (spendet Feuchtigkeit, fettet aber nicht) oder Post-it-Haftnotizen (bleiben kleben, können aber einfach entfernt werden). Hier setzt die »widerspruchsorientierte Innovationsstrategie«[11] an, eine Entwicklungs- und Konstruktionsmethodik aus dem Maschinenbau, die gezielt auf unvereinbar geltende Produkteigenschaften abzielt. Durch die explizite Formulierung des vermeintlichen Widerspruchs soll der Gegensatz bewußt und damit bearbeitbar gemacht werden. Anregungen für die Überbrückung des Widerspruchs werden in Abstraktionen und Analogien aus anderen Kontexten gesucht – ein Vorgehen, das nicht nur von Kreativitätstechniken her bekannt ist, sondern auch unserem Begriff des Neuen entspricht.

Auf der Kundenseite existiert ein hierzu komplementärer Mechanismus, das sogenannte MAYA-Prinzip (d. h. »*M*ost *A*dvanced, *Y*et *A*cceptable«). Gemeint ist damit, daß gerade diejenigen Produkte besonders gute Erfolgsvoraussetzungen besitzen, die von den Konsumenten als andersartig wahrgenommen werden und dennoch die Verbindung zu bekannten Produkten zulassen. Mit anderen Worten, ein Produkt muß also auf der einen Seite so fremdartig sein, daß sich dem Kunden der Neuheitswert unmittelbar erschließt; jedoch muß auf der anderen Seite ein Mindestmaß an Anschlußfähigkeit gewährleistet bleiben. Für diese Gratwanderung kann die in Kapitel 6 gezeigte Form der Themen-Analyse Anhaltspunkte liefern. Eine Analyse des Umfelds in bezug auf die dort existierenden Assoziationen gibt Aufschluß darüber, ob vom Publikum bereits in anderen Bereichen ähnliche kognitive Hürden bzw. Kontextgrenzen überwunden wurden. Darüber hinaus zeigt eine solche Untersuchung, wie vielfältig die Berührungspunkte bzw. Interaktionen mit aktuellen sozio-kulturellen Entwicklungen ausfallen. Denn auch bei erfolgreichen Produkten müssen unterstützende Momente aus verschiedenen Bereichen bzw. Kontexten gleichzeitig auftreten.

Die Produktlinie von Renault ist gutes Beispiel für eine konsequente

Evolution unter Berücksichtigung des MAYA-Prinzips: Ursprünglich hatte Renault das Konzept einer Großraumlimousine von einem Entwickler gekauft, der es vorher erfolglos einem anderen Automobilhersteller angeboten hatte: der sogenannte Espace. Nach den ersten durchschlagenden Erfolgen wurde das Espace-Thema auf die Golf-Klasse übertragen; es entstand der Mégane Scénic, eine Micro-Van-Variante des Basis-Modells Mégane. Mit der folgenden Modellgeneration des Mégane wurde sodann das Konzept Scénic als Marke verselbständigt und die Assoziation zu Mégane völlig aufgelöst. Der nächste Schritt besteht nun darin, das Scénic/Espace-Fahrgefühl auf ein Coupé zu übertragen, das den Namen Avantime trägt. Renault-Präsident Schweitzer argumentiert, daß dieses Coupé vor allem älter gewordene »Downnester« bediene, die nach dem Auszug der Kinder wieder kleinere und sportlichere Autos fahren wollen, aber das liebgewonnene Fahrgefühl nicht missen möchten. Außerdem habe diese Käufergruppe keine Lust mehr auf unbequeme Coupés und verfüge über genug Geld, eine nicht unbeträchtliche Summe für ein derartiges Gefährt auszugeben.[12] Sowohl Schweitzer als auch Renaults Chef-Designer Le Quément betonen, daß die Entwicklung der Modell-Konzepte nicht von Ergebnissen der Marktforschung geleitet seien. Nach ihren Aussagen sei es nicht möglich, zu innovativen Konzepten zu kommen, indem man Konsumenten fragt, was sie denn wollten. Vielmehr gehe es darum, dem Kunden etwas zu geben, was er haben möchte, von dem er aber nie wußte, daß er es suchte und von dem er sagt, daß er es schon immer wollte, wenn er es schließlich bekommt. Möglich sei nur, so Le Quément, die eigenen Konzepte und strategischen Überlegungen gegenüber Trends und Zeitgeist zu verproben.[13] Mit anderen Worten, es handelt sich hier also um eine genuin unternehmerische Leistung, die niemand dem Top-Management abnehmen kann. Kundenorientierung derart verstanden bedeutet daher eher Orientierung *des* Kunden als Orientierung *am* Kunden. Orientierungsleistungen anzubieten, mit geeigneten Thematisierungen Orientierung zu schaffen, wird damit zu einer Quelle von Unterscheidungskraft im Wettbewerb.[14]

Wenn hier von Markenführung die Rede ist, meint das nicht nur Produktmarken, sondern auch Unternehmensmarken, das »Corporate Branding«, denn hierfür gelten im wesentlichen die gleichen Entwicklungsmomente. Was dabei hinzukommt, ist die Möglichkeit der Nutzung der sogenannten »Corporate Citizenship«[15]. Der Begriff bedeutet, daß Unternehmen, ähnlich wie die Bürger eines Staates, Rechte und Pflichte besitzen und sich auch wie »gute Bürger« verhalten (sollen). Die Gemeinwohlorientierung, z.B. in Form von sozialem Engagement, kann dabei als Instrument des strategischen Marketing und der strategischen Public

Relations genutzt werden. Insbesondere in Branchen, in denen die funktionsbezogene Produktqualität nicht mehr zur Unterscheidungskraft im Wettbewerb beiträgt, kann eine Differenzierung durch gemeinwohlorientierte Aktivitäten oder »Ethical Audits« erfolgen. Die amerikanische Rating-Agentur Council on Economic Priorities (CEP) hat für solche Audits den internationalen Mindestsozialstandard SA 8000 entwickelt, eine ethische Zertifizierung nach Vorbild der Qualitätsnorm ISO 9000.[16] Auch die freiwillige Einhaltung von Verhaltenskodizes oder die Installation neuer Managementpositionen wie die eines »Global Director of Social and Environmental Affairs«, welcher sich bei einem Sportartikelhersteller vor allem um Fragen der Kinderarbeit in Entwicklungsländern kümmern soll, zielt auf einen Wettbewerbsvorsprung gegenüber der in die Kritik geratenen Konkurrenz.[17] Diese Vorstöße reagieren letztlich auf die gestiegene Neigung zum »moralischen Konsum« in breiten Kundenkreisen; d.h. in Konsumentscheidungen wird vermehrt ein moralischer Zusatznutzen gesucht. Der kann darin bestehen, ein der eigenen Issue-Orientierung entsprechendes Produkt zu konsumieren bzw. von einem als politisch bzw. ethisch korrekt geltenden Unternehmen zu kaufen – und umgekehrt inakzeptable Produkte oder Unternehmen zu boykottieren.[18]

Um tatsächlich Unterscheidungskraft herzustellen, braucht die »Corporate-Citizenship-Strategie« jedoch ein Zentrum in Form eines Themas bzw. Issue, woran die Maßnahmen von Unternehmenskommunikation (Public Relations, Werbung) und das Profil von Marke bzw. Produkten sinnvoll andocken können. Zur Herstellung von Glaubwürdigkeit bedarf es darüber hinaus eines damit konsistenten Unternehmensleitbilds (Abb. 9-1). Nur ein öffentliches Issue aufzugreifen, reicht nicht aus, wie die verschiedenen Issue-Kampagnen des Textilherstellers Benetton gezeigt haben. Zwar erregten die Bilder über Gewalt, AIDS, Bürgerkrieg und neuerdings Todesstrafe enormes Aufsehen und wurden selbst zum umstrittenen Thema und Gegenstand von Boykottaufrufen; indes blieb immer unklar, was die gezeigten sozialen Probleme jenseits der zum Teil heilsamen Schockwirkung mit den Pullovern und Jeans der Firma zu tun haben sollten. Einerseits spalteten die Kampagnen das Publikum, andererseits wirkten sie sich nicht positiv auf den Abverkauf der Benetton-Textilien aus. Unternehmen wie The Body Shop, die einen direkten Bezug zwischen Produkten, Leitbild und Themen wie Naturverbundenheit oder Tierversuchen herstellen konnten, wurden von den Verbrauchern dagegen auf Anhieb akzeptiert.

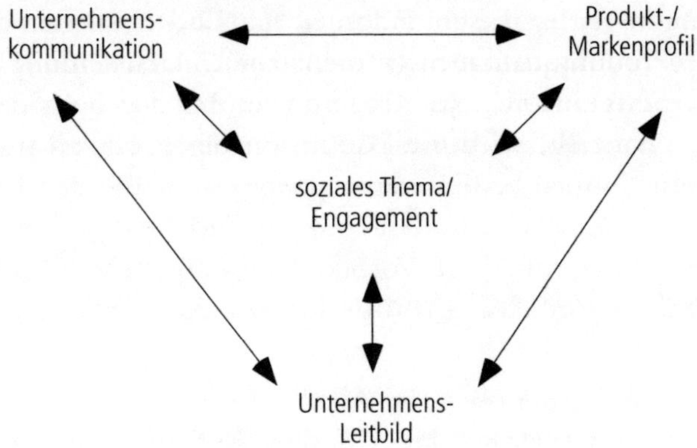

Abb. 9-1: Corporate Citizenship als strategisches und unternehmenspolitisches Grundmotiv

Bei einem konsistenten Auftritt kann dieses issue-basierte »Corporate Branding« zu Wettbewerbsvorteilen auf Absatzmärkten führen und bei globalisierenden Unternehmen Reibungsverluste im Gastland reduzieren. Hinzu kommt, daß ein solches Vorgehen die strategische Identität des Unternehmens stärkt und den Mitarbeitern nachhaltiges Identifikationspotential bietet (siehe Kap. 8). Sozial- und Öko-Sponsoring sind daher auch in letzter Zeit zu den am stärksten wachsenden Sponsoring-Bereichen geworden. Und viele Unternehmen – nicht nur Global Players – suchen die Kooperation mit Umweltschutz- und Menschenrechtsorganisationen oder bieten ihren Kritikern zumindest Einblick in ihre Produktionsbedingungen an.[19]

Droht im ungünstigen Fall das Produkt eines Unternehmens zum Issue zu werden, ist wie bei umstrittenen Themen zu untersuchen, welche Assoziationen, Analogieschlüsse und Umdeutungen sich extrem schädlich auswirken könnten; darunter fällt auch, daß eine bestimmte Personengruppe den Kauf eines sie ansprechenden Produkts verweigert, weil jenes von einer anderen Personengruppe vereinnahmt erscheint. Werden aufgrund solcher Worst-Case-Szenarien aus der Potential-Synthese Schwachpunkte in den Assoziationsmöglichkeiten erkannt, müssen Mittel und Wege gefunden werden, um zu einem höheren Maß an Eindeutigkeit zu gelangen. An dieser Stelle ist abgesehen von den Public Relations vor allem die Markenführung gefordert, Imaginationen gezielt dort zu stimulieren, wo sie geringes Risiko der Fehlleitung bergen. Eine weitere Option, dies zu erzielen, besteht in der gezielten Ausschöpfung der Tautologiepotentiale von Trend oder Marke, so daß eine kontraproduktive Interpretation durch das Gegenüber vermieden werden kann. Die

Thematisierungen, die in diesem Rahmen stattfinden, lassen sich ebenfalls als Wahrnehmungsmanagement verstehen. Denn mit Hilfe der Marke, die ihrerseits eine Etikettierung und ein Assoziationsfeld – analog einem Trend – darstellt, wird die Rezeption des Produkts und seiner Themenverweise entsprechend vorgeprägt.[20]

Maßnahmen der externen Kommunikation

> »FRANKFURT Die Automobil-Werbung steht vor einer weitreichenden Veränderung. Eine Richtlinie des EU-Rats zur Reglementierung von Werbebotschaften wird möglicherweise noch dieses Jahr in internationales Recht umgewandelt. ›Wenn die Guidelines tatsächlich derart detailliert sind, dann ist es schade, dass wir nicht mitgestaltet haben.‹ Die Worte von Georg Esterhues, Werbeleiter bei Opel Rüsselsheim, symbolisieren den Wissensstand der gesamten Branche zum Status quo politischer Prozesse auf europäischer Ebene. Ein hochrangiger Daimler-Chrysler-Manager spricht eine noch klarere Sprache: ›Da haben wir alle gepennt.‹«
>
> Aufmacher von Horizont Nr. 27/1999[21]

Mit den Überlegungen zur Einbettung in umfangreichere Themenstrukturen sind wir bereits tief in das Feld der Public Relations eingedrungen. Wenn hier nun von Public Relations im Kontext des Issue-Management die Rede ist, soll indes nicht Krisen-PR gemeint sein. Vielmehr geht es um kommunikative Maßnahmen, die die Krisengefahr gar nicht erst aufkommen lassen sollen. Die PR-Kampagnen von Verbänden, welche besonders häufig unbefriedigende Ergebnisse zeitigen, operieren jedoch meist anders. Ihre Crux besteht vorwiegend darin, daß kommunikative Maßnahmen immer erst in höchster Not eingeleitet werden und vertrauensbildende Aktionen im Vorfeld unterblieben sind. Obwohl bei einer Reihe von andernorts verhandelten Issues wie Werbeverboten klar ist, daß sie auch bei uns akut werden können, wartet man lieber ab, statt diese Themen frühzeitig zu bearbeiten. Dann wäre der Kampf um die Definitionsmacht nicht aussichtslos, weil die Toleranzschwelle von Publikum und Medien noch nicht nahe null angelangt ist. Andernfalls wird die Öffentlichkeitsarbeit nur noch in die Rolle des Reparaturbetriebs gedrängt; dies gilt besonders, wenn Issue-Kommunikation nur betrieben wird, um tatsächliche Veränderungen des Verhaltens zu vermeiden.

Mit anderen Worten, strategische und kommunikative Maßnahmen erfordern eine Integration in einem konsistenten und komplementären Verhältnis zueinander: Während strategische Veränderungen, die nicht kommunikativ flankiert werden, nicht wahrgenommen zu werden drohen, ist es andererseits oft eine Illusion, ein Issue ausschließlich mit geschickter Kommunikation aus der Welt schaffen zu wollen. Eine adäquate Organisationsform der Issue-Management-Funktion fordert daher bestimmte Leistungsmerkmale:

- Erstens soll sie funktional derart verzahnt sein, daß strategische und kommunikative Maßnahmen nicht in die Gefahr geraten, als Alternativen angesehen zu werden.
- Zweitens soll gewährleistet sein, daß nicht von unterschiedlichen Stellen widersprüchliche Kommunikationen in Umlauf gebracht werden und damit Irritationen hervorrufen.

Nichtsdestoweniger sind kommunikative Maßnahmen geeignet, vor Aufkommen eines Issue oder in dessen Frühphase präventiv zu wirken. Dies kann geschehen durch:

Frühzeitige Besetzung von Themenbereichen. Falls ein Issue in diesem Kontext aufkommen sollte, existieren erstens im Kampf um die Deutungsmacht wichtige Argumentations- und Zeitvorsprünge. Zweitens zeigen empirische Untersuchungen, daß Issue-Kampagnen nur dann auf Akzeptanz beim Publikum stoßen, wenn es das Gefühl hat, aus dieser Kampagne tatsächlich etwas zu lernen.[22]

Beziehungsmanagement mit den Stakeholder-Gruppen und -Organisationen. Dabei geht es darum, kontinuierlichen Kontakt mit Interessengruppen zu pflegen, um frühzeitig auf kritische Themen aufmerksam zu werden oder bei Problemfällen in einen Diskurs einzutreten. Dies muß keineswegs heißen, die eigenen Interessen hintanzustellen. Vielmehr eröffnet diese Option die Möglichkeit, mit dem kritischen Gegenüber eine Lösung zu entwickeln, die letzten Endes beide besserstellt.[23] Den in der PR-Literatur so häufig beschworenen »Dialog« ernstzunehmen und »Kommunikation« als Sprechen, Zuhören und Antwortgeben zu praktizieren, kann also eine gangbare Option darstellen. Sie kann den Alternativen – z.B. einem massiven Konfrontationskurs, einer Gegenkampagne oder einem konsequenten Lobbying – durchaus überlegen sein. Darüber hinaus eröffnet der direkte Austausch mit den Stakeholder-Gruppen die Möglichkeit, die oft unbewußt getroffenen Annahmen über diese Stakeholder zu verifizieren.[24]

Wie man erkennt, zählen beide Maßnahmentypen nicht zu den schnell wirkenden Optionen. Sowohl die präventive Themenbesetzung als auch das Beziehungsmanagement erfordern kontinuierliche inhaltliche Arbeit sowie ein hohes Maß an Offenheit; darüber hinaus bedürfen sie eines gewissen zeitlichen Vorlaufs, um ihre volle Wirkung entfalten.

Ebenfalls mit längerem Horizont und präventiv, aber nicht issue-spezifisch, wirken der Aufbau und die Sicherung von Reputation.[25] Dahinter steht der Gedanke, daß eine positive Zuschreibung von außen Identifikationseffekte hervorruft und damit eine gewisse Fehlertoleranz erzeugt. Im Gegensatz zu dem reichlich diffus gebrauchten Image-Begriff kann Reputation auf folgende vier zentrale, durch strategische und kommunikative Maßnahmen beeinflußbare, Faktoren heruntergebrochen werden:[26]

Bekanntheit. Hier muß ein Mindestmaß gegeben sein, da nur dann von Reputation gesprochen werden kann, wenn das Unternehmen zum Gegenstand positiver Aufmerksamkeit geworden ist. Insbesondere Unternehmen, die durch Fusion oder andere Ereignisse eine Namensänderung hinter sich haben, bedienen sich solcher Kampagnen im Dienste eines Reputationstransfers.

Kompetenz. Diese wird in der Regel direkt auf die von einem Unternehmen hergestellten Produkte und Dienstleistungen zurückgeführt. Hohe Qualität oder eine attraktive Preis-/Qualitäts-Relation signalisieren Kompetenz. Hinzu kommt Kommunikation, welche auf die Innovationsfähigkeit oder andere außergewöhnliche Merkmale eines Unternehmens – z.B. eine lange Firmentradition oder einen speziellen Gründermythos – verweist.

Glaubwürdigkeit. Sie stellt vor allem ab auf eine Konsistenz zwischen Kommunikation und einem dazu als adäquat wahrgenommenen Verhalten des Unternehmens.

Sympathie. Dem bloßen Toleriertwerden wird hierdurch die emotionale Komponente hinzugefügt. Hinter Sympathie stehen vorwiegend ästhetische Aspekte. Die Gesten eines Unternehmens, also seine sinnlich wahrnehmbaren Handlungen und Artefakte, erzeugen bei positiver Resonanz mit den ästhetischen Orientierungen und dem Lebensgefühl des Publikums Sympathie. Angesichts der vollständigen Kulturalisierung der Lebenswelt fallen hierunter auch ehemals politische und ethische Wertvorstellungen.

Reputation bildet also die Grundlage eines Wahrnehmungs-Managements, das durch einen positiven Kontext Akzeptanz und möglicherweise sogar Vertrauen erzeugt. Beides vergrößert bzw. sichert einem reputierlichen Unternehmen seinen Handlungsspielraum und ein entsprechendes Maß an Legitimität bei der frühzeitigen Besetzung von Themen (Abb. 2-1). Während sich Legitimität als ein trügerisches Kriterium für die Analyse von Issues und Stakeholder-Gruppen entpuppt hatte, kann es durchaus sinnvoll sein, im Rahmen der Issue-Kommunikation auf die eigene Legitimität abzuheben und diesen Effekt durch präventive Thematisierung ethisch aufgeladener Fragen zu verstärken. Gleichzeitig, und das ist die Kehrseite der Medaille, werden auf diese Weise auch Selbstbindungen produziert; und zwar dann, wenn die Maßstäbe sich verschärfen, die an das Unternehmen angelegt werden.[27]

Dennoch kann die Symbolkraft von bestimmten Kommunikationen beträchtlich sein. Darauf spekulierte auch VW bei der Einführung des Dreiliter-Lupo, einem Ereignis, dem ein seit Beginn der 90er Jahre währender Prestigekampf der deutschen Automobilindustrie vorangegangen war: »Man könnte gegen das erste echte Dreiliterauto einwenden, daß der Symbolwert höher ist als die effektive Verbesserung der Ökobilanz.«[28] meinte dazu Klaus Kocks, VW-Vorstand für Kommunikation. Hier wird noch einmal deutlich, wie sehr die Kommunikation der Gemeinwohlorientierung sowohl unternehmenspolitische Aspekte aufweist als auch als Mittel zur Erzielung von Wettbewerbsvorteilen fungiert.

Issue-Kommunikation gilt als schlüpfriges Terrain; der Erfolg von issue-bezogenen Inseraten oder ganzen Kampagnen in den Massenmedien ist umstritten. Das Problem besteht vorwiegend darin, daß eine stakeholder-spezifische Kommunikation über Massenmedien führt, schwierig ist und beträchtliche Streuverluste erzeugt. Die Erfahrungen mit solchen Kampagnen zeigen,

- daß oft unklar bleibt, ob und wohin die Informationsbroschüren und Faltblätter versendet werden;
- daß unerwartete Nebeneffekte vielfältiger Natur drohen. Beispielsweise ist meist nicht bekannt, welche Kontexte die Leser bzw. Empfänger einer Botschaft ihrer Interpretation zugrunde legen. Es kann also sein, daß damit schlafende Hunde geweckt, arglose Verbraucher verunsichert werden oder durch unbeabsichtigte Provokationen eine Eskalation erfolgt.

Obermeier stellt daher die Frage, ob es in vielen Fällen nicht klüger wäre, eine Kampagne zu unterlassen; meist werde nämlich eine sowieso schon prekäre Lage nur noch verschlimmert.[29] Während man prinzipiell keine Aussage über eine positive Resonanz auf eine Kampagne machen kann, so wäre schon viel gewonnen, wenn sich – wie bezüglich der Tragfähigkeit von Trends (Kap. 6) – eine Aussage über ihr Mißerfolgspotential ergäbe. Höcherl hat hierzu einen Kriterienkatalog entwickelt, anhand dessen man eine Kampagne auf potentielle Mißerfolgsfaktoren testen kann.[30]

Fassen wir zusammen: Public Relations bedeutet, wenn man sie unter Gesichtspunkten des Issue-Management betrachtet, wesentlich mehr als Media Relations und die Durchführung von Kampagnen. Was zunächst so scheint, als würde Unternehmenskommunikation nur noch eine flankierende Maßnahme der Strategie-Entwicklung darstellen, entpuppt sich als ein zwangsläufig enges Zusammenspiel von gleichberechtigten Instrumenten. »Im Unternehmen, aber auch in der Politik und in der Kultur erleidet daher Schiffbruch, wer verkennt, daß alle Probleme im Kern Kommunikations-Probleme sind. Der Hoechst-Konzern zum Beispiel hatte vermutet, seine Störfall-Affären ließen sich mit technischen Maßnahmen und chemischen Erklärungen aus der Welt schaffen. Er begriff zu spät, daß das Problem nicht der Störfall, sondern die Kommunikation war: das Verlangen der Öffentlichkeit, in ihren Sorgen ernstgenommen, anerkannt zu werden. So wuchsen sich vergleichsweise kleine Sachfragen zu einem großen Schaden für das Unternehmen aus«[31] diagnostiziert Siemons zutreffend. Daß dies kein Einzelfall war, zeigt die Diskussion um das Verhalten des Erdölkonzerns TotalFina, der anläßlich der Havarie des Tankers »Erika« ebenfalls nur auf juristische und technische Weise reagierte und genau wegen dieses Verhaltens vehement kritisiert wurde. Issue-Management reduziert daher Public Relations nicht auf eine bloße Verkündigungsfunktion, sondern erweitert im Gegenteil gezielt ihren Aktionsraum. Denn es gilt, kommunikative Risiken zu identifizieren, in der externen Kommunikation an die Wahrnehmungswelten der Stakeholder anzuschließen und geeignete, mit der Kommunikation in Einklang stehende strategische Maßnahmen in die Wege zu leiten. Wie diese Koordination bewerkstelligt werden kann, soll im folgenden Abschnitt erläutert werden.

Ein prospektives Bewertungsraster für das Themenmanagement

Nachdem wir in den letzten Abschnitten vor allem die Maßnahmenentwicklung behandelt haben, soll nun deren Bewertung erfolgen. Wir haben gesehen, daß sich Trends, Diskurse in Szenen, Marken und Produkte sowie die Issues, mit denen ein Unternehmen konfrontiert wird, allesamt als Argumentations- bzw. Assoziationsnetze verstehen lassen und damit Themenstrukturen verkörpern. Den Ausgangspunkt der Maßnahmenbewertung bildet folglich die Analyse, inwieweit eine Passung zwischen den verschiedenen Themenstrukturen existiert oder hergestellt werden kann. Anhand der in Abbildung 9-2 dargestellten Matrix sind die Themenstrukturen, die als Assoziationsnetze von Motiven formuliert sind, systematisch miteinander zu konfrontieren.

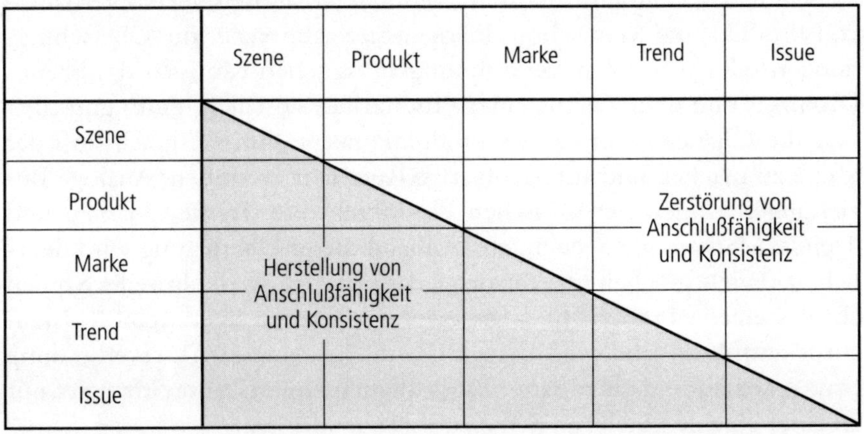

Abb. 9-2: Matrix zur Analyse der Themenstrukturen *(aus: Liebl 1999c)*

Für Marke und Produkt ist zunächst zu ermitteln, inwieweit die dort betriebenen Thematisierungen, die in Kommunikation und Handlungen zum Ausdruck kommen, von den Konsumenten als kohärent bzw. in sich widersprüchlich empfunden werden (siehe Zellen auf der Matrixdiagonalen). Dabei empfiehlt es sich, die Argumente für Konsistenz und Inkonsistenz getrennt zu halten, da sie asymmetrisch wirken. Die Konsistenz (grau unterlegter Bereich unterhalb der Diagonalen) steigt generell mit der Vielfalt der beteiligten Motive und mit zunehmendem Vernetzungsgrad der einzelnen Motive; dagegen ist jeder Faktor der Inkonsistenz einzeln zu begutachten, da hinter jeder als unpassend empfundenen Verknüpfung ein »K.O.-Argument« lauern kann, das die gesamte Argumentation unglaubwürdig macht. Genau diese »Zerstörer« gilt es zu identifizieren. Die alleinige Vermeidung von Zerstörern ist jedoch noch kein Erfolgsgarant. Denn wenn zu wenige (kontext-)verschiedene Motive miteinander verknüpft sind, wird der Auftritt von Produkt oder Marke schnell als langweilig, weil allzu eindimensional bzw. stromlinienförmig, empfunden. Durch die beschriebene Meßvorschrift kann dieser Effekt also ebenfalls entlarvt werden.

Die anderen Zellen auf der Matrixdiagonalen können analog beurteilt werden. Für einen Trend wäre beispielsweise zu ermitteln, wie viele und wie unterschiedliche Motive er miteinander vernetzt. Die Erfahrung zeigt, daß Trends just dann besonders schlagkräftig sind, wenn sie ganz unterschiedliche Kontexte miteinander verknüpfen. In einem zweiten Schritt sind nun die verschiedenen Kombinationsmöglichkeiten der Matrix abzuprüfen. Die (grau unterlegte) Hälfte unterhalb der Diagonalen enthält das Maß an Anschlußfähigkeit, d. h. das Verknüpfungspotential zwischen den Themenstrukturen. Nehmen wir als Beispiel das Verhältnis von Produkt und Szene: Je vielfältiger und zahlreicher die Überschneidungen oder plausiblen Verknüpfungen zwischen Motiven des Szene-Diskurses und dem Thema einer Produktidee ausfallen, desto günstiger sind die Chancen, ein solches Produktkonzept zum Gesprächsstoff der Szene zu machen und auf nachhaltige Resonanz zu stoßen. Analoge Beziehungen finden sich zwischen Produkten und Trends, Marken und Trends, Marken und Szenen, etc. Anhand dieser Überlegung wird deutlich, daß viele gescheiterte Versuche, das Image jugendkultureller Szenen auf das eigene Produkt bzw. die eigene Marke zu übertragen,[32] darauf zurückzuführen sind, daß man nur auf eine einzige Querverbindung bzw. Assoziation gesetzt hatte. Es ist folglich eine riskante Strategie, nur an einer einzigen Stelle an den Zeitgeist anzudocken.

Ebensowichtig wie die Analyse des Verknüpfungspotentials ist die Identifikation der »Zerstörer« von Assoziationen, die in der Matrixhälfte oberhalb der Diagonalen aufgetragen werden. Auch hier ist eine Einzelbetrachtung der Widersprüche unabdingbar, denn wiederum kann die Existenz eines einzigen, hinreichend starken »Zerstörers« eine sonst zwingende Themenstruktur unglaubwürdig machen. Als die Markenführung bzw. das Szene-Marketing eines Zigarettenherstellers beispielsweise versuchte, britische »Drum-and-Bass«-Musik unter dem Thema »Amerika« zu vereinnahmen, erntete sie aus der Szene allenfalls süffisante Kommentare.[33]

Ähnliches gilt auch für PR-Maßnahmen. Obermeier und Höcherl warnen zu Recht davor, daß die Kontexte der Empfänger bzw. Stakeholder eine ursprünglich beabsichtigte Kampagnenbotschaft verzerren oder gar ins Gegenteil verkehren können.[34] Insbesondere Ironie wird in Zeiten, in denen sich durch Individualisierung und Pluralisierung die Deutungsrahmen vervielfältigen, zu einer riskanten Kommunikationsform. Denn die unterschiedlichen Interpretationsweisen können die Botschaft auch als ernstgemeint auffassen.[35] Es verwundert dann nicht, wenn sich eine Kampagne als gefährlicher Bumerang erweist und folglich besser unterblieben wäre. Auch die Existenz fremder Kampagnen kann die Wahrnehmung und Deutung eigener PR-Maßnahmen stören. Eine sorgfältige Erforschung von Worst-Case-Kontexten, wie sie in Kapitel 7 dargestellt wurde, ist daher indiziert.

Gegen gefährliche Assoziationen als »Zerstörer« müssen Unternehmenskommunikation und Markenführung jedoch nicht machtlos sein, wie das Beispiel der Smart-Kampagne zeigt, welche in zeitlicher Nähe des Umkippens von A-Klasse-Fahrzeugen geschaltet wurde. Trotzdem eine kontraproduktive Assoziation nahegelegen hatte, ließ eine kluge Werbeaussage diese Gefahr nicht aufkommen, da er die quasi selbstverständliche Integration des neuen Automobils in das Alltagsleben betonte. Dieses Deutungsmuster der Enkulturation eines Produkts stellt einen ganz anderen Zugang dar, als es bei der Kampagne der als revolutionär angekündigten Mercedes A-Klasse der Fall war.

Eine Ausdehnung der Analyse auf andere Formen der Marketingkommunikation ist ohne weiteres zu bewerkstelligen. Wenn es gilt, die im Rahmen eines öffentlichen Marketing-Events zitierten Themen zu beurteilen, wird die Matrix von Abbildung 9-2 um je eine Zeile und Spalte »Event« erweitert. Verbindet man dies mit einer Untersuchung der Issues aus den Public Relations, wird darüber hinaus klar, ob und inwieweit der Gesamtauftritt des Unternehmens als stimmig wahrgenommen wird.

Fassen wir zusammen: Die Aufgabe des Themenmanagements besteht in der gezielten Analyse und Gestaltung von Themenstrukturen anhand ihrer aktuellen und potentiellen Vernetzungen. Es handelt sich daher um ein Management der Schnittstellen von Trend, Szene, Produkt, Marke usw. in den Vorstellungswelten der Konsumenten, Szenen oder Stakeholder.

Aufbau strategischer Flexibilität

Der Querschnittscharakter von Trends und Issues kommt nicht zuletzt darin zum Ausdruck, daß nie nur ein Bereich eines Unternehmens betroffen ist, sondern immer mehrere Funktionen zugleich. Bisher haben wir das Augenmerk bei den Maßnahmen vor allem auf diejenigen Funktionen gelegt, die die meiste Außenwirkung besitzen. Von Entwicklungen im sozio-kulturellen und sozio-politischen Bereich ist darüber hinaus insbesondere der Bereich Human Resources/Personal betroffen, da sich ein Wandel im sozio-kulturellen Umfeld naturgemäß auch als Wandel der Vorstellungen von Mitarbeitern äußert. Im Dienstleistungssektor, wo veränderte Vorstellungswelten und Ansprüche von Mitarbeitern besonders ausgeprägt mit veränderten Vorstellungswelten und Ansprüchen von Kunden konfrontiert sind, kann dies eine beträchtliche Herausforderung für die Unternehmensführung bedeuten – mit entsprechenden Konsequenzen für Ausbildungsangebote, Einstellungskriterien, Karrierepfade oder Entlohnungssysteme.

Doch nachdem potentiell alle Ressourcen und Kompetenzen strategischen Charakter besitzen und von strategischen Issues betroffen sein können, scheidet letztlich eine Fokussierung der Maßnahmen auf wenige Bereiche aus. Unter das strategische Ressourcen-Management fallen daher sämtliche einem Unternehmen zur Verfügung stehenden Ressourcen, angefangen von tangiblen Vermögensgegenständen über Fähigkeiten und Wissen der Mitarbeiter bis hin zu intangiblen Vermögenswerten.[36] Wie sehr beispielsweise Informationstechnologie zum strategischen Faktor werden kann, zeigen einerseits die Erfolge von Internet-Firmen, die plötzlich neue Formen des Kauferlebnisses und der Inszenierung bieten (z. B. Auktionen, globale Schnäppchenjagd oder One-Stop-Shopping für ausgefallene Produkte) und andererseits die massenhaften Bemühungen zur Schadensbegrenzung in bezug auf das »Jahr-2000-Problem«. Hier hatten wir es mit einem Issue zu tun, das zwar seine Wurzeln im technologischen Bereich hatte, aber angesichts der imaginierbaren Folgen sehr schnell Einzug in die sozio-politische Sphäre hielt. Insgesamt geht es also um die Entwicklung und den Einsatz der Ressourcen eines Unternehmens und insbesondere um die Entwicklung der Kernkompetenzen im Unternehmen. Da diese je unternehmensspezifisch ausgeprägt sind, können allgemeingültige Feststellungen über die Tauglichkeit von Maßnahmenpaketen nicht gegeben werden. Wohl aber lassen sich zielführende Überlegungen zur Flexibilität bzw. flexiblen Gestaltung von Ressourcen anstellen.

Igor Ansoff, der Vater des Issue-Gedankens im Bereich des Strategischen Management, hat von Anfang an neben der Rolle der »Schwachen Signale« das Konzept der »abgestuften Antwort-Strategien« in den Mittelpunkt des Interesses gestellt.[37] Darunter versteht er eine Reaktion auf Issues, die dem Klärungsgrad angemessen ist. Trends, die sich erst sehr vage abzeichnen, werden zunächst nur Monitoring-Aktivitäten in Form von weiterer Informationsbeschaffung auslösen, nicht jedoch strategische Maßnahmen größerer Dimension. Hier drohen sonst die in Kapitel 1 aufgeführten voreiligen Festschreibungen, die womöglich nicht rückgängig gemacht werden können, sollte wider Erwarten alles ganz anders kommen. Nicht immer wird eine solche eindeutige Zuordnung zu leisten sein; eine mehr oder weniger beträchtliche Grauzone existiert. Hier kommt der Gedanke der bewußten Erzeugung von Flexibilität ins Spiel, um gegebenfalls hinreichend schnell eine Adaption bewerkstelligen zu können.[38] Bewußt wird dabei auf Evolutionsprozesse in der Natur Bezug genommen, wo adaptionsfähige Arten trotz einer gewandelten Umwelt einen Überlebensvorteil verzeichnen. Bei näherem Hinsehen lassen sich diese evolutionsbiologischen Phänomene jedoch ganz anders deuten: Es erfolgt in vielen Fällen keine Adaption als unmittelbare *Reaktion* auf die Veränderung des Umfelds, sondern bereits vorhandene Fähigkeiten und Merkmale, die in einem ganz anderen Zusammenhang entwickelt worden waren, lassen sich unter geänderten Umweltbedingungen plötzlich besonders vorteilhaft nutzen. Das heißt, wir haben es hier – wieder einmal – mit einem Prozeß des Umdeutens und Umfunktionierens zu tun. Im Gegensatz zur rein reaktiven Adaption (»adaptation«) nennt die Evolutionsbiologie dies »exaptation«, also vorweggenommene Anpassung.[39] Für ein echtes Issue-Management ist dieser Gedanke von hoher Relevanz, denn die lapidare Forderung, man möge Flexibilitätspotentiale vorhalten, ist für sich genommen nicht sonderlich hilfreich und praxisnah.

Hierin liegt letztlich ein weiteres Kernproblem der herkömmlichen SWOT-Analysen begründet. Durch eine a priori erfolgte Einsortierung in Stärken/Schwächen und Chancen/Risiken bleibt völlig unbeachtet, daß sich gerade Schwächen im Lichte von neuen Umfeldkonstellationen als Stärken entpuppen können. Im Zuge des Issue-Management ist daher besonders genau zu prüfen, inwieweit sich bisher wahrgenommene Schwächen zu Stärken umdeuten bzw. umfunktionieren lassen und daher bewußt gepflegt und weiterentwickelt werden sollten.[40] Hierin liegen u.U. wesentliche und kontrollierte Flexibilitätspotentiale, ohne daß blind-beliebig in zusätzliches Personal, in Sachanlagen etc. investiert werden muß. Absichtlich aufgebaute Leerkapazitäten können sich nämlich als Quellen beträchtlicher Inflexibilität erweisen, wenn sie sich nicht umnutzen lassen. Eine Bestandsaufnahme der einem Unternehmen tatsächlich zur Verfügung stehenden Ressourcen und Kompetenzen in Form von Fähigkeiten, Anlagen und immateriellem Vermögen stellt daher eine wichtige Grundlage dar, um Flexibilität bezüglich Trends und Issues gezielter bereitzustellen. Wie dies im einzelnen geschehen kann, würde an dieser Stelle zu weit führen; ein solches Verfahren der Identifikation von strategisch relevanten Ressourcen und Kompetenzen ist ausführlich bei Fengler erläutert.[41]

Weitere Maßnahmen bestehen in der gezielten Herstellung von »interpretativer Flexibilität« bei Marken und Produkten, wie sie oben geschildert wurde. Sie ermöglicht bzw. stimuliert sehr unterschiedliche, positiv besetzte Interpretationen und hält gleichzeitig die Wahrscheinlichkeit für die erfolgreiche Anwendung schädlicher Kontexte gering. Mit anderen Worten, im Issue-Management kommt der symbolischen Flexibilität – insbesondere während der Diagnosephase – eine zentrale Rolle zu. Wesentlich wichtiger als die Flexibilität durch Bereitstellen von Kapazitäten erscheint schließlich auch die Flexibilität der strategischen Agenda und die mentale Flexibilität des Managements bei der Interpretation von Trends und Issues.[42] Denn verfügbare Ressourcen besitzen keinerlei Bedeutung, wenn das Agenda-Building zu träge erfolgt und das Top-Management folglich nicht die richtigen Themen zu seinen strategischen Issues gemacht hat. Die Qualität der strategischen Agenda wird damit zum wichtigsten Gradmesser der strategischen Flexibilität eines Unternehmens.

10 INFORMATIONSBESCHAFFUNG IM ZEITALTER NEUER MEDIEN

Fragen der Informationbeschaffung, welche eigentlich am Beginn des Prozesses der Issue-Diagnose stehen, sind bisher bewußt ausgeklammert worden. Denn es sollten erst die Anforderungen der nachgelagerten Prozeßschritte geklärt sein, bevor die konkrete Ausgestaltung von Scanning und Monitoring festgelegt wird. In diesem Kapitel sollen eine Reihe von ausgewählten Einzelfragen, die sich aus aktuellen Entwicklungen der Medienlandschaft ergeben, behandelt werden. Erstens geht es um die Selektion der Informationsquellen – eine Frage, die vor allem darauf abstellt, daß durch neue Medien neue Formen von Öffentlichkeit entstehen. Zweitens gilt es zu diskutieren, ob tatsächlich Trends und Issues »von unten« und »von der Straße« kommen, wie es in zahlreichen Publikationen zum Trend- und Issue-Monitoring zu lesen ist. Mit anderen Worten, ist »street credibility« ein sinnvolles Kriterium sowohl für Trends als auch für die Auswahl der zu beobachtenden Medien? Drittens wird anhand einer Fallstudie zusammenfassend gezeigt, welche Potentiale in einem geschickten Themenmanagement per Internet stecken können.

Die Zugangsbarrieren zur Öffentlichkeit fallen

In Kapitel 5 haben wir das fundamentale Problem des Scanning damit beschrieben, etwas zu suchen, von dem man nicht weiß, was es sein könnte, wie man es finden könnte und wo man zu suchen hat. Die einzige Regel für die Informationsbeschaffung könnte lauten, daß »Schwache Signale« und Evidenzen für Trends und Issues potentiell überall auftreten und eine Eingrenzung daher nicht möglich ist. Unsere Studie über die Praxis der Umfeldanalyse in deutschen Großunternehmen (siehe Kap. 1) hat daher auch ergeben, daß eine enorme Bandbreite von Quellen für Zwecke der Umfeldanalyse herangezogen wird (Abb. 10-1).

Über die genannten Quellen hinaus sollte die Rolle der Zufallsfunde nicht unterschätzt werden: Cocktailparties, Ausstellungsbesuche oder eigene »Feldforschungen« in Szenekneipen oder neueröffneten Ladenlokalen haben bereits so manchen fehlenden Mosaikstein zum »big picture« beigesteuert. In jedem Fall führt es am Ziel vorbei, Scanning und Monitoring mit geheimdienstlicher Tätigkeit gleichzusetzen. Es existiert

Datenquelle	quantitative Daten	qualitative Daten
Vertriebsbefragungen	41,7 %	52,3 %
Kundenbefragungen	63,0 %	83,5 %
Lieferantenbefragungen	25,9 %	36,7 %
Expertenbefragungen	26,9 %	45,9 %
Eigene Mitarbeiter	46,3 %	67,9 %
Kreativ-Workshops	19,4 %	45,0 %
Innovationsteams	20,4 %	37,6 %
Imageuntersuchung des eigenen Unternehmens	40,7 %	47,7 %
Tests von eigenen Produkten	37,0 %	38,5 %
Konkurrenzbeobachtungen	75,9 %	73,4 %
Fachzeitschriften/-bücher	46,3 %	64,2 %
Allgemeine Zukunfts- und Trendliteratur	11,1 %	34,9 %
Messen	25,9 %	60,6 %
Vorträge/Kongresse	20,4 %	59,6 %
WorldWideWeb/Internet	49,1 %	52,3 %
Informationsdienste	52,8 %	43,1 %
Datenbanken	57,4 %	32,1 %
Trend-Scouts	7,4 %	15,6 %
Bildungsinstitute (z.B. Universitäten)	23,1 %	34,9 %
Institute für Zukunfts- und Trendforschung	17,6 %	22,9 %
Verbraucher-/Umwelt-/Bürgerinitiativen	7,4%	15,6 %

Abb. 10-1: Informationsbeschaffungsverhalten deutscher Großunternehmen – Quellen und Form der Umfeldinformation *(aus: Janson / Liebl 2000)*

nämlich de facto kein Grund für sich neu formierende Szenen, Interessengruppen oder Stakeholder, ihre Anliegen zu verheimlichen oder Geheimbündelei zu praktizieren. Durch das Internet ist endlich die Möglichkeit gegeben, virtuelle Gemeinschaften zu bilden, d.h. weltweit Gleichgesinnte zu finden, sich mit ihnen auszutauschen und öffentlich für das eigene Anliegen, die eigenen Interessen oder die eigenen ästhetischen Vorstellungen einzutreten und zu werben. Mit anderen Worten, die Zugangsbarriere zu (globaler) Öffentlichkeit hat sich im Laufe der letzten 20 Jahre durch die Verbreitung neuer Technologien – zuerst Xerokopie, dann Desktop-Publishing und schließlich Internet – Schritt für Schritt bis auf Null reduziert. Das erhöht gleichzeitig die Möglichkeit, die Kommunikation aller relevanten Stakeholder zu erfassen, verschärft jedoch das Mengenproblem noch einmal beträchtlich und erzeugt weiteren Bedarf an intelligenten Suchmechanismen. Gleichzeitig bedeutet der schrankenlose Zugang zu globaler Öffentlichkeit, daß das Zeitalter der heimeligen Graswurzel-Logik à la »thinking globally, acting locally« endgültig zu Ende ist. Vielmehr gilt zunehmend die umgekehrte Zustandsbeschreibung »thinking locally, acting globally«, denn das Internet erlaubt nunmehr eine *glo-*

bale Mobilisierung in bezug auf *lokale* Issues. Einige prominente Beispiele für diese neue Spielart eines »InfoWar«[1] sind:

- Der weltweite Protest gegen französische Atomversuche;
- die von den Niederlanden aus geführte »Help-B92« Kampagne, die den letzten regierungsunabhängigen serbischen Sender unterstützte und ihm eine Internet-Plattform zur Verfügung stellte;
- die Mobilisierungsaktion »Toywar« gegen den Internet-Spielwarenhändler eToys, die Ende 1999 dessen Aktienkurs binnen kurzer Zeit um zwei Drittel drückte und als »Brent Spar des E-Commerce« gilt. Das junge, erfolgreiche Internet-Business eToys (www.etoys.com) hatte im Vorfeld mit massiven juristischen Mitteln erwirkt, daß das Künstlerkollektiv etoy seine seit Jahren existente Website nicht mehr unter ihrem angestammten Namen www.etoy.com betreiben darf. Als Grund hatte eToys angegeben, daß Kunden, die durch Fehleingabe der Adresse versehentlich auf die etoy-Website gelangen, nachhaltig irritiert sein könnten. Daraufhin gab es von seiten der protestierenden Netzgemeinde – unter den Vorzeichen »Wem gehört das Internet?« und »Wieviel gelten angestammte Namensrechte, wenn ein finanzstarkes Unternehmen seine Interessen per Anwalt durchsetzt?« – nicht nur Datenblockaden der eToys-Server, sondern auch Aufrufe an die Aktionäre des börsennotierten Unternehmens. Beides führte zu einem massiven Einbruch des Aktienkurses, so daß eToys schließlich davon absah, auf seiner Position zu beharren, und sogar der Gegenpartei die angefallenen Kosten erstattete.[2]

Jenseits von »Street Credibility«

Im Zuge von weltweit operierenden Aktionen verblassen auch einige liebgewonnene Mythen. Öffentlichkeit und die einst vielzitierte »Gegenöffentlichkeit« sind nun nicht mehr zu trennen, da beide gleichermaßen im Internet Präsenz besitzen. Das betrifft insbesondere die Rolle von Special-Interest-Magazinen, sogenannten »Fanzines«. Noch vor Jahren wurde diesen Mikro-Medien eine wichtige Rolle für das Scanning und Monitoring zugeschrieben – als »Stimme des Volkes«, als Artikulationsebene der avantgardistischen Kulturproduktion oder als Sprachrohr von basisdemokratischen (»Graswurzel«-)Bewegungen. Wegen der Distributionsprobleme und der ungünstigen Kostenstruktur von Klein- und Kleinstauflagen sind die meisten dieser Publikationen mittlerweile ins Internet gewandert. Abgesehen davon hat eine empirische Studie gezeigt, daß Fanzines in Wirklichkeit mitnichten die ihnen so gerne zugeschriebene Vorreiterrolle spielen. Am Beispiel der Formierung jugendkultureller Szenen bzw. Subkulturen hat Thornton nämlich deutlich gemacht, daß Fanzines hierzu keine besonderen Beitrag leisten, da die meisten Publikationen eher bewahrenden Charakter haben und aussterbende kulturelle Phänomene retten wollen.[3] Andererseits beginnen Massenmedien erst dann mit der Berichterstattung, wenn die Szene eine bestimmte Größe und Auffälligkeit besitzt und aufgrund dessen breitere Aufmerksamkeit verdient. Es sind daher die spezialisierten Nischenmedien mit einer gewissen Mindestverbreitung, welche nicht nur die personellen Ressourcen und die Autorität, sondern auch den Wettbewerbsdruck besitzen, eine Berichterstattung über solche Phänomene frühzeitig sowie mit der erforderlichen Kompetenz und »street credibility« zu lancieren.

Ebenfalls als Auslaufmodell hat sich das Stellenprofil des sogenannten Trend-Scouts erwiesen, der als kundiger Beobachter in Szenen eintauchen sollte, um den Marktforschern möglichst authentische Berichte über ästhetische Entwicklungen in der Szene zu liefern sowie ihnen die Bedeutungen der szene-eigenen Sprache und Zeichencodes verständlich zu machen. Doch die Erfahrungen der Unternehmen mit dieser Form der Trendforschung waren auf breiter Front enttäuschend. Trend-Scouts kämen, so häufig die Klage, von ihren Exkursionen etwa mit der Meldung zurück, daß junge Afro-Deutsche unter 25 Jahren vorzugsweise Feinripp-Unterwäsche trügen. Was man mit solchen Aussagen denn anfangen solle, wird da zu Recht von den Auftraggebern gefragt. Dennoch bleibt das fundamentale Problem bestehen, das Stück fremde Wirklichkeit auf geeignete Weise zu identifizieren und den Entscheidern zugänglich zu machen. Die Erstellung von Videomaterial, das einen Gesamteindruck von Sprachgebrauch, optischem Erscheinungsbild und Verhaltensweisen einer Subkultur bzw. Szene liefert, bieten daher spezialisierte Agenturen ihren Auftraggebern an.[4] Vergleichbar ist dies mit der Art und Weise, wie im Bereich des Designs Stilwelten per Collage dargestellt werden.[5] Im Moment muß jedoch offen bleiben, für welche Art von Fragestellungen solche Erhebungs- und Darstellungsformen geeignet sind: ob für die Identifikation von neuen Phänomenen oder zur Bestimmung des Verbreitungsgrades von bestimmten Themen und ästhetischen Ausdrucksformen.

Deutlich wird bei der Informationsbeschaffung eines: Es existieren keine Gesetzmäßigkeiten, wo Trends entstehen und wie sie sich verbreiten. Einstmals als typische Vorreitergruppen politischer oder ästhetischer Neuerungen geltende Alters- und Berufsgruppen – z.B. 20–30jährige, Künstler oder die Studentenschaft – besitzen dieses Monopol nicht mehr. Auch die Mechanik des »trickle-down« – d.h. neue Entwicklungen entstehen in gesellschaftlichen Eliten und finden dann nach und nach in der breiten Bevölkerung Verbreitung[6] – stellt kein vorherrschendes Modell der Diffusion mehr dar. Allerdings ist an seine Stelle nicht das »trickle-up« getreten, wonach Trends sozusagen »auf der Straße« entstehen und von da aus eine Verbreitung in weite Kreise hinein erfolgt. Zwar passiert dies, aber keineswegs so ausschließlich wie die Vertreter des »Street-Credibility-Mythos« es wahrhaben wollen.

Dies hat zu der paradoxen Situation geführt, daß im Bereich der Trendforschung mittlerweile jeder jeden beobachtet: Wo früher im Regelfall Markenartikler die Musikindustrie bzw. die Clips auf den Musik-Sendern beobachteten, um ihre Produkte in den Zeitgeist einzubetten, beobachten Musikmacher heute ebenso die Lebensstilangebote der Konsumgüterhersteller.[7] Was solche Informationen noch wert sind, bleibt ungeklärt. Albert Einsteins Diktum, wonach Imagination wichtiger als Wissen sei, erinnert noch einmal daran, daß der Mehrwert aus fundierter Issue-Diagnose und Kreativität resultiert anstatt aus Umfang und Geschwindigkeit der Informationsbeschaffung.

Neben den vielfältigen Sekundärdaten existieren jedoch auch Primärdaten, auf die Unternehmen Zugriff haben, nämlich die direkt an sie gerichtete Kommunikation von Kunden oder anderen Interessengruppen. Insbesondere durch das Internet, z.B. E-Mail oder eigens eingerichtete Diskussionsforen, kann die Kommunikation gefördert und wichtige Erkenntnisse über die Befindlichkeit der Stakeholder eingeholt werden: Von fanartiger Begeisterung für die Produkte über Beschwerden wegen bestimmter Aktionen des Unternehmens bis hin zu Anfragen bezüglich zukünftiger Baumaßnahmen – alles kann Gegenstand eines öffentlich im Internet verhandelten Themas sein. Unter den Bedingungen neuer Kommunikationstechnologien rückt der seit jeher von den PR-Leuten beschworene »Dialog« plötzlich in greifbare Nähe. Vielleicht zu schnell, als daß er von den Unternehmen richtig verstanden wird? Denn Dialog impliziert Interaktion – die eben nicht gegeben ist, wenn auf eine E-Mail-Anfrage binnen Sekunden ein automatisiertes Dankesschreiben retourniert wird und die eigentliche Antwort auch weiterhin Wochen auf sich warten läßt. Noch schwerer wiegt offenbar die Angst der Unternehmen vor einem Kontrollverlust beim computergestützten Dialog. Wer Diskussionsforen für Kunden und Interessenten einrichtet, muß nicht nur Kritik einstecken können, sondern u.U. auch mitansehen, wie sie sich im Netz weiter verbreitet. Diejenigen, die jedoch angesichts dieser unangenehmen Vorstellung von solchen Kommunikationsgelegenheiten absehen, werden womöglich niemals eine Idee von den Vorstellungswelten ihrer Kunden oder den Kontexten anderer Interessengruppen erlangen.

Fallstudie: Der Film *The Blair Witch Project*

Welche Potentiale in einem geschickten Themenmanagement per Internet stecken können, zeigt das Beispiel des profitabelsten Kinofilms aller Zeiten, *The Blair Witch Project*. Er handelt von drei jungen Amerikanern, die eine Dokumentation über den Mythos einer kindermordenden Hexe machen wollten. Alles, was später gefunden wurde, so die Geschichte, ist ihr Videomaterial; jenes erweckt den Anschein, daß die Exkursion für sie wohl ein ebenso abruptes wie fatales Ende hatte. Bevor der Film überhaupt gedreht wurde, existierte bereits eine Website über diesen erfundenen Mythos, der geschickt die Mechanik der zahlreichen Verschwörungstheorien im Internet nutzte und die Kommunikation über den Film effizient stimulierte. Das Thema existierte also bereits lange vor dem Filmstart; bei *The Blair Witch Project* handelt es sich eher um den Film zur Website als umgekehrt.

Doch auch der Film selbst lohnt eine nähere Betrachtung, da er in innovativer Weise den Möglichkeitsraum der paradoxen Trendkonstellation »authentische Inauthentizität« ausreizt. Bisherige Spielarten, die ein Vermischen von Authentischem und Inauthentischem sowie von Realismus und Fiktion bewerkstelligten, waren »Infotainment« (Nachrichten und Information mit besonders hohem Unterhaltungsanteil), »Docu-Soap« (Seifenoper, in der aktuelle Tagesereignisse verarbeitet werden), »Dogma-Film« (Spielfilm nach Regeln, die auf der Produktionsweise des Dokumentarfilms basieren), »Pseudomentaire« (Collage aus Dokumentarsequenzen und Spielfilm), »Mockumentary« (gefälschter Dokumentarfilm) oder »observierende Dokumentation« (Personen dürfen sich nur auf eng umgrenztem Terrain bewegen und werden bei ihren täglichen Verrichtungen gefilmt). *The Blair Witch Project* geht hier insofern noch einen Schritt weiter, als er auch die Form auf den Inhalt hin anpaßt. Indem ausschließlich verwackelte, im Ausschnitt dilettantische und teilweise völlig fehlbelichtete Sequenzen gezeigt werden, entsteht eine Art »gefälschter Ultra-Realismus«[8], der nicht nur extrem billig zu produzieren, sondern auch niemals vorher im Kino in dieser Konsequenz gezeigt worden war. Dabei realisiert der Produktauftritt durch seine starke Internet-Komponente letzten Endes noch eine weitere Facette der »authentischen Inauthentizität«, nämlich die gleichgewichtige Bedeutung von Realität und Virtualität.

Das Bild eines ausgeklügelten strategischen Marketing wird durch den Soundtrack zum Film schließlich auf die Spitze getrieben. Dieser vermeintliche »Soundtrack« ist im Film gar nicht zu hören, sondern enthält eine Zusammenstellung von bekannten Aufnahmen, die dem düster-melancholischen Musik-Genre »Gothic« bzw. »Dark Wave« entstammen. Mit dem Titel *Josh's Blair Witch Mix* wird dabei suggeriert, einer der Protagonisten hätte diese Musik als Mixcassette auf der Exkursion bei sich gehabt. Es gibt kaum Beispiele in der Marketing-Geschichte, wo mit derartiger Konsequenz eine Thematisierung und erzählerische Aufladung eines Produkts mitsamt seinem Merchandising erfolgt war. Wenn sich nun beim Regisseur Anfragen von Hollywood-Produzenten häufen, er möge für sie verwackelte Horrorfilme drehen, zeigt dies, daß weder das Konzept in seiner Gesamtabstimmung und in seinem Bezug zu den Trendkonstellationen verstanden noch die neuartige Verzahnung von Online- und Offline-Welt erkannt wurden.

11 ZUSAMMENFASSUNG

Der Soziologe Claus Offe stellte auf einer Podiumsdiskussion fest: »Die Irritation hat jedoch zugenommen, seit wir bei jeder Trendaussage, die wir treffen, damit rechnen müssen, daß auch das Gegenteil wahr ist.«[1] Die folgende Klage hört man daher immer wieder: die Untersuchung von Trends bringe nicht viel, da die Aussagen nicht zuverlässig und valide seien. Ein gravierendes Mißverständnis.[2] Wie wir gesehen haben, geht es in hochgradig turbulenten Umfeldern nicht mehr darum, genau zu prognostizieren und sodann die eigenen Maßnahmen darauf hin zu optimieren. Wer die Charakteristika von Kommunikation und menschlicher Wahrnehmung ernst nimmt, darf nicht davon ausgehen, daß Trends auf objektiven Tatbeständen beruhen und eine Prognostizierbarkeit gegeben ist. Es sind die Vorstellungswelten von Stakeholdern und Konsumenten, die wichtige und prägende Kontexte für die Entwicklung von Themen in Medien, in der öffentlichen Diskussion und letztlich auch am Markt bilden.

Der in diesem Band vorgestellte Prozeß des Issue-Management und insbesondere die darin enthaltene Methodik der Themendiagnose versuchen dem gerecht zu werden. Als Ziel wird anvisiert, Möglichkeitsräume zu generieren, um in ihnen Zukunft zu gestalten. Dazu ist es erforderlich,

- in vermeintlichen Trendmeldungen das Neue und Erstmalige zu identifizieren;
- gezielt neue Konstellationen von Trends und Issues zu entwickeln, um die Wahrnehmung zu schärfen und kritische Umfelder zu antizipieren;
- von einer Kategorisierung in Chancen und Risiken sowie in Stärken und Schwächen abzusehen;
- Agenda-Building im Unternehmen sowohl »top-down« als auch »bottom-up« zu realisieren;
- gezielt Diversität in Issue-Teams herzustellen, sowohl was die Abteilungszugehörigkeit als auch was den Hintergrund der Beteiligten betrifft;
- den Public Relations ein neues Selbstverständnis zu verleihen und Maßnahmen des strategischen Marketing und der Unternehmenskommunikation gleichberechtigt nebeneinanderzustellen.

Zukunft zu gestalten bedeutet, sich nicht auf Reagieren und bloßes Adaptieren zu beschränken. Das gilt auch für die Bereitstellung von Flexibilitätspotentialen im Unternehmen, wenn für Maßnahmen noch nicht die

Zeit reif ist. Denn eine auf Adaption gerichtete Flexibilität würde Möglichkeiten verschenken, wenn sie lediglich Trends übernehmen würde und den entstehenden Gestaltungsspielraum zum »Trend-Shaping« ungenutzt ließe. Nur Trends zu adaptieren bzw. sich an Trends oder Issues lediglich anzupassen, ist vielmehr Ausdruck einer unzureichenden Diagnose – meist mit Fehlern sowohl in der Tiefen-Analyse als auch in der Potential-Synthese, wo offensichtlich die Möglichkeitsräume nicht ausgelotet wurden.

Gary Hamel prangert zu Recht die Ansicht an, daß strategische Diagnose und Strategie-Entwicklung die leichte Übung seien und die Implementierung das harte Brot. Die meisten Implementierungsprobleme sind seiner Auffassung nach vielmehr verdeckte Probleme der strategischen Diagnose. Mit anderen Worten, die betreffenden Unternehmen haben nicht gesehen, wie sich die Basis des Wettbewerbs verändert hat. Und sie haben auch nicht gesehen, wie sich die Natur des Konsumenten gewandelt hat. Der Punkt ist daher, so Hamel, der folgende: Was heute bei diesen Unternehmen alles an Problemen im operativen Bereich vorliegt, ist nur deshalb entstanden, weil sie nicht die Gelegenheiten erkannt haben, die ihnen das Umfeld bot, um die Spielregeln des Wettbewerbs zu verändern.[3] Prognosen allein reichen hierzu nicht mehr aus, denn sie produzieren trügerische Scheinsicherheiten, während es beim Trend- und Issue-Management um die Imagination und Nutzung von prinzipiell offenen Prozessen geht. Und für die gilt der Satz, den Bret Easton Ellis in seinem Roman *Glamorama* gebetsmühlenartig wiederholt, bevor dem Protagonisten Victor Ward aufs Neue überraschende und bizarre Dinge zustoßen: »*It's what you don't know that matters most.*«[4]

ANMERKUNGEN

Vorwort

1 Coupland 1991
2 Hamblett/Deverson 1964
3 Jacquet 2000

Kapitel 1

1 Nolan 1985
2 Lau 1988
3 Eder 1988
4 Seidl 1999; Distelmeyer 1999; Wefing 1996, 1999
5 Wefing 1999
6 Martinez 1999
7 Thier 1999
8 Sentker 1999
9 Gabriel/Lang 1995
10 z.B. Ritchie 1995
11 Reichheld 1993
12 Hammann/Palupski/Bofinger 1997
13 Liebl 2000a; Titel eines Dokumentationsfilms über die Geschichte des Graffiti Painting, produziert von Tony Silver und Henry Chalfant, Regie Tony Silver (1983)
14 Philippi 1999
15 Fuchs 1993
16 Horizont v. 13. Mai 1999
17 Liebl 1999a
18 Drosten/Stippel 1999; Meinhart 1999
19 z.B. Garms 1999
20 Janson/Liebl 2000
21 Brown 1979
22 Dutton 1986b
23 Ansoff 1976, 1980
24 Porter 1980, 1985
25 Ausgabe März/April 1997
26 Ausgabe vom 2. September 1996
27 Hamel 1997
28 Porter 1996
29 Ackoff 1997, 1999
30 Ansoff/Sullivan 1993
31 Drosten/Stippel 1999
32 Porter 1997
33 Ansoff 1980
34 siehe hierzu ausführlich Rughase 1999
35 siehe hierzu ausführlich Fengler 2000

Kapitel 2

1 Stimson 1991
2 Rogers/Dearing 1988
3 Eichhorn 1996
4 Eyestone 1978
5 Luhmann 1970
6 Downs 1972
7 Renfro 1983
8 Luhmann 1970
9 Mauss 1975
10 *Süddeutsche Zeitung* vom 7. August 1999
11 Renfro 1993
12 Mitroff 1983
13 Donaldson/Preston 1995
14 Rowley 1997; Mitchell/Agle/Wood 1997
15 Friedman 1970
16 Wood 1991a, 1991b; Wood/Jones 1995
17 Rappaport 1986
18 Janisch 1992; Gomez 1993
19 Wood/Jones 1995; Liebl 1997
20 Rappaport 1999
21 persönliche Kommunikation mit Karsten Fischer, Berlin-Brandenburgische Akademie der Wissenschaften
22 Mitroff 1983
23 Heath 1997
24 Eno 1992

Kapitel 3

1 Wartick/Mahon 1994
2 Eyerman/Jamison 1991
3 Zald 1987; Hilgartner/Bosk 1988
4 Jehle 1980
5 Klandermans 1988
6 Bateson 1972; Goffman 1974
7 Tannen 1993

8 Goffman 1974
9 Eyerman/Jamison 1991
10 Eichhorn 1996
11 Gerhards 1993
12 Snow/Benford 1988
13 Kriesberg 1982
14 van de Riet 1997
15 Luhmann 1995, 1999
16 Weiß 1989, 1992
17 Foss/Larkin 1986
18 Klandermans 1988
19 Mathes 1989
20 Rogers/Dearing 1988
21 Hilgartner/Bosk 1988
22 Meyers 1992
23 Gamson 1988
24 McCombs/Shaw 1972
25 Cohen 1963
26 Weiß 1989, 1992
27 McCarthy 1994
28 Mathes 1989
29 Luhmann 1995
30 Nolan 1985
31 Groys 1997; Liebl 1999b
32 siehe hierzu auch Antoine-Paille/Banos-Trégan 1999
33 Steger/Winter 1996
34 Cobb/Elder 1983
35 Cobb/Elder 1983
36 Imhof 1993b
37 Beger/Gärtner/Mathes 1989
38 Liebl 1999b
39 Protess/Cook/Curtin/Gordon/Leff/McCombs/Miller 1991
40 Downs 1972; Hilgartner/Bosk 1988
41 Nolan 1985; Schönbach 1992
42 Beger/Gärtner/Mathes 1989
43 Gamson 1988
44 Liebl 1996b
45 Snow/Benford 1988
46 Snow/Benford 1988
47 Benford/Hunt 1992
48 Steger/Winter 1996
49 Hilgartner/Bosk 1988
50 Downs 1972
51 Dutton 1986b
52 Imhof 1993a
53 Mauss 1975
54 z.B. Kingdon 1984
55 Entman/Paletz 1980
56 Knopf 1998
57 Boorstin 1987
58 anon. 2000; Philippi/Haering 2000; Heuer 2000
59 Fishman 1980
60 Eichhorn 1996
61 Thornton 1995
62 Luger 1992
63 z.B. Steger/Winter 1996
64 Mertens/Rackelmann 1979
65 Mayer 1991
66 Imhof 1993a, 1993b
67 Kelly 1997, 1998

Kapitel 4

1 Grove 1996
2 Naisbitt 1984
3 Gerken 1993
4 Horx/Wippermann 1996
5 Glaser 1995; siehe auch Abb. 1-1
6 Groys 1992
7 Bovier/Cherix 1998
8 Groys 1992
9 Virilio 1997
10 Parker 1999
11 Liebl 1998a
12 Coupland 1991
13 Eisenhut 1999
14 Heller 1999
15 Popcorn 1991; Gerken 1993
16 Heath 1997
17 Chase 1984
18 Pluta 2000
19 Kroker/Weinstein 1994

Kapitel 5

1 Müller 1985
2 Staun 2000; Tulgan 1996
3 Schütz 1999
4 Schwub-Gwinner 1993; Thomas/McDaniel 1990
5 Goffman 1974
6 Dutton/Fahey/Narayanan 1983
7 Gaunt/Ollenburger 1995
8 Dutton/Ashford 1993
9 anon. 1999a

Kapitel 6

1 Ackoff 1997
2 Johnston/Laraña/Gusfield 1994
3 Fitzgerald 1993
4 z.B. Sulzmaier 1999; Rughase 1999; Liebl 1999c
5 Herrmann 1999
6 Grossberg 1994
7 Thomas/Thomas 1928
8 siehe hierzu Liebl 1996a
9 Irwin 1977
10 Gebhardt 1997
11 Gebhardt 1999
12 Thornton 1995; Liebl 2000b
13 V2 1995
14 Liebl 1999c
15 Meinecke 1998
16 Groys 1997
17 Dammler/Melza-Lena 1999
18 Diederichsen 1997
19 Pauser 1995
20 Groys 1999a
21 Terkessidis 1999
22 Eden/Ackermann 1998
23 Mitchell/Agle/Wood 1997
24 Hirschman 1970; siehe auch Zald/Berger 1987
25 anon. 1999c
26 Smith 1990
27 Mitchell/Agle/Wood 1997

Kapitel 7

1 Ross 1991
2 z.B. Schwartz 1991; Hoffmann 1993
3 Way 1991
4 Balkin 1998
5 Popcorn 1991
6 Liebl 1994; Liebl/Herrmann 1996
7 Simon 1998
8 anon. 1996; Kilb 1996; Sterneborg 1996; Wiegand 1996
9 Lury 1997
10 Haraway 1985
11 Agrell 1997; Vidal 1997
12 Schwub-Gwinner/Wiesmann 1994
13 Lovink/Schulz 1999
14 Plasonig 1997
15 de Certeau 1988
16 Liebl 1999a; Makowsky 2000
17 Diederichsen 1998
18 Plasonig 1997
19 *Frankfurter Allgemeine Zeitung* vom 12. Januar 2000
20 Winter/Steger 1998; Wille 1999
21 Kegel 1999; Mejias 1999; Ziemer 2000
22 z.B. Laraña/Johnston/Gusfield 1994

Kapitel 8

1 z.B. Heath 1997
2 Dutton/Ashford/O'Neill/Hayes/Wierba 1997
3 Dutton 1986a
4 Dutton/Duncan 1987
5 Dutton/Stumpf/Wagner 1990
6 Dutton 1997
7 Dutton/Penner 1993
8 Dutton/Dukerich 1991
9 Dutton/Dukerich 1991
10 Dutton/Jackson 1987
11 King 1980
12 Weick 1979
13 Dutton 1993a
14 Dutton 1993b
15 persönliche Kommunikation mit Till Novotny, panlogos GmbH, Offenbach
16 persönliche Kommunikation mit Till Novotny, panlogos GmbH, Offenbach
17 Dutton/Jackson 1987
18 Dutton 1993a
19 Staw/Sandelands/Dutton 1981
20 Weick 1979
21 Kingdon 1984; Abell 1978
22 Dutton/Ashford/O'Neill/Hayes/Wierba 1997
23 Dutton 1993b
24 Hamel 1996, 1998
25 Dutton 1993b
26 Eden/Jones/Sims 1983
27 z.B. Heath 1997
28 Acreman/Bahns 1999
29 Liebl 1998b

Kapitel 9

1 Hill/Westbrook 1997
2 Ghorpade 1986; Sutherland/Galloway 1981
3 Chase 1977, 1984
4 Grunig/Hunt 1984
5 Reinmöller 1998
6 Cova 1999
7 Bijker 1997
8 Groys 1997
9 Groys 1999b
10 Groys 1999b
11 Linde/Hill 1993
12 Schweitzer 1999
13 Büschemann 1999
14 Liebl 1999d
15 McIntosh/Leipziger/Jones/Coleman 1998
16 anon. 1999d
17 Musiolek 1999
18 Priddat 1996; Kollmann 2000
19 Wiedemann 1999; anon. 1999d; Wille 1999; Louven 1999; Reicherzer 2000
20 Herrmann 1999
21 anon. 1999b
22 Heath 1997
23 Johnson 1993
24 Cassidy 1990
25 Heath 1997
26 Höcherl 2000
27 Fischer 1999
28 *Abendzeitung* vom 10./11. Juli 1999
29 Obermeier 1999
30 Höcherl 2000
31 Siemons 1997
32 siehe z.B. Drosten/Stippel 1999
33 Champagner 1997
34 Obermeier 1999; Höcherl 2000
35 Liebl 1999b
36 Fengler 2000
37 Ansoff 1976, 1980
38 Volberda 1999; Pasmore 1994; Chakravarthy 1982
39 Gould/Vrba 1982
40 Ansoff 1980, 1984
41 Fengler 2000
42 Lester/Piore/Malek 1998

Kapitel 10

1 siehe auch Stocker/Schöpf 1998a, 1998b
2 Hauer/Pascual 2000; Berry 2000; Schneider 2000
3 Thornton 1995
4 Meinhart 1999; Lopiano-Misdom/De Luca 1997
5 Küthe/Thun 1995
6 Schnierer 1995
7 Drosten/Stippel 1999
8 Kniebe 1999

Kapitel 11

1 *Frankfurter Rundschau* vom 27. November 1999
2 siehe hierzu im einzelnen Liebl 2000c
3 Hamel 1997
4 Ellis 1999

WICHTIGE GRUNDLAGENWERKE UND WEITERFÜHRENDE LITERATUR

1 Ackoff, R. L.: Re-Creating the Corporation: A Design of Organizations for the 21st Century; New York 1999

Russell L. Ackoff gehört zu den wichtigsten Vertretern der modernen Managementforschung; dieser Band stellt die beste und aktuellste Zusammenfassung seiner radikalen Vorstellungen von Planung und Management als zukunftsorientierter Gestaltung dar.

2 Agentur Bilwet: Elektronische Einsamkeit – Was kommt, wenn der Spaß aufhört?; Köln 1997

Wo Trendbücher aufhören, fangen Geert Lovink und Agentur Bilwet erst an. Avancierteste Theorie für das postkritische, -humane, -mediale, ... Zeitalter. Ihr Credo: »Mille Plateaux zitiert man nicht, Mille Plateaux macht man.« Auch als Audio-CD unter dem Titel *1000 Fehler* erhältlich.

3 Ansoff, H. I.: Implanting Strategic Management; Englewood Cliffs, NJ 1984

Igor Ansoff, geistiger Vater der strategischen Planung und des strategischen Issue-Management, zählt neben Ackoff zu den wichtigsten Management-Forschern. Er gibt in diesem Buch eine umfassende Bestandsaufnahme zum Strategischen Management mit »Schwachen« und »Starken Signalen«.

4 Buck, A.; Herrmann, C.; Lubkowitz, D.: Handbuch Trendmanagement – Innovation & Ästhetik als Grundlage unternehmerischer Erfolge; Frankfurt/M. 1998

Die einzige umfassende Einführung in das Trendmanagement in deutscher Sprache. Praxisnah mit vielen Beispielen, geschrieben aus der Perspektive des Design- und Markenmanagements.

5 Chase, W. H.: Issue Management – Origins of the Future; Stamford, CT 1984

Ein Klassiker. Die erste umfassende Darstellung zum Thema Issue-Management in der PR. Auch heute noch lesenswert.

6 Clarkson, M. B. E. (Hg.): The Corporation and Its Stakeholders: Classic and Contemporary Readings; North York, Ontario 1998

Eine Sammlung von wichtigen Aufsätzen zum Stakeholder-Management. Bedauerlicherweise wurde kein Beitrag von Ian Mitroff aufgenommen.

7 Dearing, J. W.; Rogers, E. M.: Agenda-Setting; Newbury Park, CA 1996

Eine umfassende Bestandsaufnahme der Studien zum Agenda-Setting.

8 Eden, C.; Ackermann, F.: Making Strategy: The Journey of Strategic Management; London 1998

Ein Werk, das aus dem Einheitslook der Strategie-Bücher heraussticht, da es für die simultane Behandlung von Inhalt und Prozeß bei der Strategie-Entwicklung plädiert. Sehr anschlußfähig an das hier vorgestellte Konzept des Trend- und Issue-Managements.

9 Gerken, G.: Abschied vom Marketing – Interfusion statt Marketing; Düsseldorf 1990

Mit diesem Buch begann die Karriere der Trendforschung in Deutschland. Es liest sich auch heute noch aktuell und stellt zweifellos das Beste und Hellsichtigste dar, was jemals von einem deutschen Trendforscher geschrieben wurde.

10 Groys, B.: Über das Neue – Versuch einer Kulturökonomie; München 1992

Was macht das Neue aus? Welche Innovationsstrategien verfolgt die zeitgenössische Kunst? Warum kommen Dinge ins Archiv, während andere draußen bleiben? Ein Buch zur Vermeidung des Neuheits-Schocks.

11 Heath, R. L.: Strategic Issues Management: Organizations and Public Policy Challenges; Thousand Oaks, CA 1997

Das Standardwerk zum Thema strategisches Issue-Management, das allerdings klar auf Fragen der Unternehmenspolitik fokussiert und das Marketing weitestgehend ausspart.

12 Heijden, K. van der: Scenarios: The Art of Strategic Conversation; Chichester 1996

Die meisten Büchern zur Szenario-Technik vernachlässigen die strategische Perspektive. Van der Heijden hingegen bettet Szenarien nicht nur inhaltlich in die Strategie-Formulierung ein, sondern berücksichtigt auch die Einbindung in den Strategie-Entwicklungsprozeß. Eine hervorragende Ergänzung zu Eden/Ackermann.

13 Liebl, F.: Strategische Frühaufklärung: Trends – Issues – Stakeholders; München 1996

Die theoretische Grundlegung zu dem in diesem Buch vorgestellten Konzept des Trend- und Issue-Managements.

14 Obermeier, O.-P.: Die Kunst der Risikokommunikation; München 1999

Eine kompakte und praxisnahe Darstellung, die nicht mit Kritik an zweifelhaften Praktiken im Umgang mit Risiken und ihren Folgen spart. Eine gute Ergänzung zum vorliegenden Buch.

15 Schulze, G.: Die Erlebnisgesellschaft – Kultursoziologie der Gegenwart; Frankfurt/M. 1992

Das soziologische Grundlagenwerk für alle Formen des erlebnis-, event- und szeneorientierten Marketing.

LITERATURVERZEICHNIS

anon.: Crash; in: Frankfurter Allgemeine Zeitung, Nr. 273, 22. November, 1996; S. 39

anon.: Early Warning: Wenn Kassandra zu den Topmanagern spricht. Deutsche Bank initiiert Issue Management als Frühwarnsystem für Führungskräfte / Kommunikative Risiken managen; in: Horizont, Nr. 27, 8. Juli, 1999a; S. 20

anon.: »Ein tiefer Einschnitt in die Freiheit der Autowerber«; EU-Richtlinie wird Realität / Printwerbung mit Umwelt-Label / Autobranche nutzte Lobby nicht; in: Horizont 42/99, 21. Oktober 1999b; S. 1

anon.: Greenpeace setzt auf die Macht der Konsumenten; in: Frankfurter Rundschau, Nr. 157, 10. Juli, 1999c; S. 30

anon.: »Wir produzieren Spielzeug für Kinder, keine Jobs für Kinder« – Immer mehr Konzerne unterzeichnen Arbeits- und Sozialstandards / Ethiknorm SA 8000 soll für Transparenz sorgen; in: Frankfurter Allgemeine Zeitung, Nr. 301, 27. Dezember, 1999d; S. 15

anon.: So gut wie Bargeld; in: manager magazin, Vol. 30, Nr. 2, Februar, 2000; S. 62–82

Abell, D. F.: Strategic Windows; in: Journal of Marketing, Vol. 42, Nr. 3, July, 1978; S. 21–26

Ackoff, R. L.: Strategies, Systems, and Organizations: An Interview with Russell L. Ackoff; in: Strategy and Leadership, Vol. 25, No. 2, March / April, 1997; S. 22–27

Ackoff, R. L.: Re-Creating the Corporation: A Design of Organizations for the 21st Century; New York 1999

Acreman, S.; Bahns, L.: Breathing Life into Research Data; in: Fellows, D. (Hg.): ESOMAR Congress 1999 – The Race for Innovation: Marketing Research for Pole Position; Amsterdam 1999; S. 65–72

Agrell, P. S.: Ontological and Epistemological Variety; Paper Presented at EURO XV/INFORMS XXXIV Conference, Barcelona, July 14, 1997

Ansoff, H. I.: Managing Surprise and Discontinuity – Strategic Response to Weak Signals; in: Zeitschrift für betriebswirtschaftliche Forschung, Vol. 28, 1976; S. 129–152

Ansoff, H. I.: Strategic Issue Management; in: Strategic Management Journal, Vol. 1, No. 2, 1980; S. 131–148

Ansoff, H. I.: Implanting Strategic Management; Englewood Cliffs, NJ 1984

Ansoff, H. I.; Sullivan, P. A.: Optimizing Profitability in Turbulent Environments: A Formula for Strategic Success; in: Long Range Planning, Vol. 26, No. 5, 1993; S. 11–23

Antoine-Paille, M.-T.; Banos-Trégan, S.: New Health-Environment Fears and Innovation; Vortrag auf dem ESOMAR Congress 1999 – The Race for Innovation: Marketing Research for Pole Position; Paris, 5–8 September 1999

Balkin, J. M.: Cultural Software: A Theory of Ideology; New Haven, CT 1998

Bateson, G.: Steps to an Ecology of Mind – Collected Essays in Anthropology, Psychiatry, Evolution, and Epistemology; New York 1972

Beger, R.; Gärtner, H.-D.; Mathes, R.: Unternehmenskommunikation – Grundlagen, Strategien, Instrumente; Wiesbaden 1989

Benford, R. D.; Hunt, S. A.: Dramaturgy and Social Movements: The Social Construction and Communication of Power; in: Sociological Inquiry, Vol. 62, No. 1, Winter, 1992; S. 36–55

Berry, J.: Do As They Do, Not As They Do; in: Mute, No. 16, 2000; S. 22–23
Bijker, W. E.: Of Bicycles, Bakelites, and Bulbs: Toward a Theory of Sociotechnical Change; Cambridge, MA 1997
Boorstin, D.: The Image: A Guide to Pseudo-Events in America – 25th Anniversary Edition; New York 1987
Bovier, L.; Cherix, C.: Filling Those Nasty Bumper Holes! Another Conversation; in: Fleury, S. (Hg.): First Spaceship on Venus and Other Vehicles; Baden 1998; S. 63–64
Brown, J. K.: This Business of Issues: Coping with the Company's Environment; Conference Board Report No. 758; New York 1979
Büschemann, K.-H.: Dem Zeitgeist auf der Spur: Was der Kunde nicht will, aber immer wollte – Designer Patrick LeQuement verhilft Renault zu erfolgreichen Autos und einem modernen Image; in: Süddeutsche Zeitung, Nr. 294, 20. Dezember, 1999; S. 29

Cassidy, J.: Strategic Issues Management: An Integrated Systems View; in: Dean, B. V.; Cassidy, J. C. (Hg.): Strategic Management: Methods and Studies; Amsterdam 1990; S. 3–23
Certeau, M. de: Kunst des Handelns; Berlin 1988
Chakravarthy, B. S.: Adaptation: A Promising Metaphor for Strategic Management; in: Academy of Management Review, Vol. 7, No. 1, 1982; S. 35–44
Champagner, A.: Electrophonics: Breakbeats; in: Süddeutsche Zeitung, Nr. 114, 21. Mai, 1997; S. 15
Chase, W. H.: Public Issue Management: The New Science; in: Public Relations Journal, Vol. 33, No. 10, 1977; S. 25–26
Chase, W. H.: Issue Management – Origins of the Future; Stamford, CT 1984
Cobb, R. W.; Elder, C. W.: Participation in American Politics – The Dynamics of Agenda-Building (Second Edition); Baltimore, MD 1983
Cohen, B. C.: The Press and Foreign Policy; Princeton, NJ 1963
Coupland, D.: Generation X – Tales for an Accelerated Culture; London 1991
Cova, B.: From Marketing to Societing: When the Link Is More Important than the Thing; in: Brownlie, D.; Saren, M.; Wensley, R.; Whittington, R. (Hg.): Rethinking Marketing: Towards Critical Marketing Accountings; London 1999; S. 64–83

Dammler, A.; Melza-Lena, B.: Internationalität ist kein Benefit; in: Absatzwirtschaft, Vol. 42, Nr. 4, April, 1999; S. 28–30
Diederichsen, D.: Hören, Wiederhören, Zitieren; in: Spex, Nr. 1, Januar, 1997; S. 43–46
Diederichsen, D.: Eine Modegeschichte von Ware und Widerstand – Was Warhol wirklich wollte; in: gdi impuls, Vol. 16, Nr. 4, 1998; S. 34–47
Distelmeyer, J.: »Die Kultur der Gewalt muß aufhören«; Bill Clinton; in: Spex, Nr. 6, Juni, 1999; S. 50
Donaldson, T.; Preston, L. E.: The Stakeholder Theory of the Corporation: Concepts, Evidence and Implications; in: Academy of Management Review, Vol. 20, No. 1, 1995; S. 65–91
Downs, A.: Up and Down with Ecology – The »Issue-Attention Cycle«; in: The Public Interest, No. 28, Spring, 1972; S. 38–50
Drosten, M.; Stippel, P.: Planet Y: Wie Kids und Teens das Marketing verändern; in: Absatzwirtschaft, Vol. 42, Nr. 2, 1999; S. 14–20
Dutton, J. E.: The Processing of Crisis and Non-crisis Strategic Issues; in: Journal of Management Studies, Vol. 23, No. 5, 1986a; S. 501–517

Dutton, J. E.: Understanding Strategic Agenda Building and its Implications for Managing Change; in: Scandinavian Journal of Management Studies, August, 1986b; S. 3–24

Dutton, J. E.: The Making of Organizational Opportunities: An Interpretive Pathway to Organizational Change; in: Staw, B. M.; Cummings, L. L. (Hg.): Research in Organizational Behavior, Vol. 15, 1993a; S. 195–226

Dutton, J. E.: Interpretations on Automatic: A Different View of Strategic Issue Diagnosis; in: Journal of Management Studies, Vol. 30, No. 3, May, 1993b; S. 339–357

Dutton, J. E.: Strategic Agenda Building in Organizations; in: Shapira, Z. (Hg.): Organizational Decision Making; Cambridge 1997; S. 81–107

Dutton, J. E.; Ashford, S.: Selling Issues to Top Management; in: Academy of Management Review, Vol. 18, No. 3, 1993; S. 397–428

Dutton, J. E.; Ashford, S. J.; O'Neill, R. M.; Hayes, E.; Wierba, E. E.: Reading the Wind: How Middle Managers Assess the Context for Selling Issues to Top Managers; in: Strategic Management Journal, Vol. 18, No. 5, 1997; S. 407–425

Dutton, J. E.; Dukerich, J.: Keeping an Eye on the Mirror: The Role of Image and Identity in Organizational Adaptation; in: Academy of Management Journal, Vol. 34, 1991; S. 517–554

Dutton, J. E.; Duncan, R. B.: The Creation of Momentum for Change Through the Process of Strategic Issue Management; in: Strategic Management Journal, Vol. 8, No. 3, 1987; S. 279–295

Dutton, J. E.; Fahey, L.; Narayanan, V. K.: Toward Understanding Strategic Issue Diagnosis; in: Strategic Management Journal, Vol. 4, No. 4, 1983; S. 307–323

Dutton, J. E.; Jackson, S. E.: The Categorization of Strategic Issues by Decision Makers and Its Links to Organizational Action; in: Academy of Management Review, Vol. 12, No. 1, 1987; S. 76–90

Dutton, J. E.; Penner, W. J.: The Importance of Organizational Identity for Strategic Agenda Building; in: Hendry, J.; Johnson, G.; Newton, J. (Hg.): Strategic Thinking: Leadership and the Management of Change; Chichester 1993; S. 89–113

Dutton, J. E.; Stumpf, S. A.; Wagner, D.: Diagnosing Strategic Issues and Managerial Investment of Resources; in: Shrivastava, P.; Lamb, R. B. (Hg.): Advances in Strategic Management, Vol. 6; Greenwich, CT 1990; S. 143–167

Eden, C.; Ackermann, F.: Making Strategy: The Journey of Strategic Management; London 1998

Eden, C.; Jones, S.; Sims, D.: Messing About in Problems – An Informal Structured Approach to their Identification and Management; Oxford 1983

Eder, K.: Wertwandel: Ein Beitrag zur Diagnose der Moderne?; in: Luthe, H. O.; Meulemann, H. (Hg.): Wertwandel – Faktum oder Fiktion? Bestandsaufnahmen und Diagnosen aus kultursoziologischer Sicht; Frankfurt/M. 1988; S. 257–294

Eichhorn, W.: Agenda-Setting-Prozesse – Eine theoretische Analyse individueller und gesellschaftlicher Themenstrukturierung; München 1996

Eisenhut, J.: Das Zeitalter der Intuition: Grundlagen der kommenden Marketingkommunikation; in: gdi impuls, Vol. 17, Nr. 3, 1999; S. 20–27

Ellis, B. E.: Glamorama; New York 1999

Eno, B.: Extracts from the Encyclopedia of the Immediate Future – Eno's Keywords Examined; in: OPAL Information, No. 22, 1992; S. 11–13

Entman, R. M.; Paletz, D. L.: Eliten, Massenmedien und Meinungsklima – Ein Beitrag zur Theorie der öffentlichen Meinung aus amerikanischer Sicht; in: Media Perspektiven, Nr. 9, 1980; S. 605–612

Eyerman, R.; Jamison, A.: Social Movements – A Cognitive Approach; University Park, PA 1991

Eyestone, R.: From Social Issues to Public Policy; New York 1978

Fengler, J.: Strategisches Wissensmanagement: Die Kernkompetenzen des Unternehmens entdecken; Berlin 2000

Fischer, K.: Was ist »Gemeinwohl«? Vortrag auf dem Workshop des Arbeitskreises »Professionelles Handeln«: »Im Dienste der Menschheit? Gemeinwohlorientierung als Maxime professionellen Handelns«; Witten, 18. November 1999

Fishman, M.: Manufacturing the News; Austin, TX 1980

Fitzgerald, T. K.: Metaphors of Identity: A Culture-Communication Dialogue; Albany, NY 1993

Foss, D. A.; Larkin, R.: Beyond Revolution – A New Theory of Social Movements; South Hadley, MA 1986

Friedman, M.: The Social Responsibility of Business Is to Increase Its Profits; in: Beauchamp, T.; Bowie, N. (Hg.): Ethical Theory and Business (Third Edition); Englewood Cliffs, NJ 1987; S. 87–91 (Erstabdruck in: New York Times Magazine, September 13, 1970)

Fuchs, H. J.: Netzwerke, Cliquen und Szenen; in: Planung und Analyse, Nr. 4, 1993; S. 50–52

Gabriel, Y.; Lang, T.: The Unmanageable Consumer: Contemporary Consumption and Its Fragmentation; London 1995

Gamson, W. A.: Political Discourse and Collective Action; in: Klandermans, B.; Kriesi, H.; Tarrow, S. (Hg.): From Structure to Action: Comparing Social Movement Research Across Cultures – International Social Movement Research: A Research Annual, Vol. 1; Greenwich, CT 1988; S. 219–244

Garms, T.: Dramatischer Umbruch im Konsum-Markt: Erlebniswünsche und Emotionen prägen Konsum / Geschäft der Trend-Scouts boomt / Innovationsspirale dreht sich immer schneller; in: Horizont, Nr. 38, 23. September, 1999; S. 26

Gaunt, P.; Ollenburger, J.: Issues Management Revisited: A Tool That Deserves Another Look; in: Public Relations Review, Vol. 21, No. 3, 1995; S. 199–210

Gebhardt, W.: Techno-Kult und Wagner-Szene: Posttraditionale Vergemeinschaftungsformen im Vergleich; in: Artmaier, H.; Hitzler, R.; Huber, F.; Pfadenhauer, M. (Hg.): Techno – Zwischen Lokalkolorit und Universalstruktur; Dokumentation zum Workshop im Haus der Jugendarbeit am 24. und 25. Januar 1997; München 1997; S. 17–21

Gebhardt, W.: Individualisierung und Integration – Über neue Formen der Gemeinschaftsbildung; unveröffentlichtes Manuskript; Koblenz 1999

Gerhards, J.: Neue Konfliktlinien in der Mobilisierung öffentlicher Meinung – Eine Fallstudie; Opladen 1993

Gerken, G.: Trend-Zeit: Die Zukunft überrascht sich selbst; Düsseldorf 1993

Ghorpade, S.: Agenda-Setting: A Test of Advertising's Neglected Function; in: Journal of Advertising Research, Vol. 26, No. 4, 1986; S. 23–29

Glaser, P.: Zurück in die Zukunft; in: Vogue, Nr. 1, Januar, 1995; S. 46–48

Goffman, E.: Frame Analysis: An Essay on the Organization of Experience; Cambridge, MA 1974

Gomez, P.: Wertmanagement – Vernetzte Strategien für Unternehmen im Wandel; Düsseldorf 1993

Gould, S. J.; Vrba, E. S.: Exaptation – A Missing Term in the Science of Form; in: Paleobiology, Vol. 8, No. 1, 1982; S. 4–15

Grossberg, L.: Cultural Studies: Was besagt ein Name?; in: IKUS Lectures, Vol. 3, Nr. 17 + 18: Cultural Studies – Eine Intervention; Wien 1994; S. 11–40

Grove, A.S.: Only the Paranoid Survive: How to Exploit the Crisis Points That Challenge Every Company and Career; New York 1996

Groys, B.: Über das Neue – Versuch einer Kulturökonomie; München 1992

Groys, B.: Logik der Sammlung: Am Ende des musealen Zeitalters; München 1997

Groys, B.: Die Dauer der Bilder; in: Streuli, B.; Pfab, R. (Hg.): Beat Streuli CITY; Ostfildern-Ruit 1999a; S. 13–19

Groys, B.: Die Zukunft des Trends liegt in der Tautologie; Vortragsmanuskript zur Veranstaltung »Trendstörung – Stärken Sie Ihr Immunsystem gegen Trends« des Gottlieb Duttweiler Institut; Zürich, 27. Mai 1999b

Grunig, J. E.; Hunt, T.: Managing Public Relations; New York 1984

Hamblett, C.; Deverson, J.: Generation X; London 1964

Hamel, G.: Strategy as Revolution; in: Harvard Business Review, Vol. 74, No. 4, July–August, 1996; S. 69–82

Hamel, G.: Reinventing the Basis for Competition; in: Gibson, R. (Hg.): Rethinking the Future – Rethinking Business, Principles, Competition, Control & Complexity, Leadership, Markets and the World; London 1997; S. 76–92

Hamel, G.: Strategy Innovation and the Quest for Value; in: Sloan Management Review, Vol. 39, No. 2, Winter, 1998; S. 7–14

Hammann, P.; Palupski, R.; Bofinger, K.: Markenstreß: Ergebnisse einer explorativen Erhebung unter Jugendlichen; in: Marketing•ZFP, Vol. 41, Nr. 3, 1997; S. 177–183

Haraway, D.: A Manifesto for Cyborgs: Science, Technology, and Socialist Feminism in the 1980s; in: Socialist Review, Vol. 15, No. 2, 1985; S. 65–107

Hauer, M.; Pascual, A.: Server Nr. 09; in: de:Bug, Nr. 31, Januar, 2000; S. 42

Heath, R. L.: Strategic Issues Management: Organizations and Public Policy Challenges; Thousand Oaks, CA 1997

Heller, A.: Hätschelkinder der Konsumgesellschaft, in: NZZ Folio, Mai, 1999; S. 39–42

Herrmann, C.: Die Zukunft der Marke: Mit effizienten Führungsentscheidungen zum Markterfolg; Frankfurt/M. 1999

Heuer, S.: Wenn Vorstände Popstars sind: CEOs in Boxershorts, Gründer als Flirtberater, Pamela Anderson als Aushängeschild – in den USA ist Business längst Show-Business; in: brand eins, Vol. 2, Nr. 01, Februar, 2000; S. 26–32

Hilgartner, S.; Bosk, C. L.: The Rise and Fall of Social Problems – A Public Arenas Model; in: American Journal of Sociology, Vol. 94, No. 1, 1988; S. 53–78

Hill, T.; Westbrook, R.: SWOT Analysis: It's Time for a Product Recall; in: Long Range Planning, Vol. 30, No. 1, 1997; S. 46–52

Hirschman, A. O.: Exit, Voice, and Loyalty – Responses to Decline in Firms, Organizations, and States; Cambridge, MA 1970

Höcherl, R.: Strategische Public Relations; Dissertation, Universität Witten/Herdecke; Witten 2000

Hoffmann, V.: Unternehmen als lernfähige Denkfabriken im Praxistest: Lernen in und mit Szenarien; in: Gabler's Magazin, Nr. 10, 1993; S. 25–28

Horx, M.; Wippermann, P.: Was ist Trendforschung?; Düsseldorf 1996

Imhof, K.: Issue Management ex post: Medienereignisse als Indikatoren sozialen Wandels; Vortrag beim Daimler-Benz Kolloquium »Issue Management«, Stuttgart, 17. März 1993a

Imhof, K.: Vermessene Öffentlichkeit – vermessene Forschung? Vorstellung eines Projekts; in: Imhof, K.; Kleger, H.; Romano, G. (Hg.): Zwischen Konflikt und Konkordanz: Analyse von Medienereignissen in der Schweiz der Vor- und Zwischenkriegszeit; Zürich 1993b; S. 11–60

Irwin, J.: Scenes; Beverly Hills, CA 1977

Jacquet, C.: Mariko Mori: Cyberspace of Desire; in: Le Journal, No. 11, 26.01–29.05, 2000; S. 9

Janisch, M.: Das strategische Anspruchsgruppenmanagement – Vom Shareholder Value zum Stakeholder Value; St. Gallen 1992

Janson, I.; Liebl, F.: Wie zukunftsorientiert ist das Wissensmanagement in deutschen Unternehmen? Eine empirische Studie der Market Lab AG und des CompetenceCenter Strategie&Marketing der Universität Witten/Herdecke; Berlin/Witten 2000

Jehle, E.: Unternehmung und gesellschaftliche Umwelt – Grundlagen einer ökonomischen Theorie der pluralistischen Unternehmung; Stuttgart 1980

Johnson, P. T.: How I Turned a Critical Public into Useful Consultants; in: Harvard Business Review, Vol. 71, No. 1, 1993; S. 56–66

Johnston, H.; Laraña, E.; Gusfield, J. R.: Identities, Grievances, and New Social Movements; in: Laraña, E.; Johnston, H.; Gusfield, J. R. (Hg.): New Social Movements: From Ideology to Identity; Philadelphia, PA 1994; S. 3–35

Kegel, S.: Das System Z – Geburtsstunde der neuen Protestkultur: Wie der Angriff auf die WTO vorbereitet wurde; in: Frankfurter Allgemeine Zeitung, Nr. 283, 4. Dezember, 1999; S. 41

Kelly, K.: New Rules for the New Economy: Twelve Dependable Principles for Thriving in a Turbulent World; in: Wired, Vol. 5.09, September, 1997; S. 140–144, 186–198

Kelly, K.: New Rules for the New Economy: 10 Radical Strategies for a Connected World; New York 1998

Kilb, A.: Liebe ist nur ein Ford – Ein Film für Autisten und Mechaniker: David Cronenbergs »Crash«; in: Die Zeit, Nr. 45, 1. November, 1996; S. 57

King, W. R.: Strategic Issue Analysis in Planning; Working Paper, Graduate School of Business, University of Pittsburgh; Pittsburgh, PA 1980

Kingdon, J. W.: Agendas, Alternatives, and Public Policies; Boston, MA 1984

Klandermans, B.: The Formation and Mobilization of Consensus; in: Klandermans, B.; Kriesi, H.; Tarrow, S. (Hg.): From Structure to Action: Comparing Social Movement Research Across Cultures – International Social Movement Research: A Research Annual, Vol. 1; Greenwich, CT 1988; S. 173–196

Kniebe, T.: Wahn, wenn nicht jetzt? Alles Hexerei: »The Blair Witch Project« setzt neue Maßstäbe für den amerikanischen Film; in: Süddeutsche Zeitung, Nr. 272, 24. November, 1999; S. 17

Knopf, M.: Sind so kleine Hände – »Jeder geht drauf«: Die Zahl der Sexualmorde an Kindern hat nicht zugenommen, aber die Berichterstattung – warum?; in: Süddeutsche Zeitung, Nr. 123, 30./31. Mai/1. Juni, 1998; S. 29

Kollmann, K.: Vom Warentest zum Unternehmenstest: Bewertung von Unternehmensqualität als zusätzliches Kriterium der Kaufentscheidung; in: telepolis, 14. Januar, 2000; URL: http://www.heise.de/tp/deutsch/inhalt/co/5689/1.html

Kriesberg, L.: Social Conflicts (Second Edition); Englewood Cliffs, NJ 1982

Kroker, A.; Weinstein, M. A.: Data Trash: The Theory of the Virtual Class; New York 1994

Küthe, E.; Thun, M.: Marketing mit Bildern: Management mit Trend-Tableaus, Mood-Charts, Storyboards, Fotomontagen und Collagen; Köln 1995

Laraña, E.; Johnston, H.; Gusfield, J. R. (Hg.): New Social Movements: From Ideology to Identity; Philadelphia, PA 1994

Lau, C.: Gesellschaftliche Individualisierung und Wertwandel; in: Luthe, H. O.; Meulemann, H. (Hg.): Wertwandel – Faktum oder Fiktion? Bestandsaufnahmen und Diagnosen aus kultursoziologischer Sicht; Frankfurt/M. 1988; S. 217–234

Lester, R. K.; Piore, M. J.; Malek, K. M.: Interpretive Management: What General Managers Can Learn From Design; in: Harvard Business Review, Vol. 76, No. 2, March–April, 1998; S. 86–96

Liebl, F.: Strategische Frühaufklärung: Neue Konzepte der Umfeldanalyse und Informationsverarbeitung; Habilitationsschrift, Ludwig-Maximilians-Universität München; München 1994

Liebl, F.: Strategische Frühaufklärung: Trends – Issues – Stakeholders; München 1996a

Liebl, F.: Ethnographischer Surrealismus und soziale Meteorologie – Zum State-of-the-Art der Trend- und Zukunftsforschung; in: gdi impuls, Vol. 14, Nr. 4, 1996b; S. 35–44

Liebl, F.: »Up and Down with Stakeholder Management« – Ein Plädoyer für eine strategische Sichtweise; in: Baecker, D. (Hg.): Wittener Jahrbuch für Ökonomische Literatur 1997; Marburg 1997; S. 61–81

Liebl, F.: »Feed Me Weird Things« – Produktentwicklung im Spannungsfeld von Trend und Planung; in: form.diskurs, Nr. 4, I/1998a; S. 36–49

Liebl, F.: »New School Science« – Cultural Studies statt Trendforschung; in: gdi impuls, Vol. 16, Nr. 4, 1998b; S. 22–33

Liebl, F.: Marketing für Bastler; in: Econy, Vol. 2, Nr. 4, August/September, 1999a; S. 132–133

Liebl, F.: Mika's Geheimnis; in: brand eins, Vol. 1, Nr. 01, Oktober, 1999b; S. 100–101

Liebl, F.: Themenmanagement: Die Steuerung der Markenaktualität; in: Absatzwirtschaft, Vol. 42, Nr. 3, März, 1999c; S. 32–38

Liebl, F.: Der Roberto-Blanco-Faktor; in: brand eins, Vol. 1, Nr. 03, Dezember/Januar, 1999d/2000; S. 112–113

Liebl, F.: »Style Wars« – Trends als Krisenphänomen; in: Priddat, B. P. (Hg.): Kapitalismus, Krisen, Kultur; Marburg 2000a; S. 131–164

Liebl, F.: Creating Interface Value: Über die Ménage à trois von Kunst, Kommerz und Subkultur (erscheint in: gdi impuls, Vol. 18, Nr. 3, 2000b)

Liebl, F.: Im Trend-Stau; in: brand eins, Vol. 2, Nr. 03, April, 2000c; S. 116–117

Liebl, F.; Herrmann, C.: Der Kampf um die Zukunft. Teil 2: Denken im Hypertext-Format – Optionen eines alternativen Umgangs mit dem Trend; in: Absatzwirtschaft, Vol. 39, Nr. 9, September, 1996; S. 100–108

Linde, H.; Hill, B.: Erfolgreich erfinden – Widerspruchsorientierte Innovationsstrategie; Darmstadt 1993

Lopiano-Misdom, J.; De Luca, J.: Street Trends: How Today's Alternative Youth Cultures Are Creating Tomorrow's Mainstream Markets; New York 1997

Louven, S.: Der Turnschuh-Boykott: Amerikas Studenten wollen nur noch politisch korrekt hergestellte Kleider tragen – und haben mit ihrem Protest bereits Erfolg; in: Süddeutsche Zeitung, Nr. 295, 21. Dezember, 1999; S. V2/14

Lovink, G.; Schultz, P.: Grundrisse einer Netzkritik; in: Liebl, F. (Hg.): e-conomy – Management und Ökonomie in digitalen Kontexten; Marburg 1999; S. 11–24

Luger, K.: Das Lebensstilkonzept in der Kommunikationsforschung; in: Medien Journal, Nr. 4, 1992, S. 194–198, 234–237

Luhmann, N.: Öffentliche Meinung; in: Politische Vierteljahresschrift, Vol. 11, 1970; S. 2–28

Luhmann, N.: Konzeptkunst: Brent Spar oder Können Unternehmen von der Öffentlichkeit lernen?; in: Frankfurter Allgemeine Zeitung, Nr. 165, 19. Juli, 1995; S. 27

Luhmann, N.: Öffentliche Meinung und Demokratie; Maresch, W.; Werber, N. (Hg.): Kommunikation – Medien – Macht; Frankfurt/M. 1999; S. 19–34

Lury, C.: Prosthetic Culture: Photography, Memory and Identity; London 1997

Mahon, J.: Issues Management: The Issue of Definition; in: Fahey, L. (Hg.): The Strategic Planning Management Reader; Englewood Cliffs, NJ 1989; S. 357–365

Makowsky, A.: Das Kaffee-Aus – Kiwi-Gurken-Rezepte und Buchtipps im Tchibo-Magazin; in: Süddeutsche Zeitung, Nr. 92, 19. April, 2000; S. 23

Martinez, D.: Le manège ensanglanté; in: Technikart, Vol. 33, Juin, 1999; S. 66

Mathes, R.: Medienwirkungen und Konfliktdynamik in der Auseinandersetzung um die Entlassung von General Kießling: Eine Fallstudie und ein Drei-Ebenen-Modell; in: Kaase, M.; Schulz, W. (Hg.): Massenkommmunikation – Theorien, Methoden, Befunde; Sonderheft der Kölner Zeitschrift für Soziologie und Sozialpsychologie; Opladen 1989; S. 441–458

Mauss, A. L.: Social Problems as Social Movements; Philadelphia, PA 1975

Mayer, R. N.: Gone Yesterday, Here Today: Consumer Issues in the Agenda-Setting Process; in: Journal of Social Issues, Vol. 47, No. 1, 1991; S. 21–39

McCarthy, J. D.: Activists, Authorities, and Media Framing of Drunk Driving; in: Laraña, E.; Johnston, H.; Gusfield, J. R. (Hg.): New Social Movements: From Ideology to Identity; Philadelphia, PA 1994; S. 133–167

McCombs, M. E.; Shaw, D. L.: The Agenda-Setting Function of Mass Media; in: Public Opinion Quarterly, Vol. 36, 1972; S. 176–187

McIntosh, M.; Leipziger, D.; Jones, K.; Coleman, G.: Corporate Citizenship: Successful Strategies for Responsible Companies; London 1998

Meinecke, T.: Mode & Verzweiflung; Frankfurt/M. 1998

Meinhart, E.: Lange, grüne Unterhosen; in: profil, No. 14, 3. April, 1999; S. 96–99

Mejias, J.: Angst vorm Weltbeben – Vom Sit-In zu Bill-Bashing: Warum Seattle nicht Woodstock und der WTO-Protest nicht harmlos ist; in: Frankfurter Allgemeine Zeitung, Nr. 282, 3. Dezember, 1999; S. 43

Mertens, P.; Rackelmann, G.: Konzept eines Frühwarnsystems auf Basis von Produktlebenszyklen; in: Albach, H.; Hahn, D.; Mertens, P. (Hg.): Frühwarnsysteme; Zeitschrift für Betriebswirtschaft, Ergänzungsheft Nr. 2; Wiesbaden 1979; S. 70–88

Meyers, R. A.: Public Issues, Agenda-Setting, and Argument: A Theoretical Perspective; in: Deetz, S. A. (Hg.): Communication Yearbook 15; Newbury Park, CA 1992; S. 397–409

Mitchell, R. K.; Agle, B. R.; Wood, D. J.: Toward a Theory of Stakeholder Identification and Salience: Defining the Principle of Who and What Really Counts; in: Academy of Management Review, Vol. 22, No. 4, 1997; S. 853–886

Mitroff, I. I.: Stakeholders of the Organizational Mind; San Francisco, CA 1983

Molitor, G. T. T.: The Hatching of Public Opinion; in: Allio, R. J.; Pennington, M. W. (Hg.): Corporate Planning – Techniques and Applications; New York 1979; S. 53–62

Müller, G.: STAR – ein Prozeß zur Verwirklichung einer strategischen Frühaufklärung; in: Strategische Planung, Vol. 1, Nr. 1, 1985; S. 75–78

Musiolek, B. (Hg.): Gezähmte Modemultis – Verhaltenskodizes: ein Modell zur Durchsetzung von Arbeitsrechten? Eine kritische Bilanz; Frankfurt/M. 1999

Naisbitt, J.: Megatrends – 10 Perspektiven, die unser Leben verändern werden; Bayreuth 1984

Neidhardt, F.; Rucht, D.: The Analysis of Social Movements: The State of the Art and New Perspectives; in: Rucht, D. (Hg.): Research on Social Movements: The State of the Art in Western Europe and the USA; Frankfurt/M. 1991; S. 421–464

Nolan, J. T.: Political Surfing When Issues Break: How Business Can Do a Better Job of Setting the National Agenda; in: Harvard Business Review, Vol. 63, No. 1, 1985; S. 72–81

Obermeier, O.-P.: Die Kunst der Risikokommunikation; München 1999

Parker, B.: »Ein zweites Paar Augen« – Betsy Parker, Trend Research Managerin von Nike, über japanische Comics, alte Gemälde und die Produkte der Zukunft; in: profil, Nr. 14, 3. April, 1999; S. 98–99

Pasmore, W. A.: Creating Strategic Change: Designing the Flexible, High-Performance Organisation; Chichester 1994

Pauser, W.: Friede! Freude!! Eierkuchen!!! – Hunderttausende auf Techno-Demonstrationen: Aber wofür oder wogegen demonstrieren sie?; in: Die Zeit, Nr. 28, 7. Juli, 1995; S. 65–66

Philippi, A.: Style Wars oder wie Prada und Gucci die Welt erobern; in: brand eins, Vol. 1, Nr. 02, November, 1999; S. 52–65

Philippi, A.; Haering, C.: Wenn Vorstände Popstars werden; in: brand eins, Vol. 2, Nr. 01, Februar, 2000; S. 18–24

Plasonig, G.: Skill-basierter Wettbewerb; Vortrag auf der Jahrestagung der GSP · Gesellschaft für Strategische Planung, München, 7. März 1997

Pluta, W.: Geringe Netznutzung: Internet mit Wachstumsstörungen; in Net-Business, Vol. 1, Nr. 09, 17. April, 2000; S. 8

Popcorn, F.: The Popcorn Report – Faith Popcorn on the Future of Your Company, Your World, Your Life; New York 1991

Porter, M. E.: Competitive Strategy – Techniques for Analyzing Industries and Competitors; New York 1980

Porter, M. E.: Competitive Advantage – Creating and Sustaining Superior Performance; New York 1985

Porter, M. E.: What Is Strategy?; in: Harvard Business Review, Vol. 74, No. 6, 1996; S. 61–78

Porter, M.: Creating Tomorrow's Advantages; in: Gibson, R. (Hg.): Rethinking the Future – Rethinking Business, Principles, Competition, Control & Complexity, Leadership, Markets and the World; London 1997; S. 48–61

Priddat, B. P.: Moralischer Konsum; in: Universitas, Vol. 51, No. 605, 1996; S. 1071–1077

Protess, D. L.; Cook, F. L.; Curtin, T. R.; Gordon, M. T.; Leff, D. R.; McCombs, M. E.; Miller, P.: The Impact of Investigative Reporting on Public Opinion and Policymaking: Targeting Toxic Waste; in: Protess, D. L.; McCombs, M. (Hg.): Agenda Setting: Readings on Media, Public Opinion, and Policymaking; Hillsdale, NJ 1991; S. 171–187

Rappaport, A.: Creating Shareholder Value – The New Standard for Business Performance; New York 1986

Rappaport, A.: Shareholder Value: Ein Handbuch für Manager und Investoren; Stuttgart 1999

Reicherzer, J.: Deichmann-Schuhe gehen in Indien neue Wege – Das deutsche Unternehmen passt sich in der Dritten Welt mit seinen sozialen Standards dem Trend an; in: Süddeutsche Zeitung, Nr. 84, 10. April, 2000; S. 31

Reichheld, F. F.: Loyalty-Based Management; in: Harvard Business Review, Vol. 71, No. 2, March/April, 1993; S. 64–73

Reinmöller, P.: Wissensschaffung und Produktplanung: Design Management als Katalysator von Innovationen; in: form.diskurs, Nr. 4, I/1998; S. 50–71

Renfro, W.: Issues Management; in: gdi impuls, Vol. 1, No. 1, 1983; S. 10–16

Renfro, W. L.: Issues Management in Strategic Planning; Westport, CT 1993

Riet, O. A. W. T. van de: What's the Problem? The Problem Formulation Task in (Infrastructure) Planning; Delft 1997

Ritchie, K.: Marketing to Generation X; New York 1995

Rogers, E. M.; Dearing, J. W.: Agenda-Setting Research: Where Has It Been, Where Is It Going?; in: Anderson, J. A. (Hg.): Communications Yearbook 11; Newbury Park 1988; S. 555–594

Ross, A.: Strange Weather: Culture, Science, and Technology in the Age of Limits; London/New York 1991

Rowley, T. J.: Moving Beyond Dyadic Ties: A Network Theory of Stakeholder Influences; in: Academy of Management Review, Vol. 22, No. 4, 1997; S. 887–910

Rughase, O.: Jenseits der Balanced Scorecard: Strategische Wettbewerbsvorteile messen; Berlin 1999

Schneider, F.: Digitale Militanz?!; in: Spex, Nr. 4, April, 2000; S. 32–33

Schnierer, T.: Modewandel und Gesellschaft: Die Dynamik von »in« und »out«; Opladen 1995

Schönbach, K.: Einige Gedanken zu Public Relations und Agenda-Setting; in: Avenarius, H.; Armbrecht, W. (Hg.): Ist Public Relations eine Wissenschaft? – Eine Einführung; Opladen 1992; S. 325–333

Schütz, P.: Neue Berufe in Marketing und Vertrieb: Issues Manager; in: Absatzwirtschaft, Vol. 42, Nr. 11, 1999; S. 68

Schwartz, P.: The Art of the Long View – Planning for the Future in an Uncertain World; New York 1991

Schweitzer, L.: Innovation as an Essential Support to Global Strategy Development; Vortrag auf dem ESOMAR Congress 1999 – The Race for Innovation: Marketing Research for Pole Position; Paris, 5–8 September 1999

Schwub-Gwinner, G.: Strategische Unternehmensführung und kollektive Entscheidungsprozesse; Herrsching 1993

Schwub-Gwinner, G.; Wiesmann, D.: Die Expressivität des Unternehmens – Ansatzpunkte zur Gestaltung aus organisationsästhetischer Sicht; unveröffentlichtes Manuskript; St. Gallen 1994

Seidl, C.: Blei bleibt – Was passiert, wenn Filmproduzenten für die Folgen haften müssen; in: Süddeutsche Zeitung, Nr. 102, 5. Mai, 1999; S. 15

Sentker, A.: Risiko Kunde: Wie Versicherungen mit der Volksmeinung rechnen; in: Die Zeit, Nr. 16, 16. April, 1999; S. 41

Siemons, M.: Jenseits des Aktenkoffers: Vom Wesen des neuen Angestellten; München 1997

Simon, M.: Alexander McQueen, 29, Chefdesigner bei Givenchy, eröffnete seine Show bei der Londoner Fashion Week mit einem behinderten Model – nur eine Provokation?; in: Zeit Magazin, Nr. 46, 5. November, 1998; S. 32

Smith, N. C.: Morality and the Market – Consumer Pressure for Corporate Accountability; London 1990

Snow, D. A.; Benford, R. D.: Ideology, Frame Resonance, and Participant Mobilization; in: Klandermans, B.; Kriesi, H.; Tarrow, S. (Hg.): From Structure to Action: Comparing Social Movement Research Across Cultures – International Social Movement Research: A Research Annual, Vol. 1; Greenwich, CT 1988; S. 197–217

Staun, H.: Das Gespenst der Freiheit – Form follows fun: Das E-Business braucht keine Krawatten; in: Süddeutsche Zeitung, Nr. 92, 19. April, 2000; S. 17

Staw, B. M.; Sandelands, L. E.; Dutton, J. E.: Threat-Rigidity Effects in Organisational Behavior: A Multilevel Analysis; in: Administrative Science Quarterly, Vol. 26, December, 1981; S. 501–524

Steger, U.; Winter, M.: Strategische Früherkennung zur Antizipation ökologisch motivierter Marktveränderungen; in: Die Betriebswirtschaft, Vol. 56, Nr. 5, 1996; S. 607–629

Sterneborg, A.: Autoerotik zwischen Stahl und Beton – »Crash«: David Cronenbergs Verfilmung von J. D. Ballards Kultbuch; in: Süddeutsche Zeitung, Nr. 253, 2./3. November, 1996; S. 18

Stimson, J. A.: Public Opinion in America – Moods, Cycles, and Swings; Boulder, CO 1991

Stocker, G.; Schöpf, C. (Hg.): Information.Macht.Krieg; Wien 1998a

Stocker, G.; Schöpf, C. (Hg.): InfoWar: information.macht.krieg; Wien 1998b

Sulzmaier, S.: Airport Business Design – A Framework for Identifying and Managing Consumers' Motivational Patterns; Dissertation, Universität Witten/Herdecke; Witten 1999

Sutherland, M.; Galloway, J.: Role of Advertising: Persuasion or Agenda Setting?; in: Journal of Advertising Research, Vol. 21, No. 5, 1981; S. 25–29

Tannen, D.: What's in a Frame? Surface Evidence for Underlying Expectations; in: Tannen, D. (Hg.): Framing in Discourse; New York 1993; S. 14–56

Terkessidis, M.: Ich bin (m)ein Unterschied: Wer anders ist, gehört dazu, sagt die Werbung und träumt vom Konsumenten, der unverwechselbar und doch allen ähnlich ist: Ein Zwischenruf; in: Die Zeit, Nr. 11, 11. März, 1999; S. 37

Thier, P. De: Anwälte verdienen am Tabakstreit: Nach sensationellem Urteil wird mit Prozeßlawine gerechnet; in: Süddeutsche Zeitung, Nr. 155, 9. Juli, 1999; S. 27

Thomas, J. B.; McDaniel, R. R., Jr.: Interpreting Strategic Issues: Effects of Strategy and the Information-Processing Structure of Top Management Teams; in: Academy of Management Journal, Vol. 33, No. 2, 1990; S. 286–306

Thomas, W. I.; Thomas, D. S.: The Child in America: Behavior Problems and Programs; New York 1928

Thornton, S.: Club Cultures: Music, Media and Subcultural Capital; Cambridge 1995

Tulgan, B.: Managing Generation X; Oxford 1996

Vidal, P.: From Decision Support Systems to Representation Support Systems: The Cognitive Ecology Approach; Paper Presented at the 7th Mini EURO Conference, Bruges, March 24–27, 1997

Virilio, P.: Freier Blick: Kontraktion der Zeit – Dehnung des Raums; in: Frankfurter Rundschau, Nr. 248, 25. Oktober, 1997; S. ZB 2

Volberda, H. W.: Building the Flexible Firm: How to Remain Competitive; Oxford 1999

V2: V2 Mailing Lists: Extropians; URL: http://www.v2.nl/FreeZone/ZoneText/Lists/AlephCulture.html

Wartick, S. L.; Mahon, J. F.: Toward a Substantive Definition of the Corporate Issue Construct – A Review and Synthesis of the Literature; in: Business & Society, Vol. 33, No. 3, 1994; S. 293–311

Way, E. C.: Knowledge Representation and Metaphor; Dordrecht 1991

Wefing, H.: Serienmord und Seitensprung – Regisseur und Moral: Gleicht Oliver Stones Film »Natural Born Killers« einem Toaster mit Kurzschluß?; in: Frankfurter Allgemeine Zeitung, Nr. 179, 3. August, 1996; S. 33

Wefing, H.: Littleton und das Restrisiko der Gameboys – Böse Ahnung und entschiedene Ratlosigkeit: Amerika fürchtet die Gewalt der Bilder, die es so liebt; in: Frankfurter Allgemeine Zeitung, Nr. 153, 6. Juli, 1999; S. 54

Weick, K.: The Social Psychology of Organizing; Reading, MA 1979

Weiß, H.-J.: Öffentliche Streitfragen und massenmediale Argumentationsstrukturen – Ein Ansatz zur Analyse der inhaltlichen Dimension im Agenda Setting-Prozeß; in: Kaase, M.; Schulz, W. (Hg.): Massenkommmunikation – Theorien, Methoden, Befunde; Sonderheft der Kölner Zeitschrift für Soziologie und Sozialpsychologie; Opladen 1989; S. 473–489

Weiß, H.-J.: Public Issues and Argumentation Structures: An Approach to the Study of the Contents of Media Agenda-Setting; in: Deetz, S. A. (Hg.): Communication Yearbook 15; Newbury Park, CA 1992; S. 374–396

Wiedemann, C.: Ich spende gern – Sponsor im Wandel: Philip Morris feiert 25 Jahre Kunstförderung; in: Süddeutsche Zeitung, Nr. 278, 1. Dezember, 1999; S. 20

Wiegand, W.: Süchtig nach Blut und Blech – Kunst oder Pornographie: David Cronenbergs umstrittener Science-fiction-Film »Crash«; in: Frankfurter Allgemeine Zeitung, Nr. 257, 4. November, 1996; S. 37

Wille, J.: Boygroups sind doch nicht die ganze Welt: Manager und Ökonomen machen sich Hoffnung, daß die Globalisierung nicht zum Sozial- und Ökodumping führt; in: Frankfurter Rundschau, Nr. 133, 12. Juni, 1999; S. 3

Winter, M.; Steger, U.: Managing Outside Pressure: Strategies for Preventing Corporate Disasters; Chichester 1998

Wood, D. J.: Social Issues in Management: Theory and Research in Corporate Social Performance; in: Journal of Management, Vol. 17, No. 2, 1991a; S. 383–406

Wood, D. J.: Corporate Social Performance Revisited; in: Academy of Management Review, Vol. 16, No. 4, 1991b; S. 691–718

Wood, D.J.; Jones, R. E.: Stakeholder Mismatching: A Theoretical Problem in Empirical Research on Corporate Social Performance; in: The International Journal of Organizational Analysis, Vol. 3, No. 3, 1995; S. 229–267

Zald, M. N.: The Future of Social Movements; in: Zald, M. N.; McCarthy, J. D. (Hg.): Social Movements in an Organizational Society – Collected Essays; New Brunswick, NJ 1987; S. 319–336

Zald, M. N.; Berger, M. A.: Social Movements in Organizations: Coup d'Etat, Bureaucratic Insurgency, and Mass Movement; in: Zald, M. N.; McCarthy, J. D. (Hg.): Social Movements in an Organizational Society – Collected Essays; New Brunswick, NJ 1987; S. 185–222

Ziemer, J.: Entdecke die Möglichkeiten! Das Internet nach dem Gipfel von Seattle: Ein Netz des Widerstands; in: Frankfurter Rundschau, Nr. 30, 5. Februar, 2000; S. M 11

NAMENINDEX